中小学校长
数字领导力
实证测评及提升路径研究

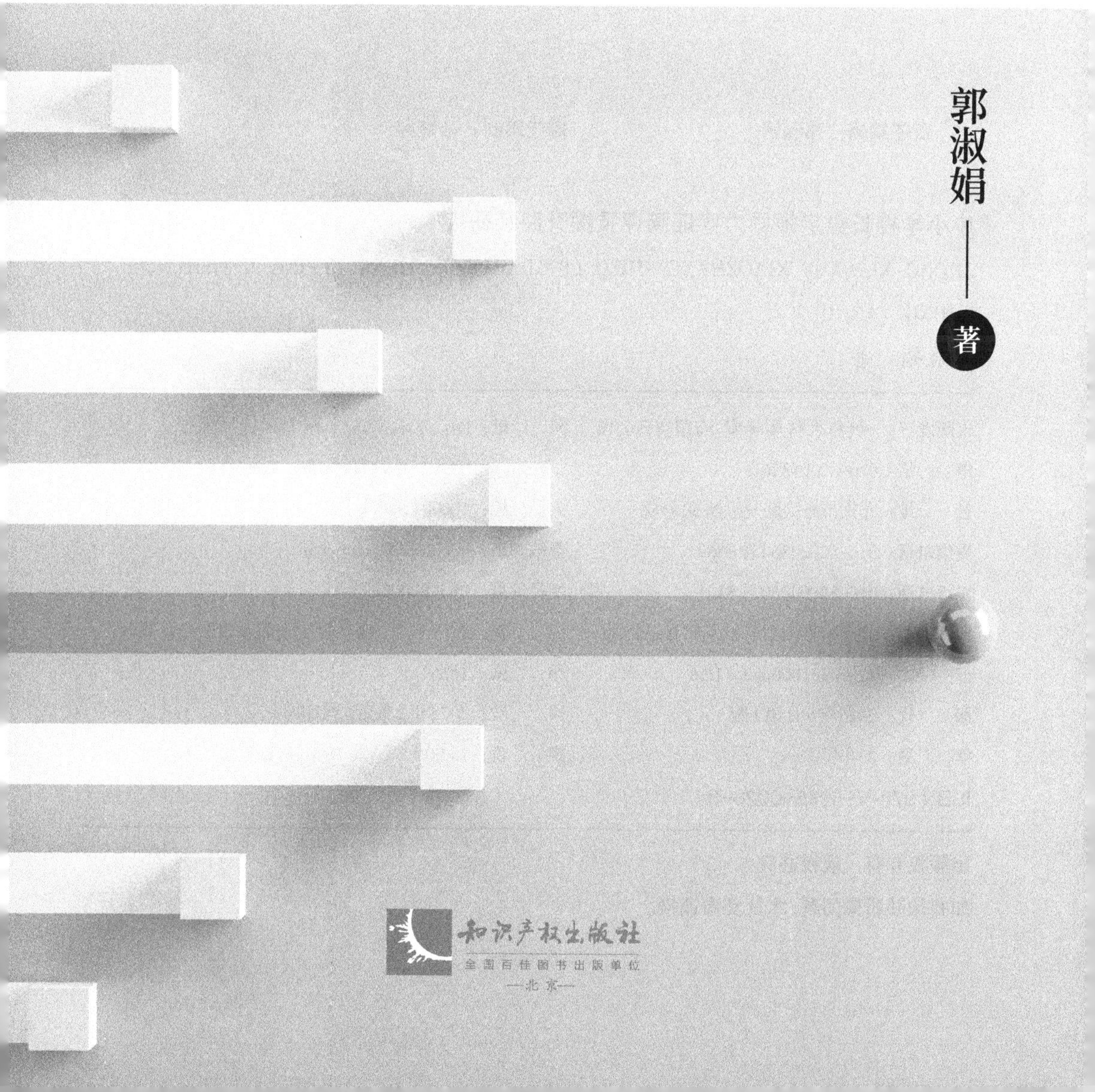

郭淑娟 —— 著

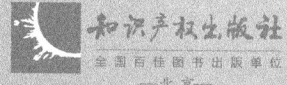

图书在版编目（CIP）数据

中小学校长数字领导力实证测评及提升路径研究 / 郭淑娟著. -- 北京：知识产权出版社, 2025.8. -- ISBN 978-7-5245-0028-5

Ⅰ. G637.1

中国国家版本馆CIP数据核字第20251F2813号

内容提要

本书以中小学校长数字领导力为研究对象，遵循"理论建构—实证测评—影响因素—治理效果—提升路径"的研究思路，通过系统梳理国内外关于中小学校长数字领导力研究成果，构建了中小学校长数字领导力模型，基于实证测评、影响因素和治理效果的研究结果，提出了中小学校长数字领导力提升路径。

责任编辑：郑涵语　　　　　　责任印制：孙婷婷

中小学校长数字领导力实证测评及提升路径研究
ZHONG-XIAOXUE XIAOZHANG SHUZI LINGDAOLI SHIZHENG CEPING JI TISHENG LUJING YANJIU

郭淑娟　著

出版发行：知识产权出版社 有限责任公司	网　　址：https:// www.ipph.cn
电　　话：010-82004826	https:// www.laichushu.com
社　　址：北京市海淀区气象路50号院	邮　　编：100081
责编电话：010-82000860转8569	责编邮箱：laichushu@cnipr.com
发行电话：010-82000860转8101	发行传真：010-82000893
印　　刷：北京中献拓方科技发展有限公司	经　　销：新华书店、各大网上书店及相关专业书店
开　　本：720mm×1000mm　1/16	印　　张：16.25
版　　次：2025年8月第1版	印　　次：2025年8月第1次印刷
字　　数：234千字	定　　价：75.00元

ISBN 978-7-5245-0028-5

出版权专有　侵权必究

如有印装质量问题，本社负责调换。

序　言

我们正处在一个被数字技术深度重塑的时代。人工智能、大数据、云计算、物联网等数字技术，正快速地渗透到社会生活的方方面面，教育领域也被包括其中。从云端课堂的普及到个性化学习平台的兴起，从智慧校园的建设到数据驱动评价的探索，教育的形态、内容、方法乃至生态都在经历着一场静水流深的变革——"教育数字化转型"，已成为全球教育发展的必然趋势和核心议题。2022年，教育部明确提出要实施教育数字化战略行动。这一战略部署，加速了教育数字化的进程，将教育数字化从点状或者线状的探索推进到整体发展的轨道上。

学校作为教育实践的主阵地，其变革的深度与广度，直接决定着这场数字化转型的成败。而引领学校这艘航船穿越数字海洋迷雾、驶向教育新大陆的关键人物，就是中小学校长。因为在新的数字化教育生态中，校长不仅仅是传统意义上的行政管理者和教学领导者，更需要成为具备卓越数字领导力的"首席转型官"。中小学校长数字领导力，绝不是简单地掌握几项信息技术的操作能力，也不是盲目更新信息设备，它是一种融合了战略远见、变革管理、技术洞察、人文关怀和道德责任的综合性领导能力，其主要有以下五个方面：

一是洞察趋势，擘画学校数字化发展蓝图。能够深刻理解数字技术对教育的学习方式、教学方法及学校治理带来的重要影响，并结合学校实际情况，制定符合学校自身特点的数字化战略规划及实施路径。

二是赋能师生，激发学校数字化发展的动力。能够营造开放、包容、勇于尝试的数字化文化氛围，积极为教师提供数字化专业素养发展的支持与平台，并鼓励他们在教育教学实践中探索技术赋能的教学模式；同时注重学生数字能力及素养的培养，使他们成为负责任、有创造力的数字公民。

三是整合资源，提高学校数字化治理的能力。善于识别、评估、选择和整合各类数字技术资源和平台，让这些软件、硬件能够有效地服务于学校管理、教学、评价和沟通等核心环节。建立一个有效运行的数据通道，让学校运转更高效、更透明。

四是缩小数字鸿沟，促进学校教育公平的实现。能够敏锐关注并积极应对数字化转型中可能加剧的"数字鸿沟"问题，确保所有师生都能公平地获取和受益于数字教育资源与技术，不让任何一个孩子掉队。

五是坚守伦理，护航校园及师生安全。能够深刻理解数据隐私、网络安全、信息伦理等关键议题，建立健全相关制度与规范。在拥抱技术的同时，始终将师生的福祉、安全和教育的核心价值观置于首位。

在实际工作中，中小学校长的数字领导力水平参差不齐，甚至存在着相当大的差距。地域、教育投入、认识水平等的差异，在不同程度上限制了校长们对教育数字化的理解与实践。城镇学校校长大多停留在智慧校园建设、考试评价数据化等层面；农村学校校长囿于客观条件限制，往往数字化校园建设也只是刚刚开始。在与他们的座谈和调查问卷中发现，作为学校教育数字化的领导者与管理者，应该具备哪些数字素养，应该通过哪些方式和途径来培养、提高自己的数字领导力，应该如何从学校的顶层设计来逐步实施教育数字化等问题，既没有可参考、可借鉴的经验做法，也没有很完善、有依据的数字素养模型，还没有可量化、很清晰的评价指标。

基于此，本书在国家教育数字化战略行动深度实施的背景下，以中小学校长数字领导力为研究对象，遵循"理论建构—实证测评—影响因素—治理效果—提升路径"的研究思路，通过系统梳理国内外关于中小学校长数字领导力的研究，构建中小学校长数字领导力的模型要素，并在此基础上确定模型要素的测量指标体系并进行实证测评；通过确定中小学校长数字领导力的影响因素，提出假设，检验分析各因素对中小学校长数字领导力的影响效应；通过中小学校长数字领导力对于学校、学生和教师发展的回归分析，探讨治理效果；基于实证测评、影响因素和治理效果的研究结果分析，提出中小学校长数字领导力提升路径，其主要结论如下：

第一，中小学校长数字领导力的概念内涵为在教育数字化的时代背景下，中小学校长通过培养数字素养，感知教育数字环境变化并制定学校数字发展愿景，综合运用数字技术推动学校数字化转型并实现教育数字化建设目标的能力。中小学校长数字领导力包括数字战略引领能力、数字变革推动能力、数字技术应用能力、数字沟通协调能力和数字学习发展能力。

第二，对中小学校长数字领导力进行实证测评发现：①中小学校长数字领导力整体水平有待提升，其总体水平介于及格和良好之间，尚有比较大的提升空间。②中小学校长数字变革推动能力在五大评估维度中得分最高，但数字变革推动能力更多地停留在环境变革层面，组织变革相对较弱。③中小学校长数字沟通协调能力较为薄弱，其沟通能力要高于协作能力，较少利用数字工具搭建协作关系以提升学校数字水平。④中小学校长数字技术应用能力内部差异较大。中小学校长能够较好地实现对数字教育知识和技术的基本掌握，但对学校数字化转型过程中的数字风险、知识安全等问题重视不足。⑤通过方差分析发现，行政职务在中小学校长数字领导力中具有显著差异，而性别、年龄、教育程度、学校类型在中小学校长数字领导力各维度上均不显著。

第三，中小学校长数字领导力的影响因素包括自我效能感、领导风格和办学自主权。自我效能感对中小学校长数字领导力五个维度都具有显著影响。领导垂范对校长的数字战略引领能力、数字沟通协调能力和数字学习发展能力具有显著的影响作用；领导魅力对校长数字领导力五个维度都具有显著影响；领导激励对校长的数字变革推动能力、数字技术应用能力和数字学习发展能力具有显著影响作用。办学自主权对校长的数字战略引领能力、数字技术应用能力、数字沟通协调能力和数字学习发展能力有显著影响，对校长的数字变革推动能力不具有显著影响作用。

第四，具备数字领导力的中小学校长对于学校的高质量发展、学生的成长成才和教师的职业发展均有积极作用。

第五，中小学校长数字领导力的提升机制与路径。提升机制包括完善政策支持机制、打造内生动力机制、健全组织学习机制、构建环境塑造机制、筑牢赋权增能机制；提升路径包括推动学习培训、强化监督考核、促进激励奖惩。

本书的创新点主要有三个方面：

第一，构建了中小学校长数字领导力的模型要素，在明确界定了中小学校长数字领导力概念内涵的基础上，构建了包括数字战略引领能力、数字变革推动能力、数字技术应用能力、数字沟通协调能力、数字学习发展能力的中小学校长数字领导力结构维度，丰富了校长数字领导力的理论研究。

第二，构建了包含5个评估维度、12个基本指标和24个具体指标的中小学校长数字领导力指标体系，并以H省四市的中小学校长为调查对象进行实证测评，验证了指标体系的科学性和有效性，解释了不同校长之间数字领导力的差异。

第三，探索了中小学校长数字领导力的影响因素和治理效果的分析。在理论和实践研究基础上提出影响因素和治理效果的研究设计、模型建构、概念化、操作化和假设检验，丰富了对校长数字领导力影响因素和治理效果的研究，有助于为校长数字领导力精准提升提供决策参考。

当前，提升中小学校长数字领导力刻不容缓。它不仅是应对技术挑战的"必修课"，更是把握时代机遇、推动学校内涵式发展，最终实现"为每个学生提供适合的、高质量的教育"这一根本目标的"金钥匙"。然而，我们也必须清醒地认识到，许多校长在数字化转型的洪流中正面临着知识更新、能力重构、资源不足、决策焦虑等多重挑战。

未来已来，唯变不变。数字时代的校长领导力，决定着数字时代的教育形态。让我们共同探索、共同实践、共同见证。

目 录

第一章 导 论 ·· 1
    第一节 研究背景与意义 ····································· 1
    第二节 研究问题与思路 ····································· 3
    第三节 国内外文献综述 ····································· 6
    第四节 核心概念界定 ······································ 31
    第五节 研究内容与方法 ···································· 38
    小 结 ··· 40

第二章 中小学校长数字领导力的模型设计 ···················· 42
    第一节 中小学校长数字领导力模型理论基础 ················· 42
    第二节 中小学校长数字领导力的模型建构 ··················· 55
    第三节 中小学校长数字领导力的指标设计 ··················· 64
    小 结 ··· 76

第三章 中小学校长数字领导力的实证测评 ···················· 77
    第一节 中小学校长数字领导力的问卷测试和数据采集 ········· 77
    第二节 问卷发放与数据采集 ······························ 84
    第三节 中小学校长数字领导力的现状分析 ··················· 86
    小 结 ·· 109

第四章　中小学校长数字领导力的影响因素·················111
第一节　理论依据与研究假设·················111
第二节　自我效能感对中小学校长数字领导力的影响·················123
第三节　领导风格对中小学校长数字领导力的影响·················135
第四节　办学自主权对中小学校长数字领导力的影响·················161
小　结·················171

第五章　中小学校长数字领导力的治理效果·················172
第一节　中小学校长数字领导力与学校发展·················172
第二节　中小学校长数字领导力与学生发展·················184
第三节　中小学校长数字领导力与教师发展·················192
小　结·················200

第六章　中小学校长数字领导力的提升机制与路径·················201
第一节　中小学校长数字领导力的提升机制·················201
第二节　中小学校长数字领导力的提升路径·················217
小　结·················227

第七章　结论与展望·················229
第一节　研究结论·················229
第二节　创新之处·················232
第三节　研究不足与展望·················233
小　结·················234

参考文献·················235

第一章 导 论

第一节 研究背景与意义

一、研究背景

在数字治理时代全面来临、数字政府建设进入持续深化关键时期的背景下,数字领导力已经成为领导干部必备的胜任力。数字领导力本质上是数字领导情境下的领导力变革,是涵盖领导者价值观、思维和能力的综合概念。2017年12月,习近平总书记在十九届中央政治局第二次集体学习时指出:"善于获取数据、分析数据、运用数据,是领导干部做好工作的基本功。"[1]2022年4月,国务院出台的《关于加强数字政府建设的指导意见》指出,要持续提升干部队伍的数字思维、数字技能和数字素养。2023年2月,中共中央、国务院印发的《数字中国建设整体布局规划》指出,强化人才支撑,增强领导干部和公务员数字思维、数字认知、数字技能。领导干部数字领导力直接关系到数字中国、数字政府、数字社会的建设质量和运行效能。我国正处于数字中国建设持续深化的关键时期,推动数字中国建设的关键在于提升领导干部的领导力与担当作为。中小学校长是数字校园建设的当然主体,其数字领导力关系到数字校园建设和学校治理的效能。

在数字化转型的时代背景下,传统以科层制为主导的行政体制越发不能适应数字时代的发展,如何打破传统行政体制的信息壁垒,围绕提升领导干部数

---

[1] 新华社.习近平主持中共中央政治局第二次集体学习[EB/OL].(2017-12-09)[2019-12-18]. https://www.gov.cn/guowuyuan/2017-12/09/content_545245520.htm.

字治理能力和数字治理水平，成为我国推进数字中国建设和高质量发展的必经之路。中小学校长对学校高质量发展起着决定性作用，其领导能力的高低决定着一所学校的治理水平。因此，通过研究中小学校长的数字领导力现状，并剖析中小学校长数字领导力的影响因素，在此基础上提出中小学校长数字领导力的提升路径，对培养中小学校长的胜任力、推动中小学高质量发展具有重要价值。

二、研究意义

（一）理论意义

第一，丰富了中小学校长对数字领导力的理论认识。目前国内外学者对领导力理论和数字治理理论的研究相对比较丰富，对数字领导力研究相对较少。本书基于理论和实践探索对数字领导力的内涵和外延进行研究，进一步拓展了数字领导力的研究范围，为中小学校长数字领导力研究提供了理论支撑。

第二，拓展了中小学校长数字领导力的模型要素的范畴。已有研究对数字领导力的要素划分多从单一要素进行理论设计，但缺乏实践检验。本书以中小学校长为研究对象，结合已有研究和专家意见构建中小学校长数字领导力的能力模型，并通过结构方程模型对各能力要素进行检验，分析不同子维度影响存在的差异性，由此丰富中小学校长数字领导力模型要素的理论研究。

第三，创新研究中小学校长数字领导力的影响因素和治理效果。学术界目前对中小学校长数字领导力的研究多集中在设计能力要素指标上，鲜有对其背后的影响因素和实施成效进行分析。本书通过定量和定性相结合的实证方法对中小学校长数字领导力的影响因素和治理效果进行分析，为探讨中小学校长数字领导力的影响机理和实施效果提供思路方法。

(二) 实践意义

第一，有利于提高中小学校长数字领导力水平。数字领导力是中小学校长推进教育数字化的重要能力，也是提高学校治理效能和治理水平的重要途径。本书通过分析中小学校长数字领导力，提炼出能力要素框架，为在实践中精准把握各学校主要行政人员的数字领导力提供参考和借鉴。

第二，有益于数字教育理念的推广和普及。通过提升中小学校长数字领导力，引导各学校开辟教育发展的新赛道，不断增强教师和学生的数字意识、数字观念，提高数字能力，为个性化教育和学习、扩大优质教育资源覆盖面提供有效支撑，更好地实现人的全面发展。

第三，为教育数字化实践提供经验指导。中小学校长作为学校发展政策的制定者和决策者，对推进数字教育、实现教育现代化具有重要作用。本书通过研究中小学校长数字领导力的构成维度、发展现状、影响机制和治理效果等内容，更好地提高中小学校长的数字领导力和水平，为实现教育数字化和教育现代化提供了强大动力。

第二节 研究问题与思路

一、研究问题

本书在教育数字化的时代背景下，以中小学校长数字领导力为研究对象，基于数字治理理论和领导力理论构建理论框架，通过理论和实证研究分析中小学校长数字领导力的要素框架、影响因素、治理效果和提升路径。本书主要从以下五个方面进行研究：

第一，中小学校长数字领导力的概念内涵和要素框架有哪些？通过构建中小学校长数字领导力的测量模型，对中小学校长数字领导力的构成要素进行凝练，为进行中小学校长数字领导力的现实状况测评提供框架和工具。

第二，中小学校长数字领导力的现状如何？不同类型学校的中小学校长数字领导力差距有多大？不同类型学校在数字领导力的维度上有哪些差异？

第三，中小学校长数字领导力的影响因素有哪些？分析哪些因素影响中小学校长数字领导力，这些影响因素是如何作用于中小学校长数字领导力的。

第四，中小学校长数字领导力的治理效果是什么？重点分析中小学校长数字领导力如何影响学校治理、教师教学和学生学习，其效果如何。

第五，中小学校长数字领导力的提升路径是什么？这是"怎么办"的问题，是为了更好地促进中小学校长数字领导力的发展而提出的对策建议。

本书结合因果研究和机制研究，具体以领导力理论、数字治理理论为理论基础，通过文献研究、问卷调查等方法，对中小学校长这一群体进行研究，来展示中小学校长数字领导力测评维度、现实状况、影响因素、治理效果和提升路径等问题。

二、研究思路

本书按照"理论建构—实证测评—影响因素—治理效果—提升路径"的研究思路，首先对领导力理论、数字治理理论进行了概述，构建了中小学校长数字领导力的测量模型；其次对中小学校长数字领导力进行实证测评，剖析了中小学校长数字领导力的影响因素；最后探寻了中小学校长数字领导力的提升路径。中小学校长数字领导力测评及提升研究的技术路线如图1-1所示。

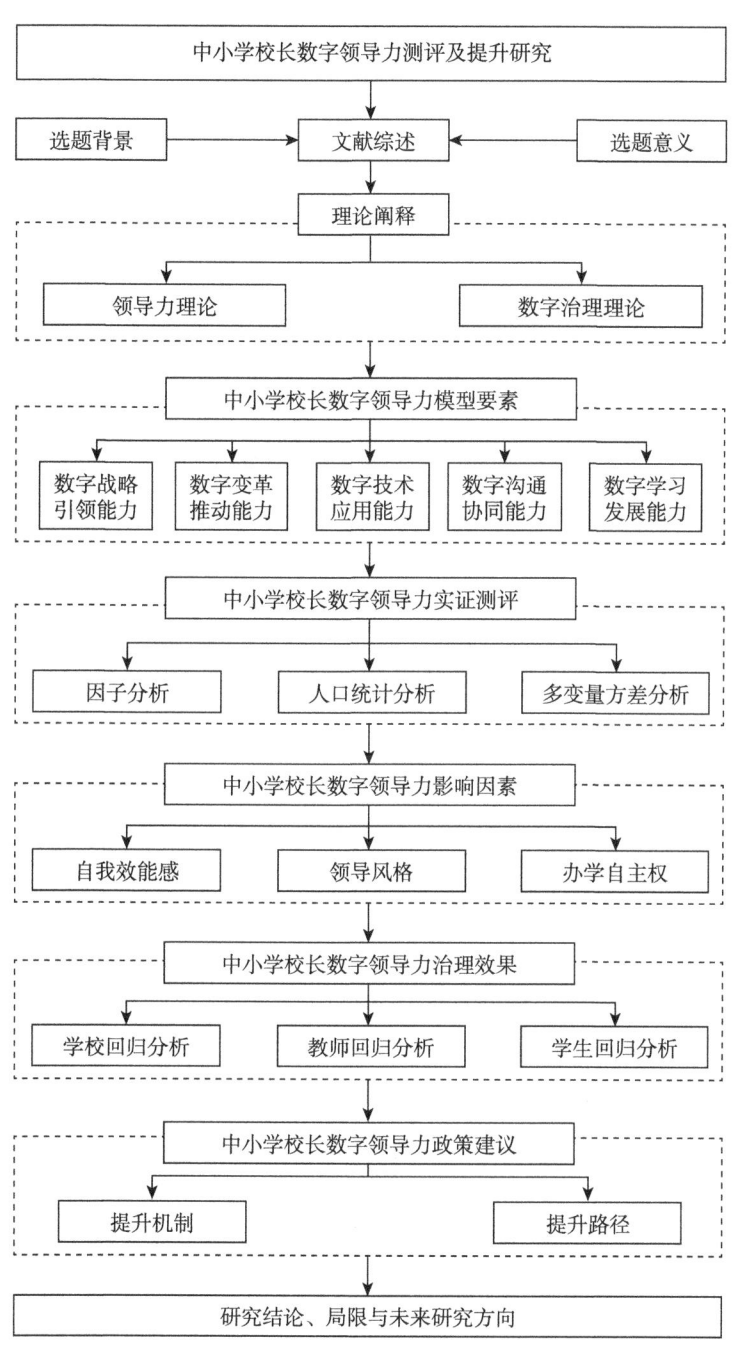

图1-1 中小学校长数字领导力测评及提升研究的技术路线图

第三节 国内外文献综述

一、领导力研究

领导力作为领导效能的重要组成部分,国内外学者对其进行了大量研究。最初,领导力研究出现在企业管理领域,学者重点关注企业管理过程中领导者的能力和水平,随后各学科开始陆续将领导力研究纳入本专业,公共管理领域领导力研究也逐步成为学者关注的热点。学者不仅关注个人层面的领导者能力,而且扩展到集体团队和整个组织层面。从已有的研究成果来看,主要可以归纳为领导力的内涵、领导力的维度测量和领导力的提升路径三个方面。

(一)领导力的内涵和特征

领导力的研究聚焦于领导者的能力,即通过吸引和影响被领导者以实现团体或者组织的共同目标。由于领导力本质的复杂性,目前尚未被学界清晰界定。但关于领导力内涵与特征的研究一直备受学者青睐,如弗雷德·菲德勒(Fred E. Fiedler)曾说:"领导力的定义有许多种,其数量几乎与领导力理论数量相当,而领导力理论的数量又几乎等同于该领域内研究者的数量。"[1]目前,学界关于领导力内涵界定的主流学说主要有"能力说""影响力说"和"过程说"三种。主张"能力说"的学者认为,领导力就是领导者带领组织成员实现组织目标的能力。[2]如库泽斯和波斯纳(Kouzes and Posner)认为:"领导力是领导者激励他人在组织中自愿作出卓越贡献的能力。"[3]温恒福认为,领导力是

---

[1] FIEDLER F E. Leadership, Morristown [M]. NJ: General Learning, 1971.
[2] 胡小勇,祝智庭,王佑镁,等.促进基础教育信息化发展的领导力研究[J].中国电化教育,2007(3):19-22.
[3] KOUZES J, POSNER B. The Leadership Challenge: How to Make Extraordinary Things Happen in Organizations [J]. Professional Manager, 2013(2): 57.

领导者选择和聘用合适的员工并实现与被领导者共同目标的能力。[1]主张"影响力说"的学者认为，领导力主要指影响他人的力量。如霍国庆等人表示，领导力是指"领导者在特定的情境中吸引和影响追随者与利益相关者的能力"[2]；马静认为，领导力是指在一定组织环境中被领导者对领导者施加的影响作出积极回应，以此提高被领导者的组织认同度的能力。[3]主张"过程说"的学者认为，领导力是领导者发挥影响能力的过程。如海菲兹（Heifetz）认为，领导力是领导者运用榜样力量与道德约束手段激励组织成员实现组织目标的过程[4]；尤可（Yukl）认为，领导力是指影响他人理解和支持行动方向与策略以努力完成共同目标的过程。[5]关于领导力的特征，李春林认为，领导力是领导者个人在素质、能力、影响力等多方面特征的总和[6]；豪斯（House）认为，领导力的特性包括决策力、智力、影响力和社交能力等方面。[7]

（二）领导力的维度及测量

梳理现有研究发现，国外关于领导力的测量侧重于对领导者个人行为与智力等特质的研究。米尔特斯（Meerits）从任务、变革和关系能力三个维度测量军事领导者的领导能力[8]；卡塔日娜（Katarzyna）从职能贡献、实践贡献、关

---

[1] 温恒福.教育领导学[M].北京：中国人民大学出版社，2011.

[2] 霍国庆，孟建平，刘斯峰.信息化领导力研究综述[J].管理评论，2008（4）：31-38.

[3] 马静.现代领导力问题研究[J].中国商贸，2009（9）：86-87.

[4] HEIFETZ R A. Leadership Without Easy Answers, Cambridge [M]. Massachusetts：Harvard University Press，1998：22.

[5] YUKL G. Leadership in Organizations [M].北京：清华大学出版社，2010.

[6] 李春林.论领导与管理：兼谈我国领导学的发展与完善[J].内蒙古大学学报（哲学社会科学版），2000（1）：18-33.

[7] HOUSE R J, et al. Culture, Leadership, and Organizations：the Globe Study of 62 Societies [M]. Thousand Oaks, California：Sage，2004：9-28.

[8] MEERITS A, KIVIPOLD K. Leadership Competencies of First-level Militaryleaders [J]. The Leadership and Organization Development Journal，2020，41（8）：953-970.

系贡献三个维度测量责任型领导与管理实践的关系❶；巴斯（Bass）在1995年提出四维结构模型，并从交易型领导、变革型领导及放任型领导三个方面设置多因素领导问卷量表测量领导者的领导能力❷；斯腾伯格（Sternberg）在2005年提出WICS领导能力模型，包括智慧、智力、创造力、综合四个维度❸；库泽斯和波斯纳提出LPI包含30个条目的领导能力实践测评量表，使用360度测评工具测量和分析不同组织、不同层级的领导者的领导行为。❹

国内学者对领导力的测量研究侧重于探究环境对领导能力的影响。陈晶等从愿景目标、激励员工、团队氛围、工作任务、领导者品质和组织与环境关系六个维度构建领导力测量框架，其中愿景目标是方向，激励员工、团队氛围、工作任务与领导者品质是内在要求，组织与环境关系是外在调节条件❺；占小军等利用扎根理论发现韧性领导力包括安心定志和通变达权两个维度，并运用探索性因子分析、验证性因子分析、信度和效度分析，最终构建包括二维度8个题项的韧性领导力量表❻；吴晓英从"愿景决策力""教学决断力""教导执行力""沟通激励力""教学人际力"和"结果驱动力"六个维度，设置42个题项对中小学教师领导力进行测量，发现品格、知识、能力、人际和支持情境是影响教师领导力的重要积极因素❼；中国科学院领导力课题组在2006年提出领

---

❶ KATARZYNA SZCZEPAŃSKA-WOSZCZYNA. Responsible Leadership Contribution to Human Resource Management-A Study of CSR-HR Interface [J]. Procedia Economics and Finance, 2015 (34): 403-409.

❷ BYCIO P, HACKETT R D, ALLEN J S. Further Assessments of Bass's (1985) Conception of Transactional and Transformational Leadership [J]. Journal of Applied Psychology, 1995, 80 (4) 468-478.

❸ STERNBERG R J. WICS: A Model of Leadership in Organizations [J]. Academy of Management Learningand Education, 2003, 2 (4): 386-401.

❹ POSNER B Z, KOUZES J M. Psychometric Properties of the Leadership Practices Inventory_updated [J]. Educational and Psychological Measurement, 1993: 53.

❺ 陈晶, 鲁欣怡. 领导力理论研究的窘境与出路——兼谈领导力六维框架构想[J]. 管理现代化, 2021 (2): 82-86.

❻ 占小军, 王涛, 郭一蓉, 等. 韧性领导力: 结构维度、量表开发和检验[J]. 管理科学, 2023 (1): 46-61.

❼ 吴晓英. "影响因素"对中小学教师教学领导力生成的影响有多大？——基于实证研究的回答[J]. 当代教育论坛, 2019 (2): 75-87.

导力五力模型，从前瞻力、感召力、影响力、决断力和控制力五个维度测量领导力，认为领导力的本质是感召力，前瞻力和影响力由感召力延展产生，决断力和控制力由前瞻力和影响力发展产生❶；谢永平等通过问卷调查法、探索性因子分析法，构建了技术创新网络中核心企业领导力的四要素模型，从知识资源、网络能力、网络结构、领导者特质四个维度测量核心企业领导力，发现网络能力与网络结构的多元化对领导者特质提升非常重要，在很大程度上提升了领导者特质的重要性。❷

（三）领导力的提升路径

国外关于领导力提升方面的研究侧重于领导力培养和领导力层级两个方面。墨菲（Murphy）研究爱尔兰共和国的领导力，发现通过政策的改革与管理为新任领导者的分布式领导力建设一个动态成长框架，让更多的人参与领导系统，提升领导者工作绩效❸；拉姆·查兰（Ram Charan）提出"领导梯队模型"，认为领导力提升需要经过从管理自我到管理他人、从管理他人到管理经理人员、从管理经理人员到管理职能部门、从管理职能部门到事业部总经理、从集团高管到首席执行官六个阶段❹；约翰和科尔（John and Cole）通过对比英国和法国的政治领导力，提出将"强有力的领导与有效的民主控制相结合以提升政治领导力"❺；约翰·麦克斯维尔（John Maxwell）认为："领导力并不是

---

❶ 中国科学院"科技领导力研究"课题组.领导力五力模型研究[J].领导科学，2006（9）：20-23.

❷ 谢永平，郑倩林，刘敏，等.技术创新网络核心企业领导力影响因素研究[J].科技进步与对策，2016（24）：72-81.

❸ MURPHY G. Leadership Preparation, Career Pathways and the Policy Context: Irish Novice Principals' Perceptions of their Experiences [J]. Educational Management Administration and Leadership, 2020（1）: 1-22.

❹ 拉姆·查兰，斯蒂芬·德罗特，詹姆斯·诺埃尔.领导梯队：全面打造领导力驱动型公司[M].北京：机械工业出版社，2023.

❺ PETER J, ALISTAIR C. Political Leadership in the New Urban Governance: Britain and France Compared [J]. Local Government Studies. 1999, 25（4）: 98-115.

与生俱来的，而是可以通过学习得来的，每个人都可以学习领导力、获得领导力"，并提出过程法则、镜像法则、爆炸性倍增法则、接纳法则、授权法则、吸引力法则、直觉法则、影响力法则、尊重法则等21条领导力提升法则。❶

国内关于领导力提升的研究，主要包括政治领导力提升、教师领导力提升、企业管理层领导力提升三个视角。政治领导力提升方面，付春香等提出应从健全容错纠错机制、提升个体层次的整体应对能力、改革考核机制、提升人际互动层次的协同应对效能、构建纵横交错的管理系统五个方面提升领导干部韧性领导力❷；何丽君认为："制度领导力存在制度制定冲动、制度执行偏差、制度评估缺位的问题，应从确立制度领导的目标取向、改善制度领导的渐进模式、强化制度领导的整合机制、优化制度领导的评估系统、完善制度领导的培育体系等方面提升制度领导力。"❸教师领导力提升方面，程晋宽等通过分析美国教师领导力支持措施，提出从加强教师领导者的身份认同、多样化的教师职业选择、从权威到促进的校长支持作用、工作嵌入式的专业学习、注重教师领导能力建设五个方面提升我国教师领导能力❹；王淑芬认为，教师课程领导力存在教师课程意识不强、教师教育理念陈旧、教学评价的功利导向、学校文化认同不足等方面的问题，建议从强化教师的课程意识和课程参与、建立健全教师专业成长的长效机制、改革教师评价体系、创建支持型的学校文化四个方面提升教师课程领导力❺。在企业管理层领导力提升方面，孟令标认为，企业家领导力存在道德滑坡、诚信缺失、精神堕落等方面的问题，也面临顾客需求个性化、员工自我发展意识不断强化的挑战，应结合老子"水"哲学从培育企业

---

❶ MAXWELL J, LU W J, LU B F. Rule 21 of Leadership [M]. Shanghai: Wen Hui Press, 2017.
❷ 付春香, 赵娅. VUCA环境下领导干部韧性领导力的多维结构与提升路径[J]. 领导科学, 2022 (9): 60-63.
❸ 何丽君. 制度领导力的内涵意蕴与提升路径[J]. 领导科学, 2021 (24): 42-46.
❹ 魏晓宇, 程晋宽. 教师领导力何以提升——基于美国教师领导力发展支持举措的分析比较[J]. 教育学报, 2022 (4): 98-116.
❺ 王淑芬. 教师课程领导力的作用机制及提升策略[J]. 社会科学战线, 2022 (6): 251-255.

家至善信仰力、提升企业家洞察决策力、培养企业家人格感召力、提升企业家应变协调力、培养企业家抗压执着力五个方面提升企业家领导力❶；魏向阳认为，女性职业者存在晋升空间有限、家庭占用时间长、缺乏自信等方面的劣势，建议从提高解决复杂问题的能力、提升视野格局、塑造良好形象、权衡好事业和家庭的关系四个方面提升女性职业者领导力。❷

如上所述，学者对领导力的内涵研究主要体现在三种学说上，其核心要义在于：在特定情境下，领导者与被领导者之间的相互影响关系及产生的影响效应。在理论脉络方面，从早期领导理论、新型领导理论到领导理论新趋势，国内外关于领导力的研究日益丰富，其中变革型领导理论的研究已经成为当前领导力研究的热点之一，但其研究内容的系统性和研究视角的多样性仍须深化。在维度测量方面，国内外学者对领导力的测量研究侧重点不同，国外学者更注重对领导者内在特质的测量，国内学者更注重对外在影响因素的测量，但知识、人际关系、个人能力等因素是领导力的重要测量变量。在提升路径方面，国外学者强调在不断的学习过程中提升领导力，国内学者强调不同类型的领导者其领导力提升途径也不同，领导力的提升应考虑领导力的评价体系、管理体制、团队精神、个人能力等方面。总体来看，现有关于领导力的研究成果为本研究深入探索中小学校长数字领导力的影响因素提供了重要的基础支持。

二、校长领导力研究

校长作为学校教育的掌舵者，其领导力不仅是影响学校发展的重要因素，而且是影响高质量教育体系建设的关键要素。对校长领导力的研究也成为高质

---

❶ 孟令标.企业家领导力提升的文化路径探索——基于老子"水"哲学视角[J].企业经济，2020（4）：84-90.
❷ 魏向阳.职场女性领导者的特点及其领导力提升路径[J].领导科学，2020（11）：97-99.

量教育体系建设的经典话题，受到学术界的关注。现有的研究成果主要可以归纳为校长领导力的结构维度、校长领导力的测量、校长领导力的影响因素、校长领导力的提升路径四个方面。

（一）校长领导力的结构维度

通过文献梳理发现，国内外学者从不同视角对校长领导力的结构维度进行了广泛探索。研究成果主要包括：人格特质理论取向的校长领导力研究、变革型领导风格取向的校长领导力研究、分布式领导理论取向的校长领导力研究、领导权变理论取向的校长领导力研究。

人格特质理论研究发端于20世纪早期，兴盛于20世纪90年代，在提高校长领导力有效性方面起着非常重要的作用。亨普希尔（Hemphill）等人对32名中小学校长的人格特质进行分析研究后发现，高绩效的校长一般具有自主自信、包容乐观、活泼开朗、有责任心、有同情心等特质[1]；美国教育家伊兰·K.麦克伊万（Elaine K. McEwan）归纳总结了优秀校长的十个重要特质：即人格树立者、活跃分子、促进者、愿景制造者、改革者、善于沟通者、教育者、文化建构者、成果制造者和贡献者[2]；英国学者伯莱姆（Bolam）指出，成功的校长一般具备负责任、为人正直、有亲和力、善于沟通、乐观、诚实、公平、有决策力、善于进行战略思考、具有计划性等几个方面特质。[3]我国学者张俊华将校长需要具备的个人素质总结为八个维度：渊博的知识、强健的体魄、规范的操守、阳光的心态、广阔的视野、宽厚的胸襟、专业的能力和法治的精神[4]；赵彩霞："采用基于扎根理论的研究方法对已有文献资料进行编码分析，发现湖南大学张

---

[1] HEMPHILL J K, GRIFFITHS D E, FREDERIKSEN N. Administrative Performance and Personality [M]. New York: Bureau of Publications, Teachers College, Columbia University, 1962.

[2] 伊兰·K.麦克伊万. 高绩效校长的10大特质：从优秀走向卓越[M]. 重庆：重庆大学出版社, 2006.

[3] RAY BOLAM. Effective Leadership in Schools: A Synthesis of Perspectives [M]. London: Routledge, 1999: 45-67.

[4] 张俊华. 教育领导学[M]. 上海：华东师范大学出版社, 2008.

楚廷校长展现出根源型、驱动型和情境型三种领导特质，具体表现为以使命感、平民心、真诚等为主的根源型领导特质，以想象力、勤奋、敏捷等为主的驱动型领导特质，以自信、志存高远、坚毅等为主的情境型领导特质。"❶

变革型领导取向的校长领导力研究发端于20世纪90年代中期。莱斯伍德（Leithwood）研究发现，变革型领导风格不仅能够影响学校的目标设定、校园文化和组织氛围，还对学校的组织绩效具有显著性影响❷；福斯特（Foster）研究发现，变革型领导风格会导致"相互协商和共享领导角色"，即在某种程度上可实现校长和下属之间的角色互换❸。国内学者董燕指出，以变革型领导理论为指导是有效提升农村中小学校长领导力的有力抓手❹；赵茜和席蓉从变革型领导风格与交易型领导风格对教师工作满意度影响效应的视角，发现变革型领导风格在交易型领导风格作用于教师满意度过程中起到完全中介作用，校长应该加强价值引领，通过转变自身领导风格推动校长领导力的有效提升❺；郑良玉指出，变革型领导风格对中小学校长领导力具有显著性影响，在学校管理体制下，校长办学治校应该以变革型领导风格为主❻。

分布式领导理论取向的校长领导力研究。管理学家明茨伯格（Mintzberg）研究指出，为提高领导绩效，组织管理过程中应当将以领导者个人为核心的集中式领导转变为以组织成员广泛参与为基础的分布式领导。❼学者哈里斯（Harris）认为，分布式领导理论的基本内涵是"领导权力不是被组织中某个个

---

❶ 赵海霞.张楚廷校长领导特质研究[D].金华：浙江师范大学，2018.
❷ LEITHWOOD K. The Move Toward Transformational Leadership [J]. Educational Leadership，1992（5）：8-12.
❸ 杰拉尔德·C.厄本恩，拉里·W.休斯，辛西娅·J.诺里斯，等.校长论：有效学校的创新型领导[M]. 重庆：重庆大学出版社，2004.
❹ 董燕.农村中小学校长变革型领导力问题的研究[J].教育现代化，2017（8）：209-211.
❺ 赵茜，席蓉.校长领导力的转型——变革型与交易型领导力对教师工作满意度的影响[J].中国人民大学教育学刊，2018（2）：69-77.
❻ 郑良玉.中小学校长变革型领导现状调查研究[J].教育观察，2019（33）：85-87.
❼ MINTZBERG H. The Leadership Debate with Henry Mintzberg：Communityship is the Answer [J]. Financial Times，2006：210-223.

体所专属，而是组织中所有成员都有机会去分享和担当。换句话说，领导不是固定不变的，而是动态的和流动的"。❶分布式领导在学校中的应用强调校长的领导权力和行为不再集中在个人身上，而是动态地分布到学校全体教职员工当中。如学者刘幼玲认为，分布式领导是在特定的情境下校长与教职员工共同规划、落实学校管理工作的过程。在此过程中，校长与下属充分发挥各自的领导潜力和领导才能，分享领导权力、共享目标愿景、共担领导责任，从而使校长领导效能实现最大化。❷学者宋莹莹指出，校长分布式领导强调校长领导实践，其核心理念是学校所有成员基于共同的愿景，利用自身的资源优势以平等的关系为组织提供优质的服务。❸

领导权变理论取向的校长领导力研究。领导权变理论认为领导效能取决于领导者采用的方式和所处的领导情景是否匹配，二者匹配程度越高，领导效能越高。库泽斯（Kouzes）指出，领导力是领导者采取有效手段激励下属自愿为组织做出卓越贡献的能力。❹徐建华指出，校长领导力是校长本人与广大师生在特定环境下相互影响、相互作用形成的一种作用力。❺张东娇研究指出，校长作为领导者通过与利益相关者建立良好的人际关系，以及运用有效的人际激励手段来展现领导力。❻

（二）校长领导力的测量体系

整理已有研究成果发现，国外关于校长领导力测量研究主要有校长教学管理评测量表、转型领导模型、五力模型、教学领导力评估模型四大模型。菲利

---

❶ HARRIS A. Distributed Leadership：According to the Evidence [J]. Journal of Educational Administration, 2013（2）：172-188.

❷ 刘幼玲.国外分布式学校领导探微[J].基础教育，2011（2）：61-65.

❸ 宋莹莹.基于分布式领导理论的中小学校长角色定位[J].教书育人，2020（8）：65-68.

❹ 詹姆斯·M.库泽斯，巴里·Z.波斯纳.领导力——如何在组织中成就卓越[M].李丽林，张震，杨振东，译.北京：电子工业出版社，2012.

❺ 徐建华.简论校长的课程领导力[J].考试周刊，2013（20）：158-159.

❻ 张东娇.提升领导力的行动策略[J].中国教师，2008（5）：8-16.

普·海林杰（Philip Hallinger）在1982年提出校长教学管理评测量表，简称PIMRS，认为校长领导力包括界定学校使命、管理教学方案、创造学校学习环境三个维度，并设置诸如框定学校目标、宣传、教学监督与评价、课程协调、学业质量标准建设、学习激励、教学激励、保持校长高存在感等12个具体校长领导特质[1]，PIMRS为探索校长教学领导力提供了实证参考框架。肯尼斯·莱斯伍德（Renneth Leithwood）在20世纪90年代运用因子分析等方法提出转型领导模型，认为转型领导包括以学校为使命、关注效果、以文化为中心的三个维度共9个领导特质。转型领导模型考虑情景对校长领导力的影响，认为校长领导力的测量也应关注社会与学术目标、开放学校文化建设、社会政策环境、情景回应能力建设等方面。[2]美国教育管理学家托马斯·萨乔万尼（Thomas J. Sergiovanni）在1984年提出五力模型，从技术领导力、人际领导力、教育领导力、象征领导力、文化领导力五个维度对校长领导力进行测量，认为校长扮演管理工程师、人际工程师、临床实践者、领袖、高级牧师等角色，可从计划制订、参与决策、指挥典礼、提供建议、巡视学校、观察课程、宣传学校愿景、文化建设等20个具体措施中对校长领导力进行具体衡量。[3]教学领导力评估模型由波特（Porter）等人提出，也称为360度评估模型，该模型设置高学习标准、课程内容严格、教学质量、学习文化、社会联系、问责六个核心要素，计划、实施、支持、倡导、交流、监督六个核心过程，以此组成36个校长行为评分框架，为校长自评、教师评价和主管上级评价校长领导力提供了清晰的评估模型。[4]

国内校长领导力测量研究多以参考具有代表性的研究成果为基础并通过问

---

[1] HALLINGER P. Principal Instructional Management Rating Scale [M]. Bangkok：Leading Development Associates，1982.

[2] LEITHWOOD K，LOUIS K S，ANDERSON S，et al. How Leadership Influences Student Learning [M]. New York：The Wallace Foundation，2004：4-16.

[3] SERGIOVANNI T J. Leadership and Excellence in Schooling [J]. Educational Leadership，1984（5）：4-13.

[4] PORTER A C，POLIKOFF M S，GOLDRING E，et al. Developing a Psychometrically Sound Assessment of School Leadership：The VAL-ED as a Case Study [J]. Educational Administration Quarterly，2010，46（2）：135-17.

卷法等方式自设量表。马龙海等从外部规定性与自我内生性两个维度构建大学校长领导力发展分析模型，设置遴选机制、考核评价机制、培训机制、职业规划与实现等具体内容对大学校长领导力进行测量[1]；吕立杰等从课程意识、课程规划能力、课程管理能力、课程评估能力与课程领导效能五个一级维度，包含价值认同、政策理解、资源分配、沟通领导、监督实施、教师培训、课程设置、师生评估等19个二级维度的校长课程领导力量表，并运用问卷调查法进行数据收集[2]；赵茜等运用访谈法、问卷法构建了包含学校层级、任职年限、招聘权力、经费状况、学校区域、副校长数量、任命管理者权力、学校规模八个维度的校长教学领导力模型，认为校长教学领导力由指导教学组织、策划教学活动、提供教学条件、监控教学情况构成，通过因子分析法，发现校长领导力要体现在以学生为中心，注重引领与服务作用的发挥，同时校长领导力的核心不是学校经济条件的改善，而是校长指导教学组织的行为[3]；陈小平构建了包含知识素质、能力素质、品德素质三个维度的中小学校长领导力模型[4]。李新等采用自陈量表法从校长指导教与学、引导学校发展、主导学校管理、提升专业素养四个维度测量深圳市中小学校长领导力，调查结果显示领导能力、管理能力是最主要的校长领导力。[5]

（三）校长领导力的影响因素

现有研究成果因校长领导力本质与构成的复杂性对校长领导力影响因素尚

---

[1] 马龙海，许国动.大学校长领导力发展的分析模型：框架与方法[J].国家教育行政学院学报，2015（12）：8-13.

[2] 吕立杰，丁奕然.中小学校长课程领导力构成要素及作用机制研究——基于PLS-SEM的实证研究[J].华东师范大学学报（教育科学版），2022（3）：20-29.

[3] 赵茜，刘景.我国校长教学领导力模型研究[J].中小学管理，2010（3）：10-13.

[4] 陈小平.中小学校长领导力模型构建实证研究[J].人力资源管理，2016（6）：206-207.

[5] 李新，向蓉.中小学校长领导力及其影响因素研究——基于深圳市A区教育质量监测数据的实证分析[J].教育导刊，2018（6）：44-50.

未形成定论，比较流行的有三因素论、四因素论、多因素论等观点。三因素论。孙绵涛认为，"校长的领导力可以从三个方面考虑：基本要素、条件要素和场域要素"❶；张岩认为校长领导力包括价值领导力、课程领导力、组织领导力三个要素，其中价值领导力包括格局和学校文化影响学生三观塑造，课程领导力关系教学质量和学校排名，组织领导力关系校长的管理能力❷。四因素说。英配昌认为，校长领导力包括愿景规划能力、决策能力、执行力与诱导力四个要素，其中愿景规划能力与教师和学生的认同感相关，决策能力是校长管理能力的关键，执行力决定校长领导效能的发挥，诱导力与成员追随力相关，强调以校长的权力性影响力为核心要素、以非权力性影响力为动力因素❸；马龙海通过探索性因子分析法发现，大学校长领导力体系由前瞻力、执行力、培育力和开发力四个维度组成，其中前瞻力包括责任力和思维力，执行力包括沟通力和理解力，培育力包括德行力和情绪力，开发力包括适应力和规划力。❹多因素说。郑燕祥提出校长领导力包括结构领导力、政治领导力、人际领导力、教育领导力和文化领导力五个因素❺；闫拓时认为校长领导力包括杰出的声望、崇高的品德、开放的胸怀、细腻的管理、周到的服务、强大的职权等七个方面的特质，体现为凝聚力、前瞻力、感召力、沟通力、推动力五个方面的领导能力❻；力昌英将校长课程领导力界定为课程的准确理解力、课程的组织开发力、课程的指导执行力、监控评估力、课程环境的创设力五个要素。❼校长的领导力水平不仅受到校长个人属性的影响，如自我效能感与学习投入的影

---

❶ 孙绵涛.校长领导力基本要素探析[J].教育研究与实验，2012（6）：54-57.
❷ 张岩.核心素养时代的校长领导力[J].吉林省教育学院学报，2017（6）：1-7.
❸ 英配昌.学校发展中的校长领导力——兼谈校长领导力理解的误区[J].教育科学研究，2009（12）：28-31.
❹ 马龙海.大学校长领导力体系构建的探索性分析[J].国家教育行政学院学报，2010（11）：14-20.
❺ 郑燕祥.教育领导与改革新范式[M].上海：上海教育出版社，2005.
❻ 闫拓时.当代中国大学校长领导力研究初探[J].国家教育行政学院学报，2010（3）：3-6.
❼ 力昌英.校长课程领导力的现状及应对[J].教学与管理，2014（9）：14-16.

响,而且也受到学校情境的影响,如办学自主权的大小。[1]研究者基于技术接受视角,探究校长教学领导力影响因素的作用机制,感知易用性对感知有用性、使用态度具有直接正向作用效应,感知有用性对使用态度、信息化教学领导力具有直接正向作用效应,使用态度对行为意向具有直接正向作用效应,行为意向对信息化教学领导力具有直接正向作用。[2]

(四)校长领导力的提升路径

关于校长领导力提升路径的研究较为广泛,学者多从培训、完善支持制度、加强评估考核、提升自身素质等方面提出建议。杨秀伟等认为,应从优化选拔任用制度、激励保障制度及考核评估制度出发,构建具有跟踪性、持续性、系统性的培训制度,营造教育主管部门支持、家长支持、"村两委"和社会机构支持等多元主体协作的环境支持氛围,优化技术领导力、人际领导力、教育领导力,以提高校长自我内在动力等方面提升乡村小规模学校校长领导力[3];成欣欣等立足于"双减"政策背景,认为应从组织结构形态、团队效能、学校三元关系三个方面构建校长领导力,校长应重视学校组织定位重塑、学校价值观凝练、校长角色定位、学校组织文化培育、学校权力架构、教师专业能力培养、学生全面发展等具体内容,以此提高校长的领导特质和领导能力[4];温在权从"立""利""砺""礼"四个维度论述了新时代校长领导力提升路径,认为:"立"是校长领导力发展之舵,包括谋划愿景——与师生共绘学校发展蓝图、确立规则——保障学校运行规范有序两个方面。"利"是校长领导力是否具有创新性的突出展现,包括积极应变——推进学校智治转型之路、统筹资源

---

[1] 马丽,牛君霞,唐海康.校长自我效能感、学习投入、办学自主权对校长领导力的影响——基于5省15市的实证调查[J].教育与教学研究,2020(11):86-98.

[2] 赵磊磊.农村校长信息化教学领导力的影响因素及提升路径——基于技术接受视角的实证研究[J].湖南师范大学教育科学学报,2018(5):25-32.

[3] 杨秀伟,张宇帆,李祥.乡村小规模学校校长领导力的定位与提升[J].中小学管理,2023(8):44-48.

[4] 成欣欣,张奂."双减"背景下校长领导力的提升[J].湖北社会科学,2023(3):149-154.

——寻求学校特色发展之路两个方面。"砺"是校长领导力是否具有影响力的重要体现,包括锤炼表达能力、锻造高效团队两个方面。"礼"是校长领导力艺术性的展现,包括建立师生情感联结的纽带、构筑以礼育人的良好生态两个方面[1];周长胜等认为,应从强化校长素质与能力培训、塑造亲密和谐平等的校园文化、加强民族团结教育、打造高效学校团队、重视教师再培训等方面提升民族地区中学校长领导力[2];刘美玲等建议从构建校长专业标准、开展校长专业培训、进行校长领导力的自我提升、实施校长领导力多元评价四个方面提升高职院校校长领导力[3];索斯沃斯(Southworth)采用抽样调查法,发现应从"工作勤奋努力、积极的个性品质、做事果断、平易近人、良好的团队协作能力和促进学校发展的能力"六个方面提升校长领导力。[4]

综上所述,国内外学者对校长领导力的理论研究成果非常丰富,其中人格特质理论研究重点在于分析校长应具备的各种特质,如变革型领导注重研究校长领导力的价值引领、分布式领导强调领导权力的分享等,这些成果都具有一定的影响力。领导权变理论则以领导者个人特质、领导者行为及领导情景的交互影响来解释领导现象,认为任何领导方式只要与领导情景相适应,均可能成为最有效的领导方式。这几种理论从不同的视角对校长领导力进行研究,但究竟何种理论更有利于校长领导力的发挥,还需要在实践中加以验证,这也为本研究提供了理论指导。

在维度测量方面,国外关于校长领导力测量的理论研究较国内研究更为深入,学校目标、课程设置、使命、情景环境、监督、决策等是重要的测量维度;

---

[1] 温在权.事上磨砺·久久为功:新时代校长领导力的四维修炼[J].中小学管理,2023(3):38-40.
[2] 周长胜,饶从满,李春梅.民族地区中学校长领导力的现状和提升策略[J].黑龙江民族丛刊,2020(5):137-143.
[3] 刘美玲,王忠昌."双高计划"高职院校校长领导力的理论内涵及提升路径[J].教育与职业,2020(19):36-40.
[4] SOUTHWORTH G. Small Successes:What Lessons can be Learned from Successful Heads of Small Primary?[J]. Managing Schools Today,1999,9(2):59-61.

国内关于校长领导力的测量研究起步较晚，多借鉴国外的研究成果，但由于国内外教育环境和教育理念存在差异，在具体实践中，校长领导力评价维度的针对性、系统性、科学性还需加以注意。在影响因素方面，校长领导力发展受主体因素、客体因素、环境因素、技术因素、资源因素等因素的影响和制约，促进校长领导力的发展也应采取系统思考方式探究其影响机制。但目前的相关研究主要集中在认识论层面，实践性层面的研究还有待挖掘。因此，通过定性与定量相结合的方法，探讨中小学校长领导力发展的影响因素，具有重要的现实意义。

在提升路径方面，国内外学者从不同的角度对提升校长领导力提出了各种建议和对策。在宏观层面，学者强调改革教育管理体制，提升校长的权威和决策能力；在微观层面，学者关注的是如何提升校长的个人能力和管理技巧，如注重构建良好的人际关系、参与专业学习和培训、借鉴国际先进的教育管理经验、加强校长的团队建设等。

总的来说，校长领导力的提升应从自身素质、师生关系、教师培训、文化环境、家校关系等多个方面采取针对性的策略。

三、数字领导力研究

在数字治理进入持续深化关键时期的背景下，数字领导力已经成为领导干部必备的胜任力，提升领导干部数字领导力，是我国推进数字中国建设、提升数字治理效能的必然要求。在此背景下，本书通过对已有研究成果进行梳理总结，发现学者从不同的视角对数字领导力进行了深入丰富的研究，主要可以归纳为数字领导力的概念内涵、数字领导力的测量、数字领导力的影响因素、数字领导力的提升路径四个方面。

（一）数字领导力的概念内涵

国外学者关于数字领导力的内涵研究。美国咨询专家邓南遮（Annunzio

指出，信息化领导力涉及改变组织文化、培养快速灵活的态度，以促进面向新经济的内部变革。❶美国学者伯克（Burk）认为，信息化领导力主要是整合信息技术和管理，促进人们快速吸收和利用信息技术的能力。❷随着实践的发展，罗马尼（Roman）、范瓦特（Van Wart）等人指出，为实现数字领导力，领导者需要具备一系列关键能力和行为。首先，领导者需要具备清晰的沟通能力，应该能够有效地传达信息，倾听员工的意见和反馈，并在数字化环境中引导和激励团队成员。其次，领导者需要提供充分的社交互动机会，应该鼓励员工之间的合作和知识共享，通过建立良好的团队关系和网络，促进信息的流动和创新的发生。同时，领导者还需要具备变革管理的能力，应该能够识别和应对数字化时代带来的变革，引领组织员工向数字化转型，并在变革过程中有效地管理风险和抵御风险。最后，领导者还需要建立对虚拟环境的信任感。在数字化时代，领导者应该相信团队成员的能力和诚信，并创造一个支持虚拟协作的环境。❸罗宾·史密斯·马蒂斯（Robin Smith Mathis）认为，数字化领导力是一种帮助企业准确分析环境变化，快速调整当前现状，进而作出战略变革的管理能力，在公司的数字化转型战略中扮演着重要角色。❹

国内学者关于数字领导力的内涵研究。黄荣怀等将领导力概括为信息时代领导者、信息时代追随者和利益相关者及信息时代领导情境三个核心要素。❺段柯将数字领导力定义为领导者通过战略性地使用数字资产、引领数字化转型

---

❶ ANNUNZIO S，JULIE L. Leadership：Proven Techniques for Creatingan Environment of Speed and Flexibility in the Digital Economy [J]. Free Press，2001.

❷ BURKE R. E-leadership. https://www.metafuture.org/articlesbycolleagues/RobertBurke/eleadership.htm，2001.

❸ ROMAN A V，VAN WART M，WANG X H，et al. Defining E-Leadership as Competence in ICT-Mediated Communications：An Exploratory Assessment [J]. Public Administration Review，2019，79（6）：853-866.

❹ ROBIN S M. Communicating Influence：Positioning the Trainer as an Organizational Leader [J]. Journal of Workplace Learning，2020，32（8）：549-568.

❺ 黄荣怀，胡永斌. 信息化领导力与学校信息化建设[J]. 开放教育研究，2012（5）：11-17.

等手段，保持和增强组织在数字化环境中竞争优势的能力。[1]杜孝珍、代栋栋认为，数字领导力指的是领导者通过数字技术与传统技术的组合应用，首先引起自身及下属思维方式和行为结果的转变，进而推进组织数字化变革，以更好地实现组织目标的能力。[2]张志鑫、郑晓明认为，数字领导力是领导者运用一系列数字资源影响组织成员的态度、情感和行为的能力，旨在推动组织数字化转型及应对数字化环境。[3]徐珊认为，数字领导力是指在数字化时代的组织管理过程中，企业管理者为数字化转型创造清晰而有意义的愿景的能力，以及领导组织成员执行并成功实施数字化转型战略的能力。[4]

（二）数字领导力的维度及测量

国外关于数字领导力维度测量研究。齐克（Zeike）等将数字领导力设定为态度维度和技能维度，强调数字领导力应具备使用数字技术所需的态度和在组织内部实施数字化策略的能力，以及对数字化转型过程的清晰认识。[5]克拉森（Claassen）等设计了单维度的七项数字领导力量表，主要从数字素养、组织支持、获取数字技能信息等视角来衡量数字领导力。[6]罗曼（Roman）等从理论视角构建数字领导力的SEC模型，将数字领导力划分为数字化沟通（E-communication）、数字化社交（E-social）、数字化变革（E-change）、数字化团队（E-team）、数字化技术（E-tech）及数字化信任（E-trust）六个维度。

国内关于数字领导力维度测量研究。赵龙飞、霍国庆认为，行政领导者信

---

[1] 段柯.数字时代领导力的维度特征与提升路径[J].领导科学，2020（11）：60-62.
[2] 杜孝珍，代栋栋.公共部门数字领导力的结构维度与建设路径[J].上海行政学院学报，2022（4）：70-83.
[3] 张志鑫，郑晓明.数字领导力：结构维度和量表开发[J].经济管理，2023（11）：152-168.
[4] 徐珊.数字化领导力对组织绩效影响机制研究[J].现代企业文化，2023（5）：149-152.
[5] ZEIKE S，BRADBURY K，LINDERT L，et al. Digital Leadership Skills and Associations with Psychological Well-Being [J]. International Journal of Environmental Research and Public Health，2019，16（14）：2628-2628.
[6] ROMAN A V，WART V M，WANG X H，et al. Defining E-Leadership as Competence in ICT-Mediated Communications：An Exploratory Assessment [J]. Public Administration Review，2019，79（6）：853-866.

息化领导力应包含信息技术促进变革的能力、领导知识创新能力、全球化领导能力、信息化战略领导能力、文化塑造能力、非权力影响力、授权领导力、无边界管理能力。[1]孙祯祥、张玉茹认为，教师信息化领导力应包括信息技术能力、信息化教学领导力、信息化专业发展领导力、学校信息化文化领导力。[2]段柯认为，数字时代领导力应当包含正念变革能力、专业业务能力、环境认知能力、互动共鸣能力四个方面。[3]巨彦鹏认为，数字领导力模型包含数字沟通能力、数字社交能力、数字变革能力、数字团队能力、数字信任能力等。[4]温晗秋子认为，数字化领导力应涉及数字经济洞察力、数字科技学习力、数字资产运营力、数字人才培养力四个方面的能力。[5]马亮从数字中国建设的视角将数字领导力归纳为数字科技、数字经济、数字社会、数字政府、数字安全和数字生态六个维度。[6]杜孝珍和代栋栋聚焦于公共部门数字领导力建设，将数字领导力概括为数字认知应用能力、数字战略引领能力、数字变革推动能力、数字协调沟通能力、数字变革评估能力、数字文化建设能力。[7]季海群提出了领导干部数字素养概念框架，涉及数字信息获取能力、数字信息交往能力、数字内容创建能力、数字安全维护能力、数字伦理治理能力五个方面评估维度。[8]

（三）数字领导力的影响因素

数字领导力涉及领导者与数字技术和组织环境之间的复杂互动关系，其影响因素涵盖了技术、人员、组织和环境等多个层面。杨蓉认为，影响校长信

---

[1] 赵龙飞，霍国庆.行政领导者信息化领导力分析[J].管理现代化，2009（1）：59-61.
[2] 孙祯祥，张玉茹.教师信息化领导力的概念、内涵与理论模型[J].现代远程教育研究，2015（1）：39-45.
[3] 段柯.数字时代领导力的维度特征与提升路径[J].领导科学，2020（4）：60-62.
[4] 巨彦鹏.数字时代数字领导力矩阵分析与提升路径研究[J].领导科学，2021（5）：47-50.
[5] 温晗秋子.数字经济时代亟须数字化领导力[J].中国领导科学，2021（3）：106-111.
[6] 马亮.数字领导力的结构与维度[J].求索，2022（6）：100-110.
[7] 杜孝珍，代栋栋.公共部门数字领导力的结构维度与建设路径[J].上海行政学院学报，2022（2）：70-83.
[8] 季海群.论新时代领导干部数字素养的概念框架及其提升策略[J].南京航空航天大学学报（社会科学版），2022（4）：100-105.

化理念的因素主要包括以下几个方面：接受信息技术方面的培训、学习及后续反思；了解国内外的信息化发展和资讯；学习参观和考察；信息技术方面的学历教育等。❶赵磊磊尝试将感知有用性、感知易用性、使用态度、领导行为意向等纳入校长信息化领导力影响因素模型。其研究发现，感知有用性对校长信息化领导力的影响效应最大。使用态度对校长的领导行为意向具有直接的正向影响效应，领导行为意向对校长的信息化领导力具有直接的正向影响效应，使用态度对于校长信息化领导力具有间接的影响效应。感知易用性对感知有用性、校长的使用态度及领导行为意向均有直接的正向影响，校长的信息化领导力直接受感知有用性及领导行为意向的正向影响。❷苏林猛经分析发现，中小学校长对信息化工作的需求感知、中小学校长的信息化能力、信息化资源管理的权限都对校长的信息化领导力具有显著的正向影响，但四者影响程度不同。❸

（四）数字领导力的提升路径

随着数字时代的迅猛发展，数字领导力的提升路径研究受到越来越多学者的关注。丁强等认为，虽然信息的快速普及和全面应用对领导过程带来的好处要大于信息泛滥所带来的问题。然而，在数字化治理的过程中，我们也需要注意一些治理风险，如数字化封闭现象、数字化偏差、数字化优势集中的倾向，以及数字化伪装等。❹邱晓昀提出，在数字时代，解读数据并不是一种独特的领导技能。领导者的数字敏感力并不局限于单纯的数字本身，而是对数字应用

---

❶ 杨蓉.北京市农村中小学校长信息化领导力影响因素个案研究[D].北京：首都师范大学，2007.
❷ 赵磊磊.校长信息化领导力的影响因素及培养路径[J].现代远距离教育，2017（5）：44-50.
❸ 苏林猛.教育信息化2.0背景下中小学校长信息化领导力提升策略研究[J].软件导刊·教育技术，2019，18（12）：73-75.
❹ 丁强，牟德刚，孔德民.突发公共事件中网络意识形态风险的表象、生成与治理[J].思想教育研究，2021（4）：149-153.

层的敏感，以及敏锐地利用新技术推动创新的能力。[1]巨彦鹏指出，数字领导力矩阵全面展现了数字领导力的各个维度及可能影响，为领导者培育和发展数字领导力奠定了良好基础，领导者应着眼于数字领导力输入的五个层面及领导力输出的四个层面，有针对性地提升自身能力。[2]杜孝珍、代栋栋提出数字领导力的建设是一个长期、复杂、综合的系统工程，需要遵循内在的发展规律，从多个层面和领域有效地推进数字领导力的建设进程。要进行反思和重构，突破认识误区，树立科学的数字思维。要通过学习和实践来强化数字能力。要共同治理和共享数字资源，优化数字生态环境。[3]

如上所述，数字领导力作为前沿研究领域，受到了众多学者的关注和重视。在数字领导力的内涵研究方面，关于数字领导力的直接研究尚不多见。相关研究分散于信息化领导力和数据领导力的文献中，对数字领导力与信息化领导力的内涵差别缺乏明显的区分。按照信息化领导力的界定，数字领导力的内涵包含数字技术、数字素养与数字影响能力三个基本维度；在维度测量方面，数字领导力的测量多围绕各种设置的维度展开，但这些维度对数字领导力的具体影响如何，何种维度是数字领导力的主要测量指标，有待进一步研究；在影响因素方面，数字领导力由于自身的复杂性，受到主客观等因素的影响，但当前数字领导力影响因素的研究视角相对局限，为了全面理解数字领导力的本质和影响机制，需要借鉴跨学科的研究视角，如组织行为学、社会心理学等，以实现数字领导力研究的深度和广度；在提升路径方面，树立数字思维、学习数字沟通与变革能力、实践应用数字技术等是主要途径。但现有的数字领导力研究在内涵界定上尚未达成共识，不同学者对其口径存在差异，导致对数字领导力的实质和边界缺乏清晰的共识，从而削弱了概念的学术可靠性和实践可操作性。本书在借

---

[1] 邱晓昀.数字敏感与数字化领导力[J].清华管理评论，2021（1）：63-69.
[2] 巨彦鹏.数字时代数字领导力矩阵分析与提升路径研究[J].领导科学，2021（1）：47-50.
[3] 杜孝珍，代栋栋.公共部门数字领导力的结构维度与建设路径[J].上海行政学院学报，2022（4）：70-83.

鉴已有的信息化领导力研究成果的基础上，探究数字领导力的内涵和提升路径，具有一定的现实意义。

四、校长数字领导力研究

近年来，为适应数字化治理环境提出的新要求，中小学校长不仅需要具备基本的数字知识和技能，还应具备相应的数字化思维，能够把握数字化发展趋势，善于将数字技术的优势融入领导过程中，增强领导效能。在此背景下，校长数字领导力日益受到学者的关注。纵观现有的研究成果，学者对校长数字领导力的研究主要可以归纳为校长数字领导力的内涵、维度及测量、影响因素与提升路径四个方面。

（一）校长数字领导力的内涵

校长数字领导力的概念最早由校长信息化领导力演变而来，随着时代发展被赋予不同的含义。孙祯祥认为，校长信息化领导力指的是校长或学校管理者在推动学校教育信息化的过程中，制定和实施信息化发展蓝图并能够激发和引导全体师生员工共同努力实现这一愿景的能力。[1]赵磊磊和代蕊华认为，校长信息化领导力主要指的是校长利用自己的力量和智慧，通过规划、建设和目标控制三个方面充分利用信息技术推动学校信息化发展，以及学校效能提升的一种综合能力。[2]孙祯祥在之后的研究中指出，推进教育信息化不仅是校长个人的责任，还需要广泛关注学校成员的领导力作用，因此研究的核心理念转向了学校信息化领导力。[3]李华等指出，校长信息化领导力是学校信息化建设进程中校长运用新技术与教学方式整合，促进学校现代化发展和提高学生学业水平

---

[1] 孙祯祥. 校长信息化领导力的构成与模型[J]. 现代远距离教育, 2010 (3): 3-7.
[2] 赵磊磊, 代蕊华. 校长的信息化领导力与领导效能：内涵、特征及启示[J]. 教师教育研究, 2016 (4): 49-56.
[3] 孙祯祥. 学校信息化领导力的理论与实践体系构建[J]. 现代远距离教育, 2017 (5): 32-39.

的综合能力。❶曲娇娇等人将校长信息化领导力看作破解学校信息化改革与发展困境、推动学校信息化发展的重要突破口。❷

(二) 校长数字领导力维度及测量

关于校长信息化领导力的研究，学术界普遍认为其具备技术和领导两个方面的特点，因此校长信息化领导力的构成要素主要涉及技术能力和领导能力，并以此为基础构建了评估体系。谢忠新等将校长信息化领导力分为信息意识与信息技术能力、信息化决策与规划能力、信息化组织与管理能力、信息化评价与发展能力四个方面。❸孙祯祥提出，国内中小学校长的信息化领导力包括权力构成（系统、人力资源、信息化教学、总结与评估、文化氛围）和个人影响力（信息化意识、愿景理念、应用能力、沟通能力及社会责任感）。❹化方等认为，校长信息化领导力主要由基本的信息素养、信息化系统规划能力、信息化应用指导能力、信息化管理评价能力、信息化沟通协调能力和信息化规划建设能力六个部分构成。❺台湾学者张奕华将校长的技术领导力归纳为构建和传达技术发展的愿景、制订和管理全面的技术发展计划、关注教职员工的技术发展和培训需求、寻求技术支持和基础设施的更新与改善、关注技术应用评价与研究趋势、重视人际关系与沟通技巧等多个方面。❻赵磊磊指出，校长的信息化领导力包括信息技术能力、信息化规划能力、信息化管理能力以及信息化评估能力四个方面。❼

---

❶ 李华，李昊.农村中小学校长信息化领导力提升路径研究[J].现代教育技术，2017（6）：64-70.
❷ 曲娇娇，高春梅.数字化赋能：校长信息化领导力的时代指向与提升策略[J].中国电化教育，2022（12）：129-135.
❸ 谢忠新，张际平.基于系统视角的校长信息化领导力评价指标研究[J].现代教育技术，2009（4）：73-77.
❹ 孙祯祥.校长信息化领导力的构成与模型[J].现代远距离教育，2010（7）：3-7.
❺ 化方，杨晓宏.中小学校长信息化领导力绩效指标体系[J].研究中国教育信息化，2010（6）：7-10.
❻ CHANG I H. The Effect of Principals' Technological Leadership on Teachers' Technological Literacy and Teaching Effectiveness in Taiwan Residents Elementary Schools [J]. Educational Technology & Society, 2012, 15（2）：328-340.
❼ 赵磊磊.校长信息化领导力：概念、生成及培养[J].现代远距离教育，2017（3）：19-24.

（三）校长数字领导力的影响因素

根据不同的观点和研究模型，国内学者从不同角度对校长信息化领导力的影响因素进行了分析。赵磊磊等通过分析发现，校长的信息技术素养直接对信息化规划能力、信息化管理能力、信息化评估能力产生正向作用，间接地通过信息化管理能力与信息化评估能力对领导效能产生正向影响。[1]赵磊磊从技术融入的角度提出，感知易用性、感知有用性、使用态度和领导行为意向是校长信息化领导力的影响因素，并通过结构方程模型研究了校长的心理资本（如自我效能、乐观、希望和坚韧性）与校长信息化领导力之间的关系。[2]饶爱京、万昆等研究发现，个人信息素养、规划设计、组织实施、评价推动是影响中小学校长信息化领导力的关键因素，其中规划设计起着首要作用，其次是评价与推动、个人信息素养、组织与实施。[3]

（四）校长数字领导力的提升路径

在提升路径方面，国内学者普遍认为通过自我学习和经验交流来提升能力。皇甫辉和孙祯祥认为，校长可以通过自主学习和利用校内外环境，在学习共同体中进行互动交流，从而促进校长信息化领导能力水平的提升。[4]赵磊磊认为，提升校长信息化领导力应采取以下策略：以技术反思、规章制度及环境评估为主要建设内容，以关系绩效的提升为主要建设目标，以战略绩效的提升为基础建设目标。[5]雷励华等人基于转化学习理论设计了校长信息化领导力提升模式，提出了触发事件、质疑假设、理性对话、合理借鉴、认知转

---

[1] 赵磊磊，赵可云.校长信息化领导力对校长领导效能作用机制的实证研究——基于结构方程模型的调查分析[J].现代远距离教育，2016（4）：68-73。

[2] 赵磊磊.校长信息化领导力的影响因素及培养路径[J].现代远距离教育，2017（6）：44-50.

[3] 饶爱京，万昆，邹维.教育大数据时代高校教师教学领导力建设[J].现代教育管理，2019（3）：57-61.

[4] 皇甫辉，孙祯祥.基于学习视角的校长信息化领导力提升[J].中国教育信息化，2012（19）：7-9.

[5] 赵磊磊.校长信息化领导力建设：提升校长工作绩效的路径选择[J].现代教育管理，2018（8）：67-71.

化、实施行动及迁移应用等阶段的循序渐进过程。[1]张乐乐等人提出以国内教育改革需求为导向，真正提升校长的信息化管理能力与学校管理的效果；聚焦技术的发展，实现技术支持下的绩效评估，提升校长评估教育信息化建设效果与效益的能力。[2]

综上所述，学界关于校长数字领导力的研究成果十分丰硕。在概念内涵方面，虽未达成共识，但都认为校长数字领导力的基本内涵是校长运用自身智慧和数字技术领导并影响他人的一种能力；在维度测量方面，规划能力、指导能力、沟通能力、管理评价能力是校长数字领导力主要的测量维度；在影响因素方面，个人信息素养是校长信息化领导力的关键影响因素；在提升路径方面，学者从不同角度提出了建议，其中学习和实践是最主要的途径，提升校长数字领导力需要发挥各级人员的信息化领导力。此外，研究者通常会综合运用文献法、问卷法、访谈法等方法进行调查分析，以获取更全面和准确的研究结果，并在研究结论中提出相关的建议，以促进校长数字领导力的发展和提升，但缺乏实证分析，关于校长数字领导力的探讨还有较大研究空间。

五、现有研究述评

中小学校长对学校高质量发展起着决定性作用，其领导能力高低决定着一所学校的治理水平。梳理现有研究发现，学者基于不同的研究目的和研究偏好，运用不同的研究方法和理论对领导力、校长领导力、数字领导力、校长数字领导力从不同的研究视角进行了丰富的探索与分析，依照研究主题、研究目的、研究理论和研究结论进行了深入解读，发现学界围绕中小学校长领导力的内涵演变、测量维度、影响因素、提升路径等问题已经取得了丰硕

---

[1] 雷励华，张子石，金义富.教育信息化2.0时代校长信息化领导力内涵演变与提升模式[J].电化教育研究，2021（2）：40-46.

[2] 张乐乐，张天琦.智能时代中小学校长信息化领导力提升路径研究[J].中国教育信息化，2022（4）：81-88.

成果，为本书的编写提供了坚实的理论基础与清晰的研究方向。具体而言，在领导力研究方面，能力与过程是领导力的核心构成要素，领导力的评价体系、管理体制、提升团队精神、加强个人能力等是领导力提升的主要路径。在校长领导力研究方面，校长领导力研究在促进校长自身的专业发展、促进学生的学习成绩提高、促进学校文化的改善、促使学校发生积极的变革方面具有积极作用，但校长领导力的发展具有系统性、渐进性、生成性、动态性等特点，受主体因素、客体因素、环境因素、技术因素、资源因素等因素的影响和制约，其中内因主要是校长个人素质、能力和理念等方面的差异与影响，外因主要涉及我国校长管理制度存在的缺陷和不足。因此，促进校长领导力的发展应采取系统思考方式探究其影响机制，从培训、队伍建设、政策支持环境、自我约束等维度探寻提升路径。在数字领导力方面，数字领导力的内涵包含数字技术、数字素养与数字影响——三个基本维度，需要从树立数字思维、加强数字沟通与变革能力、实践应用数字技术等方面加以提升。在校长数字领导力方面，校长数字领导力作为落实国家教育数字化战略的关键能力，需要发挥包括教师、中层管理团队和整个学校群体等各级人员的数字领导力，帮助校长提升数字领导力效能。这些成果为本书研究中小学校长数字领导力提供了理论依据和实践基础。

同时，由于中小学校长数字领导力的研究仍处于探索阶段，现有的研究成果也存在一些不足。例如，从研究内容看，关于中小学校长数字领导力的界定仍未形成共识，导致对中小学校长数字领导力的实质和边界缺乏清晰的认识，从而削弱了概念的学术可靠性和实践可操作性；中小学校长领导力受主体因素、客体因素、环境因素、技术因素、资源因素等因素的影响和制约，在研究校长数字领导力时，仅仅依靠教师的意见和反馈可能无法全面了解校长的实际情况和领导风格；此外，样本量不足也可能导致研究结论的偏差，导致结论可能不具有充分的代表性。从研究类型看，现有研究主要集中在认识论层面的思辨研究，缺乏从实践性层面对中小学校长数字领导力进行更深层次的分析与探索，因此提出的对策建议的针对性、可操作和落实性不足。从研究方法看，已有研究多为描述性研究，缺乏实证性研究的支持。

基于已有研究成果，为规避和弥补现有研究存在的对中小学校长数字领导力的专门研究不足及对中小学校长数字领导力的提升路径涉及较少的缺憾，本研究通过定性与定量相结合的方法，按照"建构理论—实证测评—影响因素—治理效果—提升路径"的基本研究思路，构建本土化的中小学校长数字领导力构成模型，以此明晰中小学校长数字领导力构成的结构维度，描述中小学校长数字领导力的现实状况，分析中小学校长数字领导力的影响因素，探讨中小学校长数字领导力的提升路径，对于培养中小学校长的胜任力、推动中小学高质量发展具有重要的理论价值和现实意义。

第四节　核心概念界定

一、中小学校长

"校长"一词，最早见于《管子·度地》："请为置水官，令习水者为吏：大夫、大夫佐各一人，率部校长、官佐各财足。"《中华人民共和国职业分类大典》将中小学校长定义为"在中小学担任领导职务并具有决策、管理权的人员"。[1] 2013年教育部发布的《义务教育学校校长专业标准》中将校长定义为："履行学校领导与管理工作职责的专业人员。"点明了校长的工作职责和专业属性。[2] 同时，我国颁布的《义务教育学校校长专业标准》和《普通高中校长专

---

[1] 国家职业分类大典和职业资格工作委员会.中华人民共和国职业分类大典[M].北京：中国劳动出版社，1999.

[2] 教育部.义务教育学校校长专业标准[EB/OL].（2013-02-16）[2020-07-04]. https://www.moe.gov.cn/srcsite/A10/s7151/201302/t20130216_147899.html.

业标准》，均明确规定"校长"适用范围为学校正校长、副校长❶。组织部和教育部于2017年印发的《中小学校领导人员管理暂行办法》中规定公办中小学校领导班子成员包括正、副校长和书记。❷

关于中小学校长的聘任方式和程序，伴随着教育事业不断发展，校长的聘任方式相较于《教育大辞典》中"校长由国家教育行政部门、有关办学团体、个人任命或委派，或通过一定程序推举产生"已然发生变化，可见教育部2001年制定的《中小学教师队伍建设"十五"计划》中，要求全面推行中小学校长公开选拔竞争上岗制度和校长聘任制，实行公开招聘、民主推举、平等竞争、择优聘任。❸2014年开始施行的《事业单位人事管理条例》要求事业单位公开招聘，并对公开招聘的具体流程和事业单位内部竞聘上岗的程序做出详细规定。❹

关于中小学校长的具体职责，应将其置于校长负责制的背景下进行考察。为适应教育教学改革，1993年中共中央、国务院发布《中国教育改革和发展纲要》，明确规定中等及中等以下各类学校实行校长负责制，校长要全面贯彻国家的教育方针和政策，依靠教职工办好学校。❺中共中央办公厅于2022年1月印发的《关于建立中小学校党组织领导的校长负责制的意见（试行）》提出，校长要在学校党组织领导下依法依规行使职权，按照学校党组织有关决议，全面负责学校的教育教学和行政管理等工作。❻

---

❶ 教育部.普通高中校长专业标准[EB/OL].（2015-01-12）[2021-03-04]. https://www.moe.gov.cn/srcsite/A10/s7151/201501/t20150112_189307.html.

❷ 组织部，教育部.中小学校领导人员管理暂行办法[EB/OL].（2017-01-13）[2022-06-15]. https://www.moe.gov.cn/jyb_xwfb/s6319/zb_2017n/2017_zb02/17zb02_wj/201701/t20170123_295587.html.

❸ 教育部.中小学教师队伍建设"十五"计划[EB/OL].（2002-05-08）[2022-07-14]. https://www.edu.cn/edu/shi_fan/shi_fan_news/200603/t20060323_26752.shtml.

❹ 国务院.事业单位人事管理条例[EB/OL].（2014-05-15）[2026-06-17]. https://www.gov.cn/zhengce/2014-05/15/content_2680034.htm.

❺ 教育部.中国教育改革和发展纲要[EB/OL].（1993-02-13）[2022-06-17]. https://www.edu.cn/zhong_guo_jiao_yu/zheng_ce_gs_gui/zheng_ce_wen_jian/zong_he/201007/t20100719_497964.shtml.

❻ 中共中央办公厅.关于建立中小学校党组织领导的校长负责制的意见（试行）[EB/OL].（2022-01-26）[2023-07-15]. https://www.gov.cn/zhengce/2022-01/26/content_5670588.htm.

结合现有政策文件和学者观点，根据研究需要，本书将中小学校长界定为：我国中小学中履行领导和管理职责的行政负责人，包括中小学正校长、副校长。具体含义包含以下三个层面：第一，中小学管理实施党组织领导的校长负责制，校长在接受党的教育方针指导及学校党组织领导下，依法依规行使各项职权、履行职责，全面负责学校各项事务。第二，中小学校长的聘任方式一般包括学校内部推选、外部选派、竞争（聘）上岗、公开选拔（聘）等，不断加大对中小学行政领导人员聘任制的推行力度。第三，中小学校长应具备国家规定的任职条件和资格，具备管理学校事务的基本素养和领导能力。

二、校长领导力

领导力，最早发源于美国的企业管理领域，由英文单词"leadership"翻译而来，也包含"领导"的含义，因此早期学者对"领导力"侧重于从"领导者"的个体层面理解这一概念，后期伴随着领导团队概念的引申，学者逐渐开始关注"领导力"组织或团队视角的具体内涵。总体来看，国内外学者将"领导力"作为讨论和研究的热点，尝试从多个角度理解其含义，主要形成了以下几种观点：

一是"能力说"，领导力指领导者所具备的能力。美国学者贝尼森（Bennis）认为，领导力是将发展愿景转变为现实的能力[1]；库泽斯（Kouzes）和波斯纳（Posner）在《领导力》一书中将该概念界定为组织中的领导者鼓舞成员自发做出成绩的能力[2]；张小娟把领导力概括为预见能力、判断能力、沟通能力、创新能力和延伸能力[3]。霍国庆等人认为，领导力是领导者在特定的情境

---

[1] BENNIS W. The Challenges of Leadership in the Modern World: Introduction to the Special Issue [J]. American Psychologist, 2007, 62（1）: 2.

[2] KOUZES J, POSNER B. The Leadership Challenge: How to Make Extraordinary Things Happen in Organizations [J]. Professional Manager, 2013（2）: 57.

[3] 张小娟. 打造卓越的领导力[J]. 领导科学, 2005（18）: 37.

中吸引和影响追随者与利益相关者并持续实现群体或组织目标的能力。[1]二是"影响力说",即领导力的实质是影响力,领导者影响他人的过程就是领导力产生作用的过程。美国领导力研究中心创始人赫塞·保罗(Hersay Paul)认为,领导力就是影响他人做可能不会做的事情[2];约翰·安东纳基斯(John Antonakis)认为,领导力指领导者与被领导者间的相互影响及影响所产生的结果;我国学者吴江认为,领导力是一种组织内部特殊的人际影响力[3];杜媛等人将领导力看作组织中管理人员通过一定行为对组织成员产生影响,使其接受并共同实现组织目标的过程。[4]三是"合力说",即领导力指包含多种个体能力或多主体能力的总和。龙东飞将领导力概括为领导职能、领导体制和领导素质等多种因素产生的合力。[5]苗建明等人认为,领导力是领导者的吸引力、影响力和被领导者的选择力、反作用力等互动所形成的合力。[6]贺善侃提出领导力是权力、能力和影响力三者的统一。[7]

综上所述,目前学界虽对"领导力"这一概念尚无统一界定,但从不同学者的理解中可以归纳出"领导力"概念的以下共性:一是"领导力"与"领导"在本质上具有高度相关性,领导力是领导过程中体现出的总体效能(力);二是"领导力"在领导活动中有两方面的表现,即领导者对下属的积极影响和组织目标的共同实现;三是"领导力"涉及多个主体,包括领导者的领导能力、组织成员被影响产生的反作用力以及二者形成的合力。本书所说的"领导力"指:在特定的组织环境中,领导者与被领导者之间的相互作用所形成的合力系统。

---

[1] 霍国庆,孟建平,刘斯峰.信息化领导力研究综述[J].管理评论,2008(4):31-38.

[2] 芮新国.保罗·赫塞"点评"领导力[J].中外管理,2005(6):20.

[3] ANTONAKIS J, DAY D V, SCHYNS B. Leadership and Individual Differences: At the Cusp of a Renaissance [J]. The Leadership Quarterly, 2012, 23 (4): 643-650.

[4] 杜媛,刘美凤.校长信息化领导力的九个关键行为[J].中小学信息技术教育,2009(3):5-7.

[5] 龙东飞.什么是领导力[J].管理论坛,2006(7):21-27.

[6] 苗建明,霍国庆.领导力五力模型研究[J].领导科学,2006(9):20-23.

[7] 贺善侃."无形领导力":对领导力的一种新认识[J].上海师范大学学报(哲学社会科学版),2008(4):119-124.

"校长领导力"的概念从属于"领导力",学界对"校长领导力"的理解一般建立在"校长"这一角色的定位和变化上。赵明仁认为,校长领导力是指校长能良好影响师生以实现学校目标的能力[1];赵德成将该概念界定为校长动员学校成员在学校发展目标下持续奋斗的能力[2];徐建华指出,校长领导力是在一定的体制机制运行条件下,学校广大师生个人素质与团队人员因素共同作用的一种综合作用力。[3]根据前文对"中小学校长"和"领导力"概念的界定,结合现有学者的观点,笔者认为,校长领导力是指在学校场景中,校长与学校、教师、学生和社会相关者之间相互作用以实现学校发展目标所形成的合力。

三、数字领导力

"数字领导力"是近年才被提出并广泛应用的概念,学术界在21世纪初使用的"E-leadership"一般表示信息化领导力或电子领导力,聚焦于信息技术环境下对领导者提出的能力要求。国外学者阿沃里奥(Avolio)和凯阿希(Kahai)的将领导者与信息技术互动的能力称为"E-leadership",指通过先进信息技术中介的社会影响过程,使个体、团队或组织的思维、行为和绩效等发生改变[4];伯克(Burk)认为"E-leadership"是通过整合领导者管理能力和技术素养推动自身快速掌握和有效使用信息技术的能力[5];雅布洛科夫(Jablokow)提出信息化领导力是领导者在信息化建设过程中应具备良好的沟通协调能力、

---

[1] 赵明仁. 论校长领导力[J]. 教育科学研究, 2009(1): 40-42.
[2] 赵德成. 校长教学领导力: 领导什么与怎么领导[J]. 中小学管理, 2010(3): 7-9.
[3] 徐建华. 浅谈如何提升校长领导力[J]. 国家教师科研专项基金科研成果(神州教育卷), 2013(1).
[4] AVOLIO B J, KAHAI S, DODGE G E. E-leadership: Implications for Theory, Research, and Practic [J]. The Leadership Quarterly, 2000, 11(4): 615-668.
[5] BURK, R. E-leadership [EB/OL]. (2001-02-07) [2021-03-04]. https://www.metafuture.org/articlesbycolleagues/Robert Burke/eleadership.htm.

统筹部门间合作的能力和促进组织变革的能力❶；我国学者霍国庆等人将信息化领导力的定义理解为：在信息技术条件下，领导者通过有效影响被领导者和利益相关者以共同实现组织信息化建设目标的综合能力❷；孙祯祥等人认为，信息化领导力是在信息技术条件下，领导者依托信息技术深度影响组织成员并带领其共同实现教育信息化建设目标的能力❸；赵磊磊将信息化领导力看作技术能力、领导能力二维融合的产物。❹

伴随着人类社会进入数字时代，信息技术已逐步演变为区块链、大数据、人工智能等数字技术，数字社会、数字政府和数字治理等新理念推动领导活动变革，要求领导者利用数字技术提高组织运行效能，学术界对"电子领导力""信息化领导力"的关注逐渐转移到"数字领导力"。埃尔萨维（El Sawy）将数字化领导力界定为领导者为使企业及其商业生态系统的数字化战略取得成功作出正确决策的能力❺；范瓦特（Van Wart）认为，数字领导力是领导者正确认知并识别数字环境变化，将数字技术与传统技术有效整合以提升组织绩效的能力❻；罗曼（Roman）指出，数字领导力包括领导者在领导过程中使用数字技术发挥自身特质的能力和对数字环境的感知力。❼我国学者近几年也对数字领导力展开研究，如门理想将数字领导力界定为领导者在数字时代运用数字技术手段，促使个体、团体或组织在态度、情感和绩效等方面发生变化的能力❽；段

---

❶ JABLOKOW, SEASOCK. IT Leadership from a Problem Solving Perspective [J]. Information Technology and Management, 2010 (11): 107-122.

❷ 霍国庆, 孟建平, 刘斯峰. 信息化领导力研究综述[J]. 管理评论, 2008 (4): 31-384.

❸ 孙祯祥, 翁家隆. 境外校长信息化领导力内涵的发展历程及启示[J]. 中国电化教育, 2014 (2): 8.

❹ 赵磊磊. 校长信息化领导力：概念、生成及培养[J]. 现代远距离教育, 2017 (3): 19-24.

❺ EL SAWY O, KREMMERGAARD PAMSINCK H, et al. How LEGO Built the Foundations and Enterprise Capabilities for Digital Leadership [J]. MIS Quarterly Executive, 2016, 15 (2): 141-166.

❻ VAN WART M, ROMAN A, WANG X, et al. Operationalizing the Definition of Leadership: Ldentify the Elements E-leadership [J]. International Review of Administrative Sciences, 2019, 85 (1): 80-97.

❼ ROMAN A V, WART M V, WANG X H, et al. Defining E-leadership as Competence in lCT-Mediated Communications: An Exploratory Assessment [J]. Public Administration Review, 2019, 79 (6): 853-866.

❽ 门理想. 公共部门数字领导力：文献述评与研究展望[J]. 电子政务, 2020 (2): 100-110.

柯将数字领导力定义为领导者通过战略性使用数字资产、引领数字化转型等手段,保持和增强组织在数字化环境中竞争优势的能力❶;杜孝珍等人认为,数字领导力指领导者通过数字技术与传统技术的组合引起自身及下属思维方式和行为结果的转变,进而推进组织数字化变革以实现组织目标的能力❷。

可见,从"电子领导力""信息化领导力"到"数字领导力"的变化,既体现着社会环境对领导者的要求和所适应领域的变化,也包含领导者的数字素养这一共同特征,因而对"数字领导力"这一概念的理解应当以厘清两个区别为基础,即"数字领导力"和"电子领导力""信息化领导力"的区别,以及"数字领导力"和"数字素养"的区别。

(一)"数字领导力""电子领导力"和"信息化领导力"

梳理文献发现,"电子领导力""信息化领导力"一般侧重于领导者运用信息技术发挥中介作用,而"数字领导力"则要求感知数字环境的变化和数字思维能力的培养;"电子领导力""信息化领导力"适用于领导者在信息化工作领域的技术运用,而"数字领导力"往往适用于数字治理领域,要求领导者主动适应并推动组织形态、结构和功能等全方位、多领域的数字化转型,考察领导者在数字转型过程中的角色与定位。

(二)"数字领导力"和"数字素养"

"数字素养"是指人们能够基本认知数字并在生活和工作中使用数字技术的能力。❸伴随着教育数字化转型,对教职工数字素养的要求包括数字意识、计算思维、数字化学习与创新、数字社会责任四个方面。❹而"数字领导力"

---

❶ 段柯.数字时代领导力的维度特征与提升路径[J].领导科学,2020(16):60-62.
❷ 杜孝珍,代栋栋.公共部门数字领导力的结构维度与建设路径[J].上海行政学院学报,2022(6):70-83.
❸ 马亮.数字领导力的结构与维度[J].求索,2022(6):100-110.
❹ 程莉莉.教育数字化转型的内涵特征、基本原理和政策要素[J].电化教育研究,2023(4):53-56,71.

要求领导者不仅应具备基本数字素养,而且要具备数字思维和利用数字技术引领组织成员实现组织数字转型的能力。

综上所述,笔者认为,数字领导力指在数字化环境中,领导者具备基本数字素养,综合运用数字技术与传统技术,引领被领导者及部分利益相关者思维方式和行为结果的转变,推进组织数字化变革并实现组织目标的能力。

第五节 研究内容与方法

一、研究内容

本书共分为七章,每章内容安排如下:

第一章,导论。主要包括研究背景与意义、研究问题与思路框架、国内外文献综述、核心概念界定、研究内容与方法。

第二章,中小学校长数字领导力的模型设计。主要包括中小学校长数字领导力模型构建的理论基础,涵盖领导力理论、数字治理理论;中小学校长数字领导力的模型建构,涵盖数字战略引领能力、数字变革推动能力、数字技术应用能力、数字沟通协调能力和数字学习发展能力;中小学校长数字领导力的指标设计,涵盖设计原则、指标内容等。

第三章,中小学校长数字领导力的实证测评。主要包括中小学校长数字领导力的问卷测试和数据采集,涵盖调查对象与样本容量、问卷发放与回收情况、样本描述性统计分析;中小学校长数字领导力的现状分析,涵盖验证性因子分析、描述性统计分析、多变量方差分析等。

第四章,中小学校长数字领导力的影响因素。主要包括中小学校长数字领导力的影响因素分析,涵盖自我效能感的理论假设、概念化操作和回归分析;领导风格的理论假设、概念化操作和回归分析;办学自主权的理论假设、概念化操作和回归分析。

第五章，中小学校长数字领导力的治理效果。主要包括中小学校长数字领导力与学校发展，涵盖研究假设与模型建构、变量设定与操作化、回归结果分析；中小学校长数字领导力与学生发展，涵盖研究假设与模型建构、变量设定与操作化、回归结果分析；中小学校长数字领导力与教师发展，涵盖研究假设与模型建构、变量设定与操作化、回归结果分析。

第六章，中小学校长数字领导力的提升机制与路径。主要包括中小学校长数字领导力的提升机制，涵盖完善中小学校长数字领导力的政策支持机制、打造中小学校长数字领导力的内生动力机制、健全中小学校长数字领导力的组织学习机制、构建中小学校长数字领导力的环境塑造机制、筑牢中小学校长数字领导力的赋权增能机制；中小学校长数字领导力的提升路径，涵盖推动中小学校长数字领导力的学习培训、强化中小学校长数字领导力的监督考核、促进中小学校长数字领导力的激励奖惩。

第七章，结论与展望。主要包括研究结论，涵盖中小学校长数字领导力的构成维度的结论、中小学校长数字领导力的实证测评的结论、中小学校长数字领导力的影响因素的结论、中小学校长数字领导力的治理效果的结论；研究创新之处与不足，以及未来研究展望。

二、研究方法

（一）文献研究法

基于中小学校长数字领导力的研究，系统梳理国内外关于中小学校长领导力和数字领导力的相关文献，分析相关研究的历史演变和发展趋势。归纳总结各学者关于数字领导力的概念内涵、维度框架、影响因素、治理效果和政策措施。同时，梳理国内各级政府关于教育数字化、中小学校长等政策文本，了解国内关于数字化赋能教育的典型案例和经验，搜集各地关于提升校长数字领导力的举措和数据支撑，为本研究提供充足的资料来源。

(二) 专家评分法

专家评分法是将定性描述的问题通过定量加以分析。基本步骤为：将评价对象分类—设计对象的评价标准—专家根据经验打分—汇总统计分析。本书首先构建中小学校长数字领导力的要素框架、基本指标和具体指标，然后将要素框架、基本指标和具体指标形成问卷，分别发给相关领域研究专家，专家们基于理论和实践经验对问卷的测量问项进行打分和排序，调查方式以网络为主，电话咨询为辅。然后将专家们的意见进行汇总，剔除专家们一致认为不符合要求的维度和指标，为后续实证检验奠定了基础。

(三) 问卷调查法

本书在构建中小学校长数字领导力测评模型的基础上，设计《中小学校长数字领导力调查》问卷。利用设计的调查问卷，在H省四市中小学开展调查，拟选取800名中小学校长作为调查对象。设置的问卷内容包括人口学变量、要素框架、影响因素、治理效果等。数据收集后，通过相关统计软件进行数据分析和假设验证等。

小　结

本部分从研究背景和意义、研究问题与思路、国内外文献综述、核心概念界定和研究内容与设计五个方面展开阐述。

中小学校长数字领导力是在教育数字化的时代背景下，中小学校长通过各种方式培养数字素养，感知教育数字环境变化并制定学校数字发展愿景，综合运用数字技术推动学校数字化转型并实现校园数字化建设目标的能力。研究中小学校长数字领导力的提升路径和机制问题，能够在理论上丰富校长数字领导力的理论内涵，在实践上为提高我国中小学校长数字领导力提供指导。本书将中小学校长数字领导力的研究聚焦在以下五个方面：一是中小学校长数字领导力的内涵与构成维度；二是中小学校长数字领导力的现状；三是中小学校长数字领导力的影响因素；四是中小学校长数字领导力的治理效果；五是中小学校长数字领导力的提升路径。为了更好地回答以上问题，本书围绕"中小学校长"和"数字领导力"两大主题，依照"领导力—校长领导力—数字领导力—校长数字领导力"的思路对国内外文献进行述评，对"中小学校长—校长领导力—数字领导力—中小学校长数字领导力"的核心概念进行界定，奠定本书的研究基础，由此展开本书的实证测评。

第二章　中小学校长数字领导力的模型设计

数字化变革与发展使中小学校长的传统领导力面临挑战，与数字时代相匹配的中小学校长数字领导力是对教育强国背景下基础教育高质量发展的时代诉求做出的积极回应。因而，有必要对中小学校长数字领导力的理论工具进行梳理和探讨，以此为基础构建研究模型，为本书的实证测评环节提供依据。基于此，本章分别对中小学校长数字领导力的理论基础阐释、模型要素分析和具体指标设计进行一一阐述，通过厘清相关概念、明确理论支撑和确定模型要素，夯实研究中小学校长数字领导力的研究基础。

第一节　中小学校长数字领导力模型理论基础

本书基于中小学校长数字领导力的能力维度对其影响因素、治理效果和提升路径进行深入研究，领导力理论和数字治理理论为本书构建中小学校长数字领导力的评价指标体系、分析中小学校长数字领导力的影响因素和提升路径提供了有效的研究框架和坚实的理论支持。

一、领导力理论

前文已梳理不同学者关于"领导力"这一概念的不同看法，并在此基础上界定本书的"校长领导力"概念，但国内外关于领导力的相关研究由来已久，为构建科学合理的中小学校长领导力的模型要素及评价指标体系，有必要厘清领导力理论的发展脉络和研究现状。研究发现，20世纪70年代末之前的领导理论涵盖领导特质理论、行为理论和权变理论三大主流[1]，而后伴随着社会经济的发展，组织面临的挑战日益复杂，领导行为也随之发生变化，"变革型领导理论""领导—成员交换理论"和"魅力领导理论"等新型领导理论逐渐出现在学术领域，其中变革型领导理论在教育研究领域较为流行，为中小学校长数字领导的模型要素构建提供指导。

（一）领导力理论的具体内容

1.领导特质理论

领导特质理论最早可追溯到20世纪30年代苏格兰哲学家卡莱尔（Carlyle）的"伟人论"，认为世界史是伟人们的自传，领导者天生具有领导品格。基于"伟人论"和社会心理学的研究产生了领导特质理论，强调识别领导者所具备区别于非领导者的特质而并不争论其领导特质来源于先天或后天。[2]

领导特质理论尝试通过对领导者的实例研究来区分领导者和追随者的区别性特质。亨普希尔（Hemphill）等人通过调查研究分析了32名小学校长所具备的领导特质，包括友善、热心、开朗等[3]；霍伊（Hoy）和米斯克尔（Miskel）将有效学校的领导特质分为个性、动机和技能三类，并对每一类别所代表的领导特质进行详细划分[4]；肯尼（Kenny）和扎卡罗（Zaccaro）重新检验了早期领导者的特质研究，进一步验证领导者特质与领导效能的相关关系；扎卡罗等构建了领导特质

---

[1] 李明，毛军权. 领导力研究的理论评述[J]. 上海行政学院学报，2015（6）：91-102.
[2] KIRKPATRICK S A, LOCKE E A. Leadership: Do Traits Matter? [J]. The Executive, 1991, 5 (2): 48-60.
[3] HEMPHILL J K, GRIFFITHS D E, FREDERIKSEN N. Administrative Performance and Personality [M]. New York: Bureau of Publications, Teachers College, Columbia University, 1962.
[4] HOY W K, MISKEL C G. Educational Administration: Theory, Research, and Practice [J]. Journal of Educational Administration, 1987, 14 (1).

的多级模型，为领导特质影响领导过程和结果提供了精确解释框架❶；麦克依万（McEwan）在《高绩效校长的10大特质：从优秀走向卓越》一书中通过问卷调查，发现高绩效校长的突出领导特质有善于沟通、发挥教育者作用和制定发展愿景等能力❷。在我国学者的相关研究中，张俊华认为教育领导者应当具备广阔视野、宽厚胸襟、阳光心态、法治精神、规范操守、渊博知识、专业能力和强健体魄八个方面的领导素质❸；马姗姗基于领导特质理论对女性教育领导者的特质展开研究，认为女性教育领导者在生理、心理和能力素质上均具有教育领导优势。❹

领导特质理论在教育领域的研究揭示出一些教育领导者所应具备的领导特质，在一定程度上有利于促进校长专业化发展，但该理论忽略了情境因素对领导特质的影响，学术界认为仅通过领导特质衡量领导者的领导水平存在局限，因而从20世纪40年代起人们对领导力理论的关注点开始由领导特质转向领导行为。

2.领导行为理论

领导行为理论发展和兴盛于20世纪40—60年代，该理论认为，对领导力的研究不能局限于探索领导者所具备的特质，而应集中研究工作作风和行为对领导有效性的影响，不同的领导行为可以区分为有效领导和无效领导。

学者关于领导行为理论的研究往往聚焦于对领导方式和方法的探寻，总体来看，该理论将领导行为归纳为"员工导向型"和"任务导向型"两个维度。早期学者将领导区分为专制型领导、民主型领导和放任型领导❺；俄亥俄州立

---

❶ ZACCARO S J, KEMP C, BADER P. Leader Traits and Attributes [A]. In ANTONAKIS J, CIANCIOLO A T, STERNBERG R J（Eds.）. The Nature of Leadership [C]. Thousand Oaks, CA：Sage Publications，2004：101-124.

❷ 伊兰·K.麦克伊万.高绩效校长的10大特质：从优秀走向卓越[M].重庆：重庆大学出版社，2006.

❸ 张俊华.教育领导学[M].上海：华东师范大学出版社，2008：52-62.

❹ 马姗姗.破解"女兵男将"的困局——女性教育领导者的特质及领导风格研究[J].中小学管理，2015（7）：4-6.

❺ LEWIN K, LIPPITT R, WHITE R K. Patterns of Aggressive Behavior in Experimentally Created "Social Climates"[J]. The Journal of Social Psychology，1939，10（2）：271-299.

大学学者采用描述问卷将领导行为划分为结构和关怀两个维度[1]；卡恩（Kahn）和卡茨（Katz）则将领导行为划分为生产和员工两个导向[2]；布莱克（Blake）和莫顿（Mouton）在研究领导力时提出管理方格理论，将领导行为按照"关心生产"和"关心人"的二维视角进行分类，由81个方格分别代表领导者对人和生产的不同关心程度。[3]1960年，研究者开始逐渐运用不同测量工具对领导行为进行研究，就教育领域而言，国外学者李（Lee）研究校长领导行为与教师压力水平的关系，发现教师感受到的校长对其关系体谅程度越高，其压力水平就越低[4]；我国学者张忠山和吴志宏根据修订后的领导行为描述问卷，将上海市小学校长和教师作为样本研究小学校长在结构和关心体谅两个维度上的领导行为，发现提高校长的关心体谅水平是提高其领导效能的关键所在[5]；孙锦明等人以江西省中学为例，对公立中学校长的结构行为和关心体谅行为展开问卷调查和统计分析，考察中学校长在结构行为与关心体谅行为的差异情形。[6]

可见，领导行为理论对领导力理论进行了拓展，为教育领域研究校长领导力提供了行为维度和测量方法，但同样忽略了领导行为发挥效用的情境变化及在具体情境中校长领导力与环境的相互作用。

3. 领导权变理论

领导权变理论是研究者们在20世纪六七十年代将领导力理论的关注点从领导行为转向领导情境的结果。领导权变理论认为，有效的领导力绝大部分取决

---

[1] FLEISHMAN E A. The Description of Supervisory Behavior [J]. Journal of Applied Psychology，1953，37（1）：1-6.
[2] KAHN R L，KATZ D. Leadership Practices in Relation to Productivity and Morale [C]// CARTWRIGHT D，ZANDER A. Group Dynamics. New York：Harper & Row，1953.
[3] BLAKE R R，MOUTON J S. The Managerial Grid [M]. Houston：Culf，1964.
[4] LEE J J. A Study of the Relationship between the Leadership Styles of Suburban Secondary Principals and the Stress Levels of Their Teachers [J]. University of Minnesota，1990.
[5] 张忠山，等.小学校长领导行为研究[J].心理发展与教育，2000（2）：57-58.
[6] 孙锦明，谢小连.校长领导行为测评：理论、工具、问题、建议[J].当代教育论坛，2008（3）：32-36.

于领导者的工作环境，因此对领导力的评估不能仅关注领导者自身的领导特质或领导行为，要将领导者与领导情境结合起来分析才能充分理解领导力的内涵。

领导权变理论的代表性观点，包括菲德勒（Fiedler）的权变领导模式❶、豪斯（House）的路径—目标理论❷及赫塞（Hersey）和布兰查德（Blanchard）的情境领导理论。❸

菲德勒的权变领导模式将领导特质、领导行为与环境因素结合起来，将影响领导环境的因素划分为领导职权、工作结构和领导—员工关系，将领导风格划分为任务取向型和员工取向型。菲德勒通过问卷测量领导者的领导风格发现，领导风格与相应的情境匹配能达到最理想的领导效果，即在有利情境中和最不利情境中均是任务取向型领导风格更加有效，在中等和较不利情境中员工取向型领导风格更加有效；豪斯的路径—目标理论认为，有效的是领导激励并帮助员工实现组织目标并找到有价值的行为路径，该理论强调环境是领导力的潜在来源，下属特质是从环境因素中分离出来的积极组成部分，领导效能取决于领导风格和环境以及下属特质的组合。路径—目标理论中领导者表现出的领导行为包括明确目标和路径，提供具体指导，关心下属福祉等要素；赫塞和布兰查德的情境领导理论认为，领导效能来源于领导行为和下属成熟水平的相互作用，他们依据任务行为和关系行为两个维度分类，组合形成四种领导风格，即指示、推销、参与和授权，领导者应当根据下属成熟度的四个阶段选择合适的领导方式。

领导权变理论将领导者个人特质、领导行为和领导情境相结合，关注到领

---

❶ FIEDLER F E. A Contingency Model of Leadership Effectiveness A [M]// BERKOWITZ L. Advances in Experimental Social Psychology. New York：Academic Press，1964.

❷ HOUSE R J，MITCHELL T R. Pah-goal Theory of Leadership [J]. Journal of Contemporary Business，1974，3（4）：81-97.

❸ HERSEY P，BLANCHARD K H. Management of Organizational Behavior：Utilizing Human Resources [M]. Englewood Cliffs，NJ：Prentice-Hall，1982.

导情境变化和被领导者状态对领导行为的影响,对领导力理论的进步具有重要意义,但该理论更加强调领导者在不同情境下需要采取不同的领导方式而忽略了领导者主动改变领导情境的可能,其内容的复杂性增加了在领导实践中运用该理论的难度。

4. 变革型领导理论

20世纪80年代以后,区别于关于领导力理论的研究集中于领导自身的特质和行为、情境因素对领导力的影响水平,学界为解释管理实践中遇到的新问题和新现象,提出了更强调"价值"的新型领导理论[1],如领导—成员交换理论关注领导和下属之间的交换价值,变革型领导理论和魅力领导理论强调通过精神上的价值激励提高领导力水平,伦理型领导理论和真诚领导理论关注领导的榜样价值。新型领导理论对领导者的风格进行划分,而过去三十多年在教育研究领域中被广泛关注的是变革型领导理论。

变革型领导理论最早可以追溯到政治社会学家彭斯(Burns)提出的"变革领导力"这一概念[2],其在对政治型领导进行定性分类基础上将领导过程划分为交易型领导和变革型领导两种领导行为。巴斯(Bass)等人在这一概念基础上将变革型领导和交易型领导行为进行对比,提出变革型领导行为理论。[3]在理论内容方面,变革型领导行为理论认为领导效能通过个性化关怀、智力激发、动机激发和理想化影响力四个方面的变革型领导行为实现;在评价工具方面,巴斯等人编制多要素领导行为问卷MLQ作为评价工具对领导行为进行测量。而后,学术界关于变革型领导理论在教育领域的应用展开了更多研究。利思伍德(Leithwood)等人将教育领域的变革型领导力的概念扩展至更多要素,包括建立学校发展愿景、提供智力启发和个性化支持、塑造专业实践和价值观

---

[1] 柴宝勇,李梓琳."领导力"的理论溯源与中国共产党领导力的理论观察[J]. 管理世界,2021(8):11-20.

[2] BURNS J M. Leadership [M]. New York: Harper & Row, 1978.

[3] BASS B M. Leadership and Performance reyond Expectations [M]. New York: Free Press, 1985.

等❶，且在后续的研究中利思伍德和詹斯基（Jantzi）认为变革型领导行为是学校校长最为理想的领导方式❷；穆莱纳尔（Moolenaar）等人将变革型领导力看作重组学校结构和提升共享领导力的重要因素和关键条件。❸

可见，教育变革背景下领导者为更好应对教育环境应具备哪些特质已成为引领教职工共同实现学校发展愿景的关键所在。21世纪的教育变革是信息和数字技术对教育的冲击和改变，正如教育部在2018年印发的《教育信息化2.0行动计划》中提出的，要"充分激发信息技术对教育的革命性影响，推动教育观念更新、模式变革、体系重构"❹，变革型领导力的概念在信息技术革命的影响下已逐渐拓展为校长信息化领导力、数字领导力等。严寒冰等人通过对信息化变革中校长角色的个案研究提出校长的变革领导力应当包括榜样影响、士气鼓舞、智力刺激和个性化关怀❺；王淑华等人以变革型领导理论为研究视角，采用中介效应检验法分析组织氛围和自我效能感在变革型领导风格与校长信息化领导力之间的中介效应，发现校长可以通过变革型领导风格，借助强化愿景激励、德行垂范、个性化关怀及领导魅力等方式提高信息化领导力水平。❻

---

❶ LEITHWOOD K. Leadership for School Restructuring [J]. Educational Administration Quarterly，1994（30）：498-518.

❷ LEITHWOOD K，JANTZI D. Transformational School Leadership for Large-scale Reform：Effects on Students，Teachers，and their Classroom Practices [J]. School Effectiveness and School Improvement，2006（17）：201-227.

❸ MOOLENAAR N，DALY A，SLEEGERS P. Occupying the Principal Position：Examining Relationships between Transformational Leadership，Social Network Position，and Schools' Innovative Climate [J]. Educational Administration Quarterly，2010（46）：623-670.

❹ 中华人民共和国教育部.教育信息化2.0行动计划[EB/OL].（2018-04-25）[2023-04-01]. https://www.moe.gov.cn/srcsite/A16/s3342/201804/t20180425 334188.html.

❺ 闫寒冰，郑东芳，肖玉敏，等.信息化变革中校长角色的个案研究[J].电化教育研究，2020（5）：112-118.

❻ 王淑华，王以宁，张海，等.中小学校长领导风格对校长信息化领导力影响的研究——以变革型领导理论为视角[J].湖南师范大学教育科学学报，2020（2）：105-112.

（二）领导力理论视域下的中小学校长数字领导力

通过对领导力理论的发展脉络和在教育领域的研究现状进行梳理，发现由于不同时期人们对领导活动的关注点不同，因此对校长领导力的效能发挥影响因素的认识也存在本质区别。但总体来看，伴随着领导力理论的不断丰富和完善，校长领导力的相关研究更加切合领导实践，将领导力理论运用于中小学校长领导力研究，可以对当前及未来中小学校长领导力的分析维度和提升路径有一个新的认识。

领导特质理论和领导行为理论关注领导者自身，从个人体质和行为活动视角探讨有效领导的表现形式，运用于中小学校长数字领导力的研究要求考察中小学校长的管理特质、基本数字素养、引领教职工培养数字思维和运用数字技术建立良好沟通等领导特质和领导行为；领导权变理论将研究重点从领导者自身转移到领导情境的变化和被领导者的状态对领导活动的影响，因而在中小学校长数字领导力的研究中应当既关注校外信息技术环境变化对校长领导力的影响，又考察校长对校内数字环境的营造能力，进而论证中小学校长数字领导力如何影响学校的数字化建设进程；新型领导理论特别是变革型领导理论关注数字化时代变革型领导风格对中小学校长领导力的影响，将变革型领导风格对领导力的作用引申到中小学校长数字领导力上，即中小学校长能否准确识别数字环境并积极变革。在数字变革环境中如何满足教师的数字教学需求，从而促进教师专业发展；如何借助数字技术创建数字学习环境并建设数字校园，从而保障学生学习成长；如何提高个人的数字化领导力从而影响教职工和部分利益相关者共同实现学校数字发展愿景，从而进行教育变革。

总的来说，校长的领导力是由领导特质、行为和情境等要素综合作用的结果，目前关于领导力理论和校长领导力的相关研究可以看出，领导力理论的发展使校长领导力由单一要素决定转向不同要素在特定社会环境中相互作用，使之形成动态活动并融入教育实践过程中，进而发挥领导效能。因此，本书将中小学校长数字领导力看作一个双向互动的动态过程进行研究，不仅会考察中小学校长在这个动态过程中的领导特质、领导行为和领导情境对其数字领导力的影响，也会关注中小学校长和学校其他主体在数字情境下的互动过程中所体现的具体领导效能，以此为基础探讨中小学校长数字领导力的提升路径。为进一步区分，本书将不同阶段的领导力理论提出过程、作用方式和在本研究中的应用绘制成表，如表2-1所示。

表2-1 不同领导力理论区分及应用

领导力理论	提出过程	领导力作用方式	中小学校长数字领导力应用
领导特质理论	20世纪30年代在"伟人论"的基础上提出，认为领导者具备区别于追随者的领导特质。后来研究者们通过领导特质理论研究高绩效校长所具备的领导特质	领导特质理论强调领导者的领导特质对领导效能具有直接影响	运用于中小学校长数字领导力的研究要求考察中小学校长基本数字素养、数字环境洞察力、数字政策感知力等领导特质
领导行为理论	在20世纪40年代至20世纪60年代的发展和兴盛中，研究者将领导行为整体上分为"员工导向型行为"和"任务导向型行为"两个维度。后来将领导行为理论运用于校长领导行为与教师压力水平、校长领导力的关系研究	领导行为理论强调领导者的工作作风和行为会影响领导的有效性	运用于中小学校长数字领导力的研究要求考察中小学校长引领教职工培养数字思维和运用数字技术建立良好沟通等领导行为
领导权变理论	20世纪六七十年代研究者们将领导力理论的关注点从领导行为转向领导情境，代表性观点包括菲德勒的权变领导模式、豪斯的路径—目标理论以及赫塞和布兰查德的情境领导理论	领导权变理论将领导特质、行为和情境结合，关注情境变化和被领导者状态对领导行为的影响	既要关注校外信息技术环境变化对校长领导力的影响，又要考察校长对校内数字环境营造的能力，进而论证中小学校长数字领导力如何影响学校的数字化建设进程
变革型领导理论	最早可追溯到彭斯（Burns，1978）提出的"变革领导力"概念。巴斯等人（1985）在该概念基础上提出变革型领导行为理论。后来研究者们将变革型领导力运用于教育领域，如拓展校长变革型领导力的概念，研究变革型领导力在实现学校目标过程中发挥的作用等	巴斯等人提出的变革型领导行为理论认为领导效能通过个性化关怀、智力激发、动机激发和理想化影响力实现	中小学校长能否准确识别数字环境，其在数字变革环境中如何满足教师的数字教学需求，如何借助数字技术创建数字学习环境，如何提高个人数字化领导力从而影响教职工和部分利益相关者共同实现学校数字发展愿景并进行教育变革

二、数字治理理论

伴随着全球化发展和科学技术的进步,自20世纪80年代以来发展和兴起的治理理论在适应社会环境和公共价值基础上产生了公共管理研究新范式——数字治理理论。数字治理理论的产生一方面是由于新公共管理时代官僚体制的弊端增加了治理难度,另一方面则得益于信息技术为政府治理提供的新思路、新方法。基于"新公共管理运动的式微"和"数字时代治理兴起"共同作用下产生的数字治理理论要求领导者全面提高现代治理能力,包括数字治理时代的领导力、沟通力和践行公共精神的能力等。[1]因此,本书对数字治理理论的阐述将从其产生及发展、理论内容和理论应用三个方面展开。

(一)数字治理理论的产生与发展

数字治理理论是治理理论与新时代背景下互联网数字技术相结合产生的公共管理理论新范式。一方面,新公共管理催生公共管理研究新范式。新公共管理理论将私营部门管理思想引入公共部门管理之中,改善了传统公共行政导致的官僚主义盛行、行政效率低下等问题,但对私营部门管理思想的过分推崇使公共管理理念发生嬗变,一是在新公共管理理论影响下,公共部门过分强调效率和分权加剧公共服务碎片化供给,浪费公共部门行政资源;二是新公共管理理论对私营部门的理念和方法过度推行导致政府治理理念的重点转向"谋求私人利益",损害社会公平;三是新公共管理理论使政府的管理方式发生改变,由于过分推崇私营部门的管理方式增加了官员腐败行为发生的可能性,损害了公共利益。另一方面,信息技术发展为数字治理提供便利。一是信息技术为组织重构提供有效工具,加速官僚组织结构向扁平化转变,提高了行政效率;二是信息技术优化公私合作流程,推动政府、市场和公民之间的关系重塑,实现

---

[1] 李齐,贾开,曹胜.数字治理时代公共管理学科的回应与发展——第三届数字政府治理学术研讨会会议综述[J].中国行政管理,2018(11):35-38.

政府的公共服务能力、企业的市场经济效益和公民的政治参与热情同步提升。在此背景之下，数字治理理论应运而生，最早可见于社会信息专家曼纽尔·卡斯特尔（Manuel Castells）发表的《信息时代三部曲》一书[1]，而后由该理论的代表人物英国学者帕特里克·邓利维（Patrick Dunleavy）在《数字时代的治理》一书中首次对数字治理的产生背景和理论内容进行阐释，帕特里克·邓利维认为数字治理是官僚制度中"社会—技术"系统在信息化时代的发展，其三大主题为重新整合、以需求为基础的整体主义和数字化变革。[2]此后，美国哈佛大学全国数字政府中心的创始人简·E.芳汀（Jane E. Fountain）发表《构建虚拟政府：信息技术与制度创新》一书，反思了数字治理给政府治理带来的深层价值和挑战，进一步完善了数字治理理论。[3]

（二）数字治理理论的具体内容

1. 重新整合

重新整合理念是指对新公共管理改革过程中公共部门碎片化的问题提出解决方案，将改革过程中分离的机构和职能进行整合以减少资源浪费，提高服务供给效率。帕特里克·邓利维将重新整合界定为重新整合机构化和碎片化、重新政府化、协同治理、重建或重新巩固中央政府流程、从根本上挤压过程成本、重新设计后勤部门功能的服务交付链、采购的集中化和专业化、在"混合经济"的基础上共享服务和网络简化九个方面。[4]重新整合的本质是找回新公共管理改革中政府被弱化的角色。一方面，重塑官僚组织内部权力结构，数字

---

[1] 曼纽尔·卡斯特.信息时代三部曲：经济、社会与文化[M].夏铸九，王志弘，译.北京：社会科学文化出版社，2003.

[2] DUNLEAVY P. Digitalera Governance：IT Corporations，the State，and E-Government [M]. Oxford：Oxford University Press，2006：227-229.

[3] 简·E.芳汀.构建虚拟政府：信息技术与制度创新[M].邵国松，译.北京：中国人民大学出版社，2010.

[4] DUNLEAVY P. Digitalera Governance：IT Corporations，the State，and E-Government [M]. Oxford：Oxford University Press，2006.

治理既能增加部门间信息交流,优化业务流程、提高政府的协同治理能力,又能通过扁平化机构改革,提高政府管理效率和能力;另一方面,重新整合理念强调面向社会,重新考量政府权力的下放限度,收回下放的部分职能,找回政府应负责任。

2.以需求为基础的整体主义

以需求为基础的整体主义强调全面调整政府部门和社会公民之间的关系,以公民和服务为中心重新构建更具包容性的灵活政府组织。整体主义包含六大要素:交互式的信息查询与供给、基于顾客或需求的机构重组、一站式供应服务、重塑端的服务流程再造、创建数据库和灵活的政府程序。[1]其中,交互式信息查询与供给、创建数据库和灵活的政府程序属于权力结构重塑层面,基于顾客或需求的机构重组、"一站式"供应服务和重塑端到端的服务流程属于实现形式设计层面。具体来看,交互式的信息查询与供给是以需求为基础的整体主义实现的基础,"一站式"供应服务是基于顾客或需求的机构重组的结果,而基于顾客的机构重组为创建获取公民需求信息的探测机制提供条件,重塑端到端的服务流程再造能够显著实现政府办公系统的线上升级,实现政府办公流程透明化,创建数据库便于信息获取和使用,为政府决策提供数据支持,灵活的政府办公程序能够提高政府应对新型管理问题的行政效率。总之,以公民需求为基础的整体性主义同时为数据、组织和治理机制优化服务,将以公民需求为政府服务核心的底层价值逻辑真正融入政府治理的具体流程。

3.数字化变革

实现数字化变革依赖于政府内部的组织变革和文化变革、公民的行为变革和技术变革。数字化变革包含九个要素:电子服务交付、基于网络的效用处理、减少受控渠道、自动化流程新形式、集中信息技术采购、渠道分流和顾客

---

[1] DUNLEAVY P. Digitalera Governance:IT Corporations, the State, and E-Government [M]. Oxford:Oxford University Press, 2006.

细分、促进权力均等主义的行政事务管理、彻底的非中介化和走向开放的管理。在其依赖路径中，最重要的影响路径并非技术变革，而是政府组织和文化的变革及社会公民行为的转变。数字化变革通过改变政府部门的组织形态和文化观念实现重塑权力结构的目的。在信息技术影响下，整合政府部门的职能和责任，有利于行政人员形成一致愿景和集体行动，推动政府建立扁平化、开放型的组织结构。同时，政府优化组织结构推动部门协同发展，在组织内部塑造并贯彻以公民为中心的治理理念，根据公民需求构建数字治理场景，形成"塑造价值理念，面向公民需求，构建治理场景"的治理逻辑和机制。

（三）数字治理理论视域下的中小学校长数字领导力

尽管人们对数字治理理论的研究起步相对较晚，相关内容还不够充分，但学界已经对其基本概念、理论体系和研究方法等展开深入研究。不可否认，数字治理理论的丰富和完善不仅需要政府部门治理能力和治理水平的提升，也应当观察数字技术如何推动除政府部门之外的其他组织实现变革、流程再造及多元主体合作，该理论对政府数字治理、基层数字治理和社会数字治理等均具有一定的指导意义。因而，本书选用数字治理理论作为理论工具，为中小学校长数字领导力的模型构建和提升路径提供理论支撑。

将数字治理理论运用于中小学校长数字领导力的研究之中，需要明晰数字治理的深层内涵和理论内容对中小学校长数字领导力研究的指导意义。数字治理是数字技术和治理实践的深度融合，中小学校长数字领导力的提升是数字时代背景下对校长提出的新要求和新任务。具体来看，数字治理对本书的研究启示至少应包括以下几个方面：一是数字治理理论的重新整合，理念要求中小学校长利用数字技术履行管理职能，进而将其运用于包括优化学校组织结构、完善学校制度体系、改进行政方式方法等在内的治理过程。二是以需求为基础的整体主义要求校园数字化改革应关注师生在基础设施、校园环境和课程形式等方面的数字需求，在引导师生提升数字素养的基础上满足师生需求，带领师生共同为实现校园数字化转型的目标努力；三是数字化变革要求校园实现数字化转型的目标，不仅应体现在数字技术的应用层面，还应体现在组织变革、文化变革和行为变革层面，包含现代化治理的价值取向。

第二节 中小学校长数字领导力的模型建构

一、模型建构依据

本书在理论分析和实证研究的基础上，构建了中小学校长数字领导力的研究模型。首先，通过理论研究初步拟定模型要素，梳理国内外关于校长领导力、数字领导力和中小学校长数字领导力的研究成果，归纳学者对中小学校长数字领导力的要素分析，形成一个包含各种能力要素的初步要素模型；其次，通过实证研究对初步拟定的模型要素进行二次修订和完善，使用头脑风暴法和专家评分法完善能力要素的具体内容，修订初步拟定的模型要素；最后，结合中小学的基本情况，运用德尔菲法向中小学校长和相关领域专家征求意见建议，对各种能力要素进行取舍并最终确定中小学校长数字领导力的模型要素内容。

（一）根据理论内容初步构建模型要素

第一，以矛盾的普遍性与特殊性的辩证关系为指导，明确事物是普遍性和特殊性的有机统一。就中小学校长数字领导力而言，其普遍性在于校长数字领导力是校长领导力在数字背景下的发展和提升，应继承校长领导力对校长履行职能提出的基本要求；特殊性在于数字领导力是在数字化环境下对中小学校长提出的新要求，不仅需要校长具有基本领导素养，还与领导者的数字素养、数字运用能力和数字变革能力等密切相关。因此，中小学校长数字领导力的模型要素应当将校长领导力的一般维度和数字领导力的特殊要求相结合。

第二，基于现有文献，本书运用词频分析法以2023年12月前知网收录的期刊论文为样本，通过对文献关键词和摘要内容的初步加工和分类，对学者提出的关于校长领导力、数字领导力和中小学校长数字领导力的要素进行分析，其中不符合中小学数字领导力的要素词组不做统计。通过频率统计，提取其中的关键词，包括战略、沟通、学习、变革、技术、知识等内容，说明相关词组可以作为中小学校长数字领导力的基本要素，初步形成中小学校长数字领导力的模型要素，以此为前提展开实证研究。

（二）结合实证修订优化模型要素

第一，头脑风暴法。该方法最早由美国学者亚历克斯·奥斯本提出，认为它是"能够用于个人或团体成员产生想法或解决问题的方法"。[1]首先，组建"中小学校长数字领导力"课题组，组内有5名博士研究生导师和5名博士研究生，在组内设置领导者、小组成员和课题记录人员；其次，小组成员事先对相关文献进行学习和研究，以"前期准备—交流研讨—评估质疑—独立推断—筛选决策"为顺序，要求课题组成员根据研究问题进行头脑风暴，对研究结果进行讨论并记录；最后，根据头脑风暴法的最终结果将中小学校长数字领导力的要素初步确定为八个方面，即数字知识学习能力、数字沟通协调能力、数字化组织变革能力、数字战略引领能力、数字技术应用能力、数字文化建设能力、数字安全保障能力和数字环境认知能力。

第二，专家评分法。专家评分法是通过定量方法分析、定性描述问题。专家评分法的基本步骤为：将研究或评价对象依据"标准进行分类—确定研究或评价对象的评价标准—专家根据理论"，设计"实践经验评分—对评分结果进行汇总分析"流程。根据以上流程，本书将选定的10种中小学校长数字领导力要素分别发给包括10名相关领域研究专家，由每位专家从10种能力中根据重

---

[1] WILSON C. Brainstorming and Beyond：A User-Centered Design Method [J]. Morgan Kaufmann，2013（20）.

要程度选出其认为最重要的三种能力,以此对中小学校长数字领导力进行打分。根据打分的统计结果,专家组成员比较认同的能力要素有数字战略引领能力、数字沟通协调能力、数字化组织变革能力、数字技术应用能力、数字知识学习能力和数字环境认知能力(表2-2)。

表2-2 中小学校长数字领导力专家评分表

专家	中小学校长数字领导力按重要性排序(前三位)
专家1	数字沟通协调能力、数字化组织变革能力、数字技术应用能力
专家2	数字战略引领能力、数字知识学习能力、数字化组织变革能力
专家3	数字化组织变革能力、数字技术应用能力、数字沟通协调能力
专家4	数字化组织变革能力、数字沟通协调能力、数字环境认知能力
专家5	数字战略引领能力、数字知识学习能力、数字环境认知能力
专家6	数字战略引领能力、数字化组织变革能力、数字知识学习能力
专家7	数字化组织变革能力、数字知识学习能力、数字技术应用能力
专家8	数字战略引领能力、数字环境认知能力、数字安全保障能力
专家9	数字战略引领能力、数字化组织变革能力、数字环境认知能力
专家10	数字沟通协调能力、数字学习发展能力、数字战略引领能力

(三)基于德尔菲法确定模型要素

为确保中小学校长数字领导力测量要素的客观性和有效性,本书在理论研究和实证检验基础上运用德尔菲法,借助《中小学校长数字领导力模型要素(专家意见征询问卷)》,对修订后的模型要素向5名一线校长和相关领域的专家征求修改建议,进一步确认本研究的模型要素。最终,本书确定中小学校长数字领导力的模型要素有:数字战略引领能力、数字变革推动能力、数字技术应用能力、数字沟通协调能力和数字学习发展能力。专家修改建议和调整反馈见表2-3。

表2-3　中小学校长数字领导力的模型要素及修改建议

专家修改建议	调整反馈
"数字化组织变革能力"运用于中小学校长数字领导力的研究,指中小学校长运用数字技术并推动学校各方面实现数字变革的能力,可修改为"数字变革推动能力"	接受并采纳,"组织变革能力"在文献梳理中往往见于对校长领导力的研究,数字领导力是对领导力的继承和发展,且在变革型领导理论下对中小学校长变革能力的考察十分必要,因此将其修改为"数字变革推动能力"
"数字知识学习能力"要素是否指代范围过于狭隘,建议结合本书研究内容修改为"数字学习能力"	接受并部分采纳,中小学校长数字领导力的"主动学习能力"应包含两个层面的含义:一是主动学习并带动被领导者运用数字技术的能力;二是通过学习运用数字技术进一步发展的能力,因此在建议基础上将其修改为"数字学习发展能力"
"数字技术应用能力"与其他能力存在交叠,可考虑删除或者设为二级指标	保留,不修改。数字技术应用能力是中小学校长数字领导力在操作方面的具体表现,也是中小学校长数字素养的重要表现之一,因此暂不删除;另外,其交叠之处主要表现在数字技术应用能力是推动变革、促进交流和协作的前提条件,本书将在二级指标中与其他能力区别开
"数字环境认知能力"是"数字战略引领能力"的先决条件,可以剔除"数字环境认知能力"	接受并部分采纳,将"数字环境认知能力"设为"数字战略引领能力"的二级指标
中小学校长数字领导力模型要素的数量,既要考虑已有文献研究、专家建议,又要和研究方法相适应	接受。本书修订后的中小学校长数字领导力模型要素共五个方面,符合研究方法要求

二、模型要素内容

(一)数字战略引领能力

本书之所以将"数字战略引领能力"放在首位,是因为数字战略引领是推进组织数字化建设的基本前提和其他数字领导力要素的综合体现。组织战略是组织为适应环境变化,对全局性和纲领性目标所进行的谋划和决策,对于领导者而言,所谓"数字战略"即为适应数字环境变化领导者对组织所做的全局性、长远性谋划。相应地,数字战略引领能力是数字化环境下领导者以数字思维和战略思维引领组织成员实现组织数字规划的能力。数字战略引领能力要求领导者同时具备数字思维和战略思维，前者是指领导者运用数字化思维发现、分析和解决组织的各种战略性问题，后者要求领导者在实现组织数字变革过程中具有谋划全局、正确处理全局和局部关系的大局观。

对于中小学校长而言，数字战略引领能力重点关注中小学校长在数字化环境下是否具有数字化思维和战略思维并制定科学可行的数字发展战略，是否能以两种思维引领教职工群体和部分利益相关者实现观念和行动转变，是否具备与他人共同实现学校数字规划的能力。学校数字战略规划的科学性、可行性直接决定数字技术在学校数字化变革中发挥作用及学校数字化转型的成败，数字时代要求中小学校长具备环境适应能力和敏捷思维能力，使其能在灵活多变的数字环境中纵观全局，以创新、系统的眼光，引领组织成员前瞻规划学校数字赋能教育创新发展愿景并制定学校数字发展规划。具体而言，中小学校长数字战略引领能力，首先要求中小学校长能够宏观把握国家数字环境的变化及动向，对国家数字技术相关政策保持敏锐度，能够基本了解数字技术发展特别是教育领域数字技术的应用，在此基础上科学评估学校教育数字化的未来发展趋势，根据学校实际制订包含学校数字化基础设施建设、数字化资源配置和数字化管理机制等方面的学校数字化发展战略目标或愿景规划，最终以战略目标为导向，带领学校教职工和部分利益相关者共同实现学校的数字化发展战略目标。

（二）数字变革推动能力

变革推动能力是变革型领导理论下对领导者发挥领导效能提出的新要求和新任务，具体包含两个层面的含义。首先，要求领导者要具有变革的意识和思维，以此促使领导者在实践中切实推动包括制度、结构、文化和环境等多方面、全方位的变革。数字化时代背景为领导者的变革推动能力赋予新的含义，即数字变革推动能力，要求领导者发挥数字技术的潜在价值，对组织形态、人员结构和工作方式等进行全方位的变革，通过对数字技术的合理运用提高组织管理效率、改进组织工作模式、提升组织生产技术等，最终实现提升领导管理效能，提高组织生产力。同时，具备数字变革推动能力的领导者不仅能够主动发起所在组织关于组织结构、价值流程、组织文化和组织环境方面的变革，也能激励被领导者和其他利益相关者支持并参与变革进程，使数字技术为组织价值作出贡献。

对于中小学校长而言，在数字变革背景下，其是否具有改革和创新的意识，以及在学校改革过程中是否有坚持性和意志力是影响学校数字变革进程的关键因素，数字变革推动能力是中小学校长发挥数字领导力、实现领导效能的重要条件。数字时代不断变化的社会形势要求中小学校长在洞察新事物、新环境和新问题的基础上善于思考，解放思想和持续更新个人观念以在实践中实现创新和改革。结合领导变革理论，提升中小学校长数字变革推动能力要求中小学校长：一要运用数字技术培养数字人才和数字团队，以人才体系为支撑，以健全制度为保障、优化结构为重点，带领教职工和其他利益相关者共同推动学校组织的数字化转型；二要运用数字技术实现校园基础设施、教学方式和数字思维等数字环境的变革，以数字化方式建立全新的工作形式和环境，为组织变革提供物质基础；三要明确变革并非一蹴而就，中小学校长应具有变革能力并对变革过程和成果进行定期评估和不断巩固，直至完全实现学校数字化变革的最终目标。

（三）数字技术应用能力

数字技术应用能力本质上要求领导者善用数字技术，使数字技术在组织建设过程中发挥真正效能。领导干部在应用数字技术时应坚持正确观念，即技术是为实现目的采取的手段而非目的本身。[1]同时，领导者的数字技术应用能力首先强调领导者具有获取、鉴别和整合数字资源的能力，在此基础上将数字技术运用于组织目标的实现。领导者的数字技术应用能力应注意两个方面：一方

---

[1] 本·格林.足够智慧的城市：恰当技术与城市未来[M].上海：上海交通大学出版社，2020：10-13.

面，对数字资源的获取要求领导者具有鉴别意识，要在海量数字资源中去粗取精、去伪存真，将适用于组织发展的数字资源进行整合，整合效果将直接对数字技术应用和领导者的决策产生直接影响；另一方面，对数字技术的应用要求领导者既要会用数字技术又要善用数字技术，即正确运用数字技术并发挥其效能，而非为了"炫技"盲目使用数字技术，实现数字技术的有效应用、安全应用和科学应用。

对于中小学校长而言，数字技术应用能力是其带领学校实现数字化转型过程中基本数字素养的体现和实现其数字领导力的必要条件。对中小学校长数字技术应用能力的考察，包括中小学校长是否能够在识别和获取数据资源基础上将数字技术深度融入学校的各项具体工作中，如教育教学、日常管理和统筹规划等，是否能够在大量数字资源中获取有效资源并根据其做出学校数字化转型中的科学决策，是否能够在数字技术应用过程中防范并有效化解学校转型过程中遇到的各种风险等；在数字技术应用能力的作用上，中小学校长具有较好的数字技术应用能力有利于提高校长在学校管理工作中的效率，为师生应用数字技术实现个人效能提供有力的支持和保障，指导学校数字化战略的制定等；在数字技术应用能力的校长定位上，研究者认为具有数字化领导力的校长应亲自在教学实践中应用数字技术，以帮助教师学习和理解数字技术[1]，即中小学校长不仅是推动数字技术应用的示范者和引领者，也是实现数字技术应用的具体实践者。

（四）数字沟通协调能力

领导者应认识到组织的数字化转型既是自上而下的工作，也离不开自下而上的互动。沟通协调能力是指领导者为完成组织目标而利用个人影响力在领导活动中采取沟通协调的手段，通过协商、调解和调整等方式建立起组织内部各

---

[1] 雷励华，张子石，金义富.教育信息化2.0时代校长信息化领导力内涵演变与提升模式[J].电化教育研究，2021（2）：40-46.

要素、各环节之间及该组织与其他组织的良好联系，使组织内部各环节、各要素之间，以及组织与外部之间实现协调配合或搭建合作关系，使组织发挥最大程度的整体效能，从而提高实现组织目标的能力或本领。[1]数字时代要求领导者利用数字平台和数字技术建立起组织内部或本组织与其他组织之间的有效沟通和协作。数字沟通协调能力是指领导干部通过数字思维、运用数字方式和技术使组织成员之间、上下级之间和组织与外部之间保持交流、形成合作，在实践中体现为领导者积极创设数字沟通环境，运用数字平台实现内部沟通和外部合作，维护良好网络社会关系的领导能力。

对于中小学校长而言，数字沟通协调能力简单来说就是领导者运用数字技术、平台和方式建立良好沟通与合作，形成以本学校为中心的内外交织的沟通协调网络，其所涵盖范围包括与教师、学生和家长的沟通，与企业、高校或科研院所进行的合作，与其他高校或有关部门的交流等。具体而言，中小学校长的数字沟通协调能力体现在两个方面，一方面是中小学校长在学校数字化转型中运用数字方式在师生及家长之间形成角色共鸣、获取支持、解决冲突或增强影响力的沟通能力；另一方面是中小学校长要意识到外部利益相关者的良性互动对促进学校数字化转型的积极作用，要求其及时捕捉外部的潜在合作交流机会，与其他利益相关者保持交流或建立合作关系。另外，发挥中小学校长数字沟通协调能力要注意以下两个方面的问题：一是有必要确保信息的真实性和客观性传播，避免因信息失真而增加工作难度；二是具体问题具体分析，不能完全摒弃线下沟通方式，针对部分问题有必要采取线上线下相结合的方式，形成良好的沟通或合作关系。

（五）数字学习发展能力

领导者的学习发展能力是领导者发挥领导效能的内在动力，指领导者通过

---

[1] 陈先春. 论领导者在构建和谐社会中的沟通协调能力[J]. 领导科学，2007（19）：38-39.

多种渠道、采取多种方式、运用多种手段获取知识，并将有关知识的学习成果创造性地运用于组织实践中的能力。学习发展能力要求领导者具有强烈的学习动机，"动机是激发和维持个体行为，并指向一定目标的内部状态"❶，领导者的学习动机能够激励其不断促进自我和所在组织发展。同样，领导者的数字学习发展能力应当特指数字化时代领导者利用多种数字工具和形式，推动自我和组织成员学习。共同学习包括数字知识在内的多种有利于组织发展的知识，通过学习在组织数字变革的过程中发挥个人领导效能、提高组织成员专业素养并适应数字环境变化。

就中小学校长而言，数字学习发展能力是指校长为实现学校数字化转型的组织目标，基于数字技术创新学习形式和健全学习机制，实现自我主动学习，并带动教师群体共同学习，以提升个人的数字领导力和教师的综合素养。首先，中小学校长可以基于数字技术组建学习共同体，推动自我及他人具备使用数字技术、获取学习内容、创新工作形式、评价学习成效和分享学习成果的能力；其次，中小学校长要推动组织成员在学习过程中形成问题意识和批判性思维，发现并解决学习难题，以结果为导向，明确个人目标，在学习实践中不断探索总结新思路、新方法和新途径；最后，要将学习产出成果运用于具体实践中，推动个体层面的自我发展和组织层面的数字变革。鉴于数字化学习环境下学校各主体有更开放的学习空间、更丰富的学习资源和更多样的学习内容，因此要求中小学校长发挥数字领导效能要在一定程度上尊重各个主体的自主性、独立性和选择性。

综上所述，本书论述的中小学校长数字领导力的模型要素包含数字战略引领能力、数字变革推动能力、数字技术应用能力、数字沟通协调能力、数字学习发展能力五个方面。这五种能力是密切联系、相互支撑、相辅相成的统一体。其中，数字战略引领能力是实现其他数字领导力要素的前提和综合体现，战略引领效能的发挥有利于更好地带动组织成员实现组织目标；数字变革推动

---

❶ 理查德·E.梅耶.应用学习科学——心理学大师给教师的建议[M].盛群力，丁旭，钟丽佳，译.北京：中国轻工业出版社，2019：39.

能力是数字化新时代中小学校长数字领导力的核心,直接指向校园数字化变革成果;数字技术应用能力是中小学校长数字领导力的基石,有助于中小学校长在具体实践中带领师生发挥数字技术的潜能与优势,是创设校园数字环境、实现数字沟通协调、完成数字战略目标并推动校园数字变革的主要手段;数字沟通协调能力为自上而下的传达任务和自下而上的沟通协作提供条件保障;数字学习发展能力是中小学校长数字领导力的直接动力来源,为中小学校长带领其他主体实现学校数字化转型提供内在支持。

第三节 中小学校长数字领导力的指标设计

一、设计原则

科学合理的指标设计是衡量中小学校长数字领导力水平的重要工具。为实现测度工具的科学有效,保障实证测评结果能够准确全面地反映我国中小学校长数字领导力的实际水平和实践路径,本书在理论阐释的基础上,遵循系统性、可操作性、动态性、完备性和层次性的设计原则,进一步分解校长数字领导力的五大能力要素,并进一步确定可测量的指标问题,确定中小学校长数字领导力的指标体系。

(一)系统性原则

中小学校长数字领导力的各能力要素之间及要素下各指标之间均具有一定的逻辑关系和内在关联,系统性原则要求各指标既相互独立又密切联系,指标设计要反映子指标的内涵特征及五大能力要素的内在关联性。因此,本书将中小学校长数字领导力指标体系看作一个复杂的系统,各子系统相互联系、共同运作,分别从横向和纵向两个视角衡量指标体系是否科学合理、全面准确,横向层面聚焦于指标体系的每一层级指标,要求能够全面反映出能力要素的具体表现和特征内涵，且避免层级之间的交叠重复；纵向层面是指体系内的下位指标要与上位指标保持相互对应，要求上级指标涵盖下级指标，下级指标解释上级指标。基于此，在构建中小学校长数字领导力指标体系时，应坚持系统性原则，全面体现指标系统内各个子系统的具体内涵和旨义。

（二）可操作性原则

可操作性原则是指标体系中的各个评价指标是否具有可观测性，以及观测成本如何。[1]可操作性原则对指标设计的要求体现在以下三个方面：一是确保定性或定量指标能够被直接采集或者间接赋值；二是尽可能公开和客观获取指标数据，使其按照一致的客观标准进行数据采集和实证测评，尽量规避或降低数据造假和失真的风险；三是控制数据获取或观测成本，在综合权衡数字获取成本和实证结果收益的前提下确定观测成本合理、易于操作的指标体系。同时，中小学校长数字领导力的指标体系的制定涉及理论问题如何向实践转化，因而在指标设计过程中更应遵循可操作性原则。首先，坚持指标的可行性以获取直接或间接数据。其次，保证指标的可获得性以获取客观数据并保证测评的科学性。最后，注意各指标之间的可比性，以保持数据的统计标准一致。

（三）动态性原则

动态性是事物发展变化的表现，动态性原则对中小学校长数字领导力的指标设计提出两点要求：一是关注能力测量的时间动态变化，即能力要素的高低不以某一具体时间点衡量而由时间段的变化所反映，因此在指标设计中应关注时间维度对能力水平的影响，适当增加反映时间变化的指标内容，如"通过校企合作提升数字水平""通过数字学习适应环境变化"等指标，以反映中小学校长数字领导能力在时间维度上的动态变化；二是注重指标体系的动态调整，

---

[1] 彭张林，张爱萍，王素凤，等．综合评价指标体系的设计原则与构建流程[J]．科研管理，2017（38）：209-215．

即中小学校长数字领导力的指标体系在保持一定稳定性的同时根据事物发展变化、评价目标改变、专家意见建议等具体情况进行科学合理的动态调整。一是主动调整，即根据评价目标、要求或者环境设计指标体系；二是被动调整，即根据专家意见建议或者试测结果，对指标体系进行修正、删减或者增加。

（四）完备性原则

设计指标体系所遵循的完备性原则，要求根据测评对象的类别和层次进行完整性设计，使其解释范围能够涵盖测评对象的主要特征。中小学校长数字领导力在模型要素、指标设计和问题设定上均应坚持完备性原则。首先，从数字战略引领、数字变革推动、数字技术应用、数字沟通协调和数字学习发展五个方面设计本书的要素维度，涵盖数字领导力的意识和行动两大层面及过程和结果两大范畴，体现出评估维度的完备性；其次，保持基本指标的完备性。通过对各维度的分解，确定激励要素的基本指标，反映数字领导力的效度和信度；最后，依据基本指标设置具体指标和测量问项。通过客观数据和主观评价两方面体现指标设计的完备性原则，综合考虑中小学校长数字领导力的多个维度和不同要素，涵盖数字领导力的不同方面，如战略引领、技术应用、学习发展等。

（五）层次性原则

层次性原则一般建立在指标完备的基础上，指在构建指标体系时将指标按照不同的层次进行划分和组织，形成一个层次清晰、相互关联的指标体系。层次性原则要求指标体系应以明确的目标和愿景为导向，确保每个指标都与整体目标相符。以此为前提按照层次对指标进行从宏观层面到微观层面的划分，形成由整体到细节的清晰层次结构。中小学校长数字领导力的指标构建所遵循的层次性，要求从五大能力要素形成评估维度，到每个能力要素划分的子要素形成基本指标，再到对评价指标进行量化分解形成具体指标和测量问项，通过从上到下的层层解析，构成目标明确、层次分明的指标体系。

二、指标内容

依据前文提出的我国中小学校长数字领导力的模型要素,在领导力理论、数字治理理论的指导下,本书借鉴已有文献中我国校长领导力、数字领导力、中小学校长数字领导力划分的能力维度,综合考虑我国校长数字领导力发展现状,在严格遵循系统性、可操作性、动态性、完备性和层次性设计原则的基础上,构建了包含评估维度、基本指标和具体指标的我国中小学校长数字领导力的评价指标体系。首先,我国中小学校长数字领导力包括五大能力要素,即数字战略引领能力、数字变革推动能力、数字技术应用能力、数字沟通协调能力和数字学习发展能力五种评估维度,从而形成本书指标体系的一级指标;其次,在学习借鉴国内外学者关于校长领导力、数字领导力等形成的专业标准、构成观点和结构模型的同时,根据专家建议、中小学校长的维度评价和意见建议,分解中小学校长数字领导力五大评估维度,形成实证测评的基本指标或二级指标;最后,根据分解后的基本指标,结合中小学校长工作实际,设置、调整和完善基本指标的具体指标和测量问项,最终得到本书的中小学校长数字领导力的初始测量指标体系。各维度的基本指标和具体指标内容如图2-1所示。

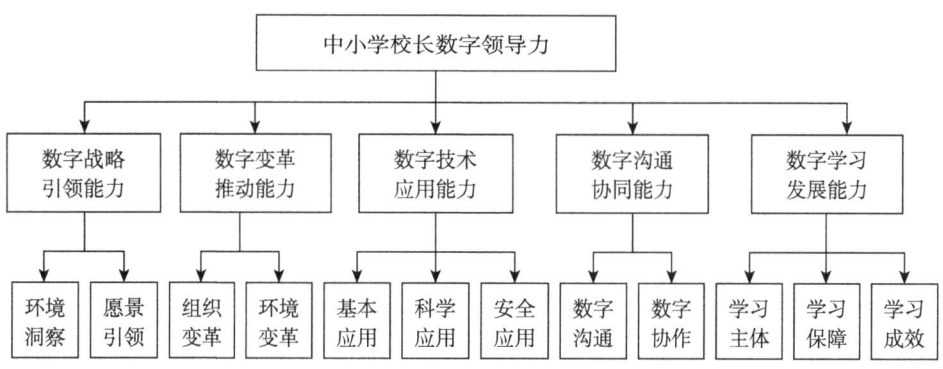

图2-1 中小学校长数字领导力评价维度和基本指标体系

（一）数字战略引领能力维度

数字战略引领能力维度包括环境洞察和愿景引领两个基本指标，由这两个基本指标所构建的四个具体指标和测量问项来测量中小学校长数字战略引领能力。

一方面，环境洞察是指中小学校长在数字时代背景下把握时代脉搏，在灵活多变的数字环境中读懂技术本质，以环境感知力激发行为表现，推动教育教学流程的全面优化与再造。对数字环境的洞察，首先要求中小学校长以全局性、长远性的眼光紧随国家数字技术相关政策，深刻理解国家数字化战略；其次要求中小学校长追踪数字技术发展动态，前瞻大数据、人工智能等数字技术发展前沿，对新技术特别是应用于教育领域的新技术保持敏感反应，重视并挖掘数字技术在教育领域的应用潜力，为校园数字转型提供思想指引。基于此，环境洞察的具体指标被划分为洞察国家数字技术政策和前瞻数字技术发展前沿两个具体指标，并形成与之对应的测量问项。

另一方面，愿景引领是指中小学校长在洞察数字环境的前提下，善于运用数字化思维，规划学校发展方向，把握学校数字化转型的战略方向，引领学校实现数字愿景规划并完成数字化转型。中小学校长通过规划数字愿景引领学校发展的能力是一个动态过程，在愿景规划的制定阶段，中小学校长应主动将教师纳入愿景的制定主体范畴，共同协商数字变革规划并科学采纳其建议，以激发教师参与学校数字变革的热情；在愿景规划的执行和落实阶段，中小学校长应保持战略定力，根据学校的愿景目标动态调整数字化转型的具体发展事项，使得数字化发展愿景得到有效执行和逐步落实。因此，这一指标的考察内容包含中小学校长能否协商制定学校数字发展愿景和能否引领学校有效执行数字发展愿景两个方面的具体内容（表2-4）。

（二）数字变革推动能力维度

数字变革推动能力维度包括组织变革和环境变革两个基本指标，由这两个基本指标所构建的六个具体指标和测量问项来测量中小学校长数字变革推动能力。

表2-4 数字战略引领能力维度的具体指标和测量问项

基本指标	具体指标	测量问项	参考文献
环境洞察	洞察国家数字技术政策	学校了解国家数字技术发展相关政策	曹培杰（2023）❶；杨鑫等（2023）❷；李燕萍等（2020）❸；祝智庭（2022）❹
	前瞻数字技术发展前沿	学校了解数字技术前沿领域	
愿景引领	协商制定数字发展愿景	学校愿意与教师协商制定数字发展意愿	
	有效执行数字发展愿景	学校能够有效执行数字发展意愿	

其一，组织变革一般包括组织结构变革和运行机制变革，其中组织结构变革又可划分为人员结构变革和治理结构变革。因而，中小学校长数字变革推动能力维度下的组织变革指标是指运用数字技术实现组织变革，包括建设学校数字人才体系、动态调整组织变革制度和变革数字治理结构。其中，建设学校数字人才体系是实现数字化转型的关键，必要的数字人才培养和团队建设为建立全新的组织形态和工作方式提供人才支撑；动态调整数字变革制度为数字技术和教育教学创新整合提供制度保障，即中小学校长应根据变革规划、战略目标和数字环境等形势，动态调整学校数字化建设方案，以确保变革成效；变革学校数字治理结构要求中小学校长利用数字技术创建柔性组织，利用数字技术完善学校治理结构，推进校园扁平化管理，发挥大数据、区块链、人工智能等技术优势探索网格型协同治理体系，全面提升学校治理效能。因此，组织变革指标可以通过人员变革、制度变革和结构变革三个方面进行测量。

其二，环境变革是指学校作为一个组织形态，其变革成效受到内外部组织环境的影响，因而中小学校长应为学校实现数字变革目标创设良好的内外部环

---

❶ 曹培杰.面向教育数字化转型的校长领导力重构[J].中小学管理，2023（1）：9-12.

❷ 杨鑫，苟睿，解月光.校长数据领导力：落实国家教育数字化战略的关键能力[J].中国电化教育，2023（5）：65-73.

❸ 李燕萍，苗力.企业数字领导力的结构维度及其影响——基于中国情境的扎根理论研究[J].武汉大学学报（哲学社会科学版），2020（6）：125-136.

❹ 祝智庭，胡姣.教育数字化转型：面向未来的教育"转基因"工程[J].开放教育研究，2022（5）：12-19.

境，既包括外部环境中的技术环境，又包括内部环境中的物理环境和文化环境。❶首先，中小学校长应引导教师运用现代数字技术突破传统课堂中的固有瓶颈，发挥数字技术在拉近师生距离、创新教学方式和把握分析学情方面的特有优势；其次，中小学校长应对学校基础设施建设进行数字化改造升级甚至全面建设智慧校园，使师生能够更好地适应数字环境变化，为师生提供良好的数字学习和教育场所；最后，数字化的办学理念和价值观念是引导广大师生参与数字化教育变革的内在驱动力，有利于激发师生对学校数字教育变革的认同感。基于此，本研究将环境变革指标基本划分为技术环境变革、物理环境变革和文化环境变革三大方面，分别对应不同的具体指标和测量问项（表2-5）。

表2-5 数字变革推动能力维度的具体指标和测量问项

基本指标	具体指标	测量问项	参考文献
组织变革	培养数字人才及团队	学校培养专业数字教师人才和团队	桑强（2004）❶ 王瑞文（2015）❷ 方铭琳（2022）❸ 王永军（2020）❹ 经合组织（2020）❺ 雷励华（2021）❻
	动态调整数字变革制度	学校根据形势动态调整数字化建设方案	
	变革学校数字治理结构	学校运用数字技术变革治理结构	
环境变革	发展数字化教学内容和方式	学校坚持数字技术在教学中运用	
	完善校园数字基础设施建设	学校定期完善数字基础设施	
	树立学校数字教育变革理念	学校有数字教育变革的理念	

---

❶ 王瑞文.民办高校组织环境对教师组织承诺的影响研究[J].高教探索，2015（7）：108-114.

❷ 桑强.以流程再造为中心的组织变革模式[J].管理科学，2004（2）：7-11.

❸ 王瑞文.高校组织环境下教师心理授权研究[D].天津：天津大学，2015.

❹ 方铭琳.未来学校组织变革：为何与何为[J].基础教育，2022（5）：102-112.

❺ 王永军.面向教育4.0的创新发展：中小学校长信息化领导力框架之构建[J].远程教育杂志，2020（6）：41-49.

❻ 经合组织.回到教育的未来：经合组织关于学校教育的四种图景[EB/OL].（2020-09-15）[2023-03-14]. https://baijiahao.baidu.com/s?id=1678513256046906544&wfr=spider&for=pc.

❼ 雷励华，张子石，金义富.教育信息化2.0时代校长信息化领导力内涵演变与提升模式[J].电化教育研究，2021（2）：40-46.

（三）数字技术应用能力维度

数字技术应用能力维度包括基本应用、科学应用和安全应用三个基本指标，由这三个基本指标构建的六个问卷测量问项来测量中小学校长数字技术应用能力这一维度。

首先，数字技术应用能力表现在中小学校长自身及是否引领学校成员具备基本的数字技术教育知识和能力，作为领导干部的中小学校长对数字技术教育相关知识的掌握和学习有利于其依据数字技术和环境的变化审视自我，不断提高数字素养。掌握基本数字技术教育知识是"知"的体现，而具备基本数字技术教育能力是"行"的刻画，数字时代背景下的中小学校长唯有做到知行合一，不局限于理论层面而是将理论转化为实践成果，才能有效推动学校数字化发展和建设。因而，基本应用指标可以通过对数字技术教育知识的基本掌握和对数字技术教育能力的基本具备两方面进行测量。

其次，中小学校长掌握数字知识和技术的目的在于将其科学合理地运用于学校数字化建设进程中，以推动数字化转型。数字时代快速传播的信息和复杂多样的技术使教育环境的复杂性和动态性凸显，中小学校长必须以敏捷迅速的反应能力应对复杂多变的各种环境，在各种数字资源中精准分析和甄别有效信息，根据所获信息作出有利于学校数字转型的价值判断和决策。因此，可将涉及数字技术科学应用的两个方面概括为是否能够获取有效的数字资源及能否根据个人的数字认知作出科学决策。

最后，安全应用是指中小学校长作为学校的第一责任人，有义务保障学校数据安全，通过管理方法、体制机制或技术手段的运用使学校数据得到有效保护和合法利用。首先，安全应用指标要求中小学校长树立数据安全意识，能够及时识别并有效预防数字风险，主动向师生解读教育数据安全的重要性，帮助师生建立数据安全观，强化学校整体的数据安全意识。其次，制度在数据安全保障中发挥重要作用。中小学校长可以统筹协调各职能部门，根据学校数据内容的重要程度健全教育数据分类分级保护制度，建设数据安全流动、共享规范体系，建立数据安全预警及应急处理机制，提高数据安全保障精细化水平。基于此，将安全应用指标划分为识别并预防数字风险和建立数字安全保障体制机制两个方面，并设置与其对应的测量问项进行测评（表2-6）。

表2-6 数字技术应用能力维度的具体指标和测量问项

基本指标	具体指标	测量问项	参考文献
基本应用	掌握基本数字技术教育知识	学校掌握基本数字技术教育知识	杨鑫等（2023）[1] 段柯等（2020）[2] 祝智庭等（2020）[3] 谢忠新等（2009）[4] 杜孝珍等（2022）[5]
基本应用	具备基本数字技术教育能力	学校具备基本数字技术教育能力	
科学应用	能有效获取和鉴别数字资源	学校可以有效获取和鉴别数字资源	
科学应用	根据数字认知作出科学决策	学校可以根据数字认知做出科学决策	
安全应用	能有效识别和预防数字风险	学校能够有效识别和预防数字风险	
安全应用	建立数据安全保障体制机制	学校建立数据安全保障体制机制	

（四）数字沟通协调能力维度

数字沟通协调能力维度包括数字沟通和数字协作两个基本指标，由这两个基本指标所构建的六个具体指标和测量问项来测量中小学校长数字沟通协调能力这一维度。

---

[1] 杨鑫，苟睿，解月光.校长数据领导力：落实国家教育数字化战略的关键能力[J].中国电化教育，2023（5）：65-73.

[2] 段柯.数字时代领导力的维度特征与提升路径[J].领导科学，2020（16）：60-62.

[3] 祝智庭，胡姣.教育数字化转型：面向未来的教育"转基因"工程[J].开放教育研究，2022（5）：12-19.

[4] 谢忠新，张际平.基于系统视角的校长信息化领导力评价指标研究[J].现代教育技术，2009（4）：73-77.

[5] 杜孝珍，代栋栋.公共部门数字领导力的结构维度与建设路径[J].上海行政学院学报，2022（6）：70-83.

一方面，数字沟通关注中小学校长利用数字工具或技术提升内外部沟通效率的能力。数字工具和技术为学校内部工作人员之间、家校之间的信息传递提供载体，既能够促进信息资源的纵向传递，也能在不同主体之间构建数字交流网络。中小学校长应明确个人职责，根据不同的交流主体选择合适的数字沟通模式和工具，善于利用远程会议、即时信息、电子文件传输等方式，打破时间和空间的双重限制，高效、精准地接收和传递信息。因此，对数字沟通指标的测量从是否利用数字工具实现内部沟通、家校沟通和因人制宜选择沟通工具三个方面进行测评。

另一方面，数字协作还关注中小学校长利用数字技术和平台有效开展内外部协作的能力。稳固的内部协作关系对提升工作效率和建立信任关系大有裨益，中小学校长应利用钉钉、腾讯会议或其他数字化平台建立线上工作组以贯穿任务分配、进度掌握和接受反馈的工作流程，满足数字治理中的跨层级、跨部门协作需求。良好的外部协作关系是推动学校数字化转型的重要帮手，即中小学校长是否利用数字平台积极与高新技术企业和其他学校搭建合作关系，是否通过外部协作关系提升学校的数字化水平。总之，在内部协作方面，以数字化赋权下级，挖掘数字协作潜力；在外部协作方面，提高数字协作绩效，建立数字反馈循环，全面保障中小学数字协作质量（表2-7）。

（五）数字学习发展能力维度

数字学习发展能力维度包含学习主体、学习保障和学习成效三个基本指标，由这三个基本指标所构建的六个具体指标和测量问项来测量中小学校长数字学习发展能力这一维度。

表2-7 数字沟通协调能力维度的具体指标和测量问项

基本指标	具体指标	测量问项	参考文献
数字沟通	利用信息平台实现上下级沟通	学校有信息平台实现数字交流	巨彦鹏（2021）❶ 季海群（2022）❷ 徐晓日等（2022）❸ 化方等（2010）❹
数字沟通	利用信息平台实现家校沟通	学校利用平台实现家校沟通	
数字沟通	因人制宜选择数字沟通工具	学校建立不同的数字化沟通工具	
数字协作	利用数字技术开展内部协作	学校利用数字技术开展内部协作	
数字协作	通过校企合作提升数字化水平	学校通过与企业合作提升数字化水平	
数字协作	与其他学校合作提升数字化水平	学校与其他学校合作提升数字化水平	

首先，学习主体关注的是中小学校长利用数字工具针对哪些主体开展学习。基于上文对中小学校长数字领导力概念的解读，学习主体应当涵盖中小学校长个体和学校教师两个层面。就个体学习而言，校长只有具备持续性、终身性的主动学习能力，才能与时俱进提升数字素养和办学治校本领；就教师学习而言，中小学校长应发挥个人影响力，引领并组织教师群体学习数字技术，在全校范围内形成数字学习的良好氛围和风气。因此，学习主体指标从中小学校长个体学习和组织教师学习两个主体层面进行测评。

其次，学习保障关注的是中小学校长促进数字技术学习的方式方法和体制机制。在数字技术学习方式方法上，包括讲座学习、小组学习、实践学习等，中小学校长只有掌握多样化的数字培训和学习方式，才能够充分调动和整合数字资源，激发教师学习的热情和主动性；在数字技术学习的保障机制上，涉及中小学校长是否明确师生数字培训的内容和标准，是否建立数字技术学习激励

---

❶ 巨彦鹏.数字时代数字领导力矩阵分析与提升路径研究[J].领导科学，2021（8）：47-50.
❷ 季海群.论新时代领导干部数字素养的概念框架及其提升策略[J].南京航空航天大学学报（社会科学版），2022（4）：100-105.
❸ 徐晓日，刘丹琳.公务员数字胜任力的构建与提升[J].党政干部学刊，2022（10）：9-14.
❹ 化方，杨晓宏.中小学校长信息化领导力绩效指标体系研究[J].中国教育信息化，2010（4）：7-10.

和考核机制,以及是否能够健全数字技术学习的监督机制等。因此,将学习保障指标划分为师生数字学习和培训方式的多样性与师生数字技术学习的完备性两个具体指标,并由此设置对应的测量问项进行测评。

最后,学习成效关注的是数字学习的结果导向,即中小学校长通过多样化的学习培训方式、完备的学习培训机制,促进个体和师生进行数字学习后的发展成效。中小学校长数字学习发展能力的评估最终要通过学习成效来衡量,数字环境一定程度上是中小学数字变革的供给端,通过学习能使中小学校长适应数字环境变化并采取一系列行动策略回应供给端;通过学习促进教师专业能力的提升是满足需求端的表现,也是实现学校数字转型目标的必经之路。基于此,学习成效从适应数字环境变化和促进被领导者专业发展两个具体指标和测量问项来衡量(表2-8)。

表2-8 数字学习发展能力维度的具体指标和测量问项

基本指标	具体指标	测量问项	参考文献
学习主体	善于利用数字工具开展自主学习	学校经常利用数字工具开展自主学习	郑禄红等(2020)[1] 孙祯祥(2010)[2] (2016)[3] 段柯(2020)[4] 杨鑫等(2022)[5]
	积极组织学校教师学习数字技术	学校经常组织教师开展数字技术学习	
学习保障	师生数字学习和培训形式多样	学校能够为师生提供多样化数字培训	
	数字技术学习和培训机制完备	学校有保障师生数字技术学习培训的机制	

---

[1] 郑禄红,程南清.智慧校园视野下学校信息化领导力的建设及培养路径[J].中国远程教育,2020(8):55-61.
[2] 孙祯祥.校长信息化领导力的构成与模型[J].现代远距离教育,2010(2):3-7.
[3] 孙祯祥,任玲玲.学校中层管理团队信息化领导力评价体系研究[J].现代远程教育研究,2016(5):61-67.
[4] 段柯.数字时代领导力的维度特征与提升路径[J].领导科学,2020(16):60-62.
[5] 杨鑫,苟睿,解月光.校长数据领导力:落实国家教育数字化战略的关键能力[J].中国电化教育,2023(5):65-73.

续表

基本指标	具体指标	测量问项	参考文献
学习成效	通过学习主动适应数字环境变化	学校通过学习适应数字环境的变化	
	通过学习促进被领导者专业发展	学校通过学习促进教师专业发展	

小　结

在系统梳理中小学校长数字领导力相关研究成果和界定本书核心概念的基础上，本章基于理论基础构建测量模型并设计具体指标。

首先，本章对领导力理论和数字治理理论的发展脉络和主要内容进行梳理，将二者作为建构中小学校数字领导力测量模型的理论基础。其次，通过理论研究和实证研究确定中小学校长数字领导力的模型要素内容，即中小学校长数字领导力包括数字战略引领能力、数字变革推动能力、数字技术应用能力、数字沟通协调能力、数字学习发展能力五个方面。这五种能力是密切联系、相互支撑、相辅相成的统一体。最后，遵循系统性、可操作性、动态性、完备性和层次性的设计原则，确定中小学校长数字领导力的指标体系，即数字战略引领能力维度包括环境洞察和愿景引领，数字变革推动能力维度包括组织变革和环境变革，数字技术应用能力维度包括基本应用、科学应用和安全应用，数字沟通协调能力维度包括数字沟通和数字协作，数字学习发展能力维度包含学习主体、学习保障和学习成效。

第三章 中小学校长数字领导力的实证测评

上一章构建了中小学校长数字领导力的模型要素和指标内容，将中小学校长数字领导力划分为五大能力要素。本章将在模型要素的基础上通过问卷试测、体系修正等步骤，正式构建中小学校长数字领导力的指标体系，并对H省抽样选取的四市进行中小学校长数字领导力实证测评。

第一节 中小学校长数字领导力的问卷测试和数据采集

通过梳理相关文献、征求专家意见和组内问题讨论等方法获得本书中初步的中小学校长数字领导力的指标体系和问卷内容。受研究方法影响，初步指标体系和测量问项可能因确保指标体系的完备性而存在信息冗余、部分指标具有相关关系等问题。一般而言，定量筛选能够弥补初定指标体系的不足，因而有必要通过定量方法修正已有的指标体系和开发问卷，降低或消除评价指标间相关性，提高整体的显著性。[1]因此，为保证指标体系的科学性，使问卷结果能够更加精确地反映中小学校长数字领导力水平和状况，本书通过问卷试测修正完善指标体系，并以此为基础开展抽样调查并采集相关数据。

---

[1] 彭张林，张爱萍，王素凤，等.综合评价指标体系的设计原则与构建流程[J].科研管理，2017（1）：209-215.

一、问卷效度检验

问卷试测以中小学校长为调查对象，以28个初始问项为内容主体，以李克特五点式计分方式，即5分为"非常符合"、4分为"比较符合"、3分为"一般"、2分为"不太符合"、1分为"非常不符合"，以电子问卷形式发放试测问卷80份，回收问卷76份，其中有效问卷74份，有效率为92.5%。

评价结构效度常用的统计方法是因子分析，其目的是了解属于相同概念的不同问卷项目是否与理论预测的公共因子划分相一致。[1]本书采用统计软件SPSS 26.0测量中小学校长数字领导力的结构效度，使用探索性因子分析方法分析各指标维度间的相关性。具体的操作步骤为：将中小学校长数字领导力的试测问卷数据导入SPSS 26.0软件中，依次点击"分析—降维—因子分析"。

首先，验证数据是否适合进行因子分析，计算样本数据的KMO检验值和Bartlett球形检验验证样本数据（表3-1）。一般情况下，KMO的取值介于0~1，当p值小于0.050时，且KMO值越接近于1，表示变量越适合作因素分析。已有研究表明，KMO小于0.500时，不适合做因子分析；KMO大于0.800时，表明变量间关系良好且适合做因子分析；KMO大于0.900时，表明题项变量间关系极好，非常适合进行因子分析。[2][3]试测问卷的检验结果表示，本书的KMO值为0.972（大于0.900，表示非常适合），Bartlett球形检验p值为0，满足因子分析要求。

表3-1 中小学校长数字领导力要素问卷的KMO检验和Bartlett球形检验

KMO取样适切性量数（KMO检验值）		0.972
Bartlett 球形检验	近似卡方	19259.671
	自由度	378.000
	显著性（p）	0

---

[1] 李灿，辛玲. 调查问卷的信度与效度的评价方法研究[J]. 中国卫生统计，2008（5）：541-544.

[2] SPICER J. Making Sense of Multivariate Data Analysis [M]. London：Sage，2005.

[3] 吴明隆. 问卷统计分析实务——SPSS操作与应用[M]. 重庆：重庆大学出版社，2008.

其次，对初步研究所开发的问卷测量问项通过探索性因子分析方法进行检验和修正。探索性因子分析方法的操作步骤依次为：选用主成分分析方法，设置特征值大于或等于1为阈值，根据研究需要确定所要提取的因子个数为5，旋转因子，点击确定。

表3-2　中小学校长数字领导力要素问卷的旋转成分矩阵

	成分				
	1	2	3	4	5
学校有信息平台实现数字交流	0.549	0.502			
学校经常利用数字工具开展自主学习	0.550		0.578		
学校利用数字技术开展内部协作	0.632				
学校与其他学校合作提升数字化水平	0.757				
学校建立不同的数字化沟通工具	0.784				
学校通过与企业合作提升数字化水平	0.806				
学校掌握基本数字技术教育知识		0.613			
学校建立数据安全保障体制机制		0.618			
学校具备基本数字技术教育能力		0.667			
学校可以根据数字认知做出科学决策		0.676			
学校可以有效获取和鉴别数字资源		0.692			
学校能够有效识别和预防数字风险		0.717			
学校利用平台实现家校沟通			0.520		
学校能够为师生提供多样化数字培训			0.600		
学校经常组织教师开展数字技术学习			0.628		
学校通过学习适应数字环境的变化			0.677		
学校有保障师生数字技术学习培训的机制			0.719		
学校通过学习促进教师专业发展			0.732		
学校运用数字技术变革治理结构				0.527	
学校有数字教育变革的理念				0.612	
学校根据形势动态调整数字化建设方案				0.726	
学校坚持数字技术在教学中的运用				0.734	
学校培养专业数字教师人才和团队				0.743	

续表

	成分				
	1	2	3	4	5
学校能够有效执行数字发展意愿					0.678
学校愿意与老师协商制定数字发展意愿					0.714
学校了解国家数字技术发展相关政策					0.763
学校了解数字技术前沿领域					0.779

注：提取方法：主成分分析法。

  分析结果显示（表3-2），抽取的5个因子与研究设计的中小学校长数字领导力要素存在一定程度的差异。整体来看，第一个因子对数字沟通协调能力和数字学习发展能力的测量具有交互影响，第二个因子对数字技术应用能力和数字沟通协调能力的测量具有交互影响，第三个因子对数字学习发展能力和数字沟通协调能力的测量具有交互影响，第四个因子对变革推动能力的测量影响较大，第五个因子对数字战略引领能力的测量影响较大。基于此，尝试对测量问项进行删除，具体包括："学校定期完善基础设施"载荷系数小于0.500，予以删除；"学校有信息平台实现数字交流"原被划分在数字沟通协调能力的测量问项与数字技术应用能力相关因子存在交叉，予以删除；"学校利用平台实现家校沟通"原被划分在数字沟通协调能力的测量问项与数字学习发展能力相关的第三个因子存在交叉，予以删除；"学校经常利用数字工具开展学习"原属于数字学习发展能力与数字沟通协调能力相关的第一个因子存在交叉，予以删除。

  再次，根据软件分析结果重新进行探索性因子分析，如表3-3所示。经过修正的中小学校长数字领导力要素问卷KMO检验值为0.967（大于0.900，表示非常合适），Bartlett球形检验p值为0，适合进行因子分析。

表3-3 修正的中小学校长数字领导力要素问卷的KMO检验和Bartlett球形检验

KMO取样适切性量数（KMO检验值）		0.967
Bartlett球形检验	近似卡方	16078.077
	自由度	276.000
	显著性（p）	0

最后，再次采用主成分分析方法检验模型要素问卷（表3-4），确定所要提取的因子数为5，选择最大方差法正交旋转因子。结果显示与研究设计的中小学校长数字领导力的五大能力要素基本吻合。

表3-4 修正的中小学校长数字领导力要素问卷的旋转成分矩阵

	成分				
	1	2	3	4	5
学校利用数字技术开展内部协作	0.635				
学校与其他学校进行合作提升数字水平	0.773				
学校建立不同的数字化沟通工具	0.784				
学校通过与企业合作提升数字化水平	0.821				
学校建立数据安全保障体制机制		0.613			
学校掌握基本数字技术教育知识		0.630			
学校具备基本数字技术教育能力		0.682			
学校可以根据数字认知做出科学决策		0.684			
学校可以有效获取和鉴别数字资源		0.696			
学校能够有效识别和预防数字风险		0.719			
学校能够为师生提供多样化数字培训			0.597		
学校经常组织教师开展数字技术学习			0.603		
学校通过学习适应数字环境变化			0.688		
学校有保障师生数字技术学习培训的机制			0.736		
学校通过学习促进教师专业发展			0.744		
学校运用数字技术变革治理结构				0.518	
学校有数字教育变革的理念				0.621	

续表

	成分				
	1	2	3	4	5
学校根据形势动态调整数字化建设方案				0.732	
学校坚持数字技术在教学中的运用				0.740	
学校培养专业数字教师人才和团队				0.755	
学校了解国家数字技术发展相关政策					0.766
学校了解数字技术前沿领域					0.779
学校愿意与老师协商制定数字发展意愿					0.714
学校能够有效执行数字发展意愿					0.677

注：提取方法：主成分分析法。

根据表3-5可知，提取的5个因子方差贡献率分别是16.844%、16.685%、14.926%、14.833%和14.373%，累积方差贡献率77.662%（超过60%，结果理想）[1]，表明本书所提取的5个公共因子对研究问题有较好的解释力，满足中小学校长数字领导力的测量需求。此次问卷试测的数据分析结果显示，中小学校长数字领导力的问卷效度较好。

表3-5 修正的中小学校长数字领导力要素问卷的解释总方差

成分	初始特征值			旋转载荷平方和		
	总计	方差/%	累积/%	总计	方差/%	累积/%
1	14.185	59.105	59.105	4.043	16.844	16.844
2	1.880	7.832	66.937	4.005	16.685	33.530
3	0.932	3.883	70.820	3.582	14.926	48.456
4	0.895	3.731	74.551	3.560	14.833	63.289
5	0.747	3.110	77.662	3.449	14.373	77.662
6	0.616	2.566	80.228			
7	0.491	2.047	82.274			
8	0.424	1.769	84.043			

[1] 吴明隆.问卷统计分析实务——SPSS操作与应用[M].重庆：重庆大学出版社，2008.

续表

成分	初始特征值			旋转载荷平方和		
	总计	方差/%	累积/%	总计	方差/%	累积/%
9	0.388	1.615	85.658			
10	0.361	1.505	87.163			
11	0.313	1.305	88.469			
12	0.287	1.196	89.665			
13	0.279	1.162	90.826			
14	0.265	1.103	91.929			
15	0.251	1.044	92.974			
16	0.240	1.001	93.974			
17	0.219	0.911	94.885			
18	0.216	0.900	95.785			
19	0.212	0.884	96.668			
20	0.182	0.760	97.428			
21	0.177	0.738	98.166			
22	0.156	0.649	98.815			
23	0.147	0.614	99.429			
24	0.137	0.571	100.000			

提取方法：主成分分析法。

二、问卷信度检验

所谓信度，旨在考察测评结果的异质性或稳定性，较为常用的信度指标是李·克隆巴赫（L. J. Cronbach）所创的 α 系数。本文用该方法检验中小学校长数字领导力的要素问卷的信度，按照"分析—度量—可靠性分析"的步骤在 SPSS26.0 软件中进行操作，对修正后的测量问项进行检验。结果显示，问卷总体的 Cronbach's α 系数为 0.969。已有研究表明， α 系数值在 80 以上表明量表有很好的信度，而教育测验应当至少具有 0.800 的信度系数才有研究价值。[1][2]对中小学校长数字领导力五个子维度测量问项的信度分析结果显示（表3-6），Cronbach's α系数都高于0.850，并低于总体Cronbach's α系数值。可见，中小学校长数字领导力要素的调查问卷整体有较高可信度。

表3-6 中小学校长数字领导力要素问卷信度检验

维度	Cronbach's α	项数
数字战略引领能力	0.866	4
数字变革推动能力	0.920	5
数字技术应用能力	0.939	6
数字沟通协调能力	0.895	4
数字学习发展能力	0.942	5
总体	0.969	24

通过以上SPSS 26.0软件中的效度和信度检验，删除"学校定期完善基础设施""学校有信息平台实现数字交流""学校利用平台实现家校沟通"和"学校经常利用数字工具开展学习"四个测量问项，最终形成本研究的正式指标体系和正式问卷所采用的测量问项。

第二节　问卷发放与数据采集

在问卷开发并进行信度和效度检验的基础上，科学的样本抽取方法是保证问卷发放和数据回收的质量、提高调查效率的必要条件。本书采用随机抽样方法，共抽取4个地级市，每个地级市简单随机抽取200位中小学校长开展调查研究。

---

[1] 吴明隆.问卷统计分析实务——SPSS操作与应用[M].重庆：重庆大学出版社，2008.
[2] 同[1]。

一、调查对象与样本容量

为了保证问卷数据更具有参考价值,本书将调查对象确定为H省简单分层抽样得到的H市、S市、A市和P市中共800名中小学校长。依据本书已定的概念模型,将采用SEM(结构方程模型)和验证性因子分析方法对数据进行分析。已有研究表明,若使结构方程模型的分析结果较为稳定,要求样本数量在200个以上[1],低于100个样本量的分析结果往往不太稳定。在本书中,样本量共计800个,高于200个样本数量要求数值,表明样本符合SEM的样本要求。

二、问卷发放与回收情况

此次问卷调研通过线上形式向调研对象发放电子问卷,借助线上问卷调查平台回收问卷,调研时间为2023年7—8月,共计发放问卷800份,实际提交问卷758份,问卷回收率为94.75%。通过数据整理将出现前后矛盾和回答较随意的问卷进行剔除,得到714份有效问卷,有效率为89.38%。

三、样本描述性统计分析

将问卷数据导入SPSS26.0对口统计学特征进行描述性统计分析,分析发现:从性别来看,男性校长有471人,女性校长有243人。从年龄分布来看,39岁及以下的校长占5.32%,40~44岁的校长占28.43%,45~49岁的校长占37.11%,50岁及以上的校长占29.13%。从行政职务来看,职务为校长的有523人,职务为副校长的有191人。从教育程度来看,大专及以下的有92人,本科的有602人,硕士及以上的有20人。从学校类型来看,小学校长有502人,初中校长有164人,高中校长有31人,完中校长有17人(表3-7)。

---

[1] 吴明隆.结构方程模型——AMOS的操作与应用(第二版)[M].重庆:重庆大学出版社,2010:59.

表 3-7 样本描述性统计情况

变量		人数/个	百分比/%
性别	男	471	65.97
	女	243	34.03
年龄	39岁及以下	38	5.32
	40~44岁	203	28.43
	45~49岁	265	37.11
	50岁及以上	208	29.13
行政职务	校长	523	73.25
	副校长	191	26.75
教育程度	大专及以下	92	12.89
	本科	602	84.31
	硕士及以上	20	2.80
学校类型	小学	502	70.31
	初中	164	22.97
	高中	31	4.34
	完全中学（完中）	17	2.38

第三节　中小学校长数字领导力的现状分析

中小学校长数字领导力的问卷开发、问卷试测和数据采集为基于验证性因子分析和描述性因子分析展开的实证测评奠定基础，进而推动中小学校长数字领导力现状的分析。

一、验证性因子分析

学者认为，在研究过程中基于探索性因子分析确定问卷的建构维度后，为进一步检验问卷所含因子是否与最初研究的构想和实际数据契合，可基于样本数据采用验证性因子分析加以验证。[1]一般而言，验证性因子分析专门用于处理和检验潜在变量测量模型，是进行结构方程模型分析的前置步骤。本书运用AMOS24.0软件对统计样本进行验证性因子分析。

（一）初始验证性因子分析模型及其拟合效果

将正式问卷数据导入AMOS24.0软件中，分别将潜在变量"数字战略引领能力"用F1表示、潜在变量"数字变革推动能力"用F2表示、潜在变量"数字技术应用能力"用F3表示、潜在变量"数字沟通协调能力"用F4表示、潜在变量"数字学习发展能力"用F5表示，1.1~5.5代表观察变量，代表中小学校长数字领导力五个子维度的测量问项，测量误差用e1~e24表示，如图3-1所示。

总体来看，中小学校长数字领导力要素的验证性因子分析的初始模型有24个指标，各路径标准化回归系数值介于0.750~0.897，非标准化回归系数 p 值均小于0.001，达到显著水平。一般情况下，标准化回归系数的值介于0.500~0.950，表示模型的基本适配度良好，系数值越大代表指标变量越能够有效反映其要测的构念特质。[2]同样，F1~F5的五个潜在变量的各路径非标准化回归系数 p 值达到显著水平，标准化回归系数值均在0.500以上。可见，模型中24个估计参数中除5个被设为固定参数外，其余均达到显著水平，且标准化估计值均介于合理数值之间，说明设计的理论指标可以有效测量中小学校长数字领导力要素，模型内在质量佳（表3-8）。

根据验证性因子分析结果发现，中小学校长数字领导力的各路径系数满足要求，基本适配指标达到检验标准，但根据模型整体适配度分析结果，有3项绝对适配度指数未达到适配指标要求，增值适配度指数全部达到适配指标要求，3项简约适配度指数未达到适配指标要求。分析结果表明，模型结构存在修正空间，因此对各参数进一步修正以完善模型结构（表3-9）。

---

[1] 吴明隆.结构方程模型——AMOS的操作与应用（第二版）[M].重庆：重庆大学出版社，2010：212.
[2] 吴明隆.结构方程模型——AMOS的操作与应用（第二版）[M].重庆：重庆大学出版社，2010.

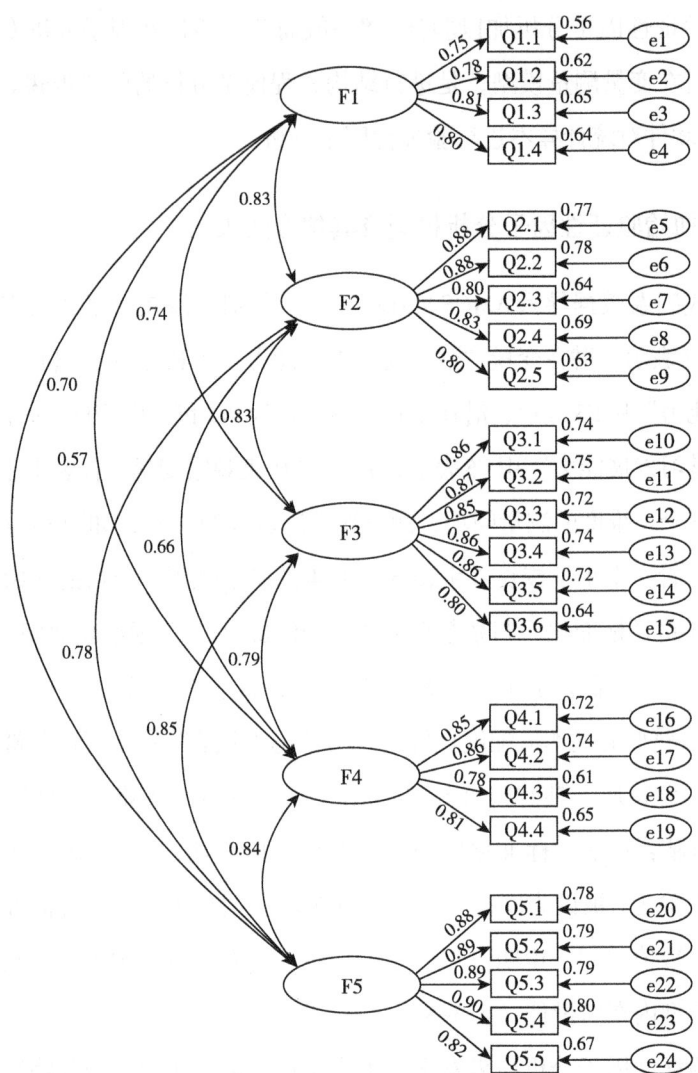

图 3-1　中小学校长数字领导力要素的初始验证性因子分析模型

表 3-8　中小学校长数字领导力初始验证性因子分析路径系数

路径内容	估计值	标准化估计值	标准误	临界比	p 值
1.1—数字战略引领能力	1.000	0.750			
1.2—数字战略引领能力	1.105	0.784	0.051	21.482	***
1.3—数字战略引领能力	1.123	0.806	0.056	20.214	***

续表

路径内容	估计值	标准化估计值	标准误	临界比	p值
1.4—数字战略引领能力	1.129	0.803	0.057	19.954	***
2.1—数字变革推动能力	1.000	0.875			
2.2—数字变革推动能力	1.039	0.882	0.031	33.091	***
2.3—数字变革推动能力	0.961	0.800	0.036	26.906	***
2.4—数字变革推动能力	0.966	0.833	0.032	29.952	***
2.5—数字变革推动能力	0.938	0.796	0.035	26.932	***
3.1—数字技术应用能力	1.000	0.861			
3.2—数字技术应用能力	1.015	0.867	0.032	31.707	***
3.3—数字技术应用能力	0.958	0.850	0.032	30.279	***
3.4—数字技术应用能力	1.038	0.861	0.034	30.354	***
3.5—数字技术应用能力	0.986	0.849	0.034	29.399	***
3.6—数字技术应用能力	0.981	0.801	0.037	26.688	***
4.1—数字沟通协调能力	1.000	0.849			
4.2—数字沟通协调能力	0.984	0.862	0.034	28.854	***
4.3—数字沟通协调能力	1.052	0.784	0.042	24.832	***
4.4—数字沟通协调能力	0.986	0.809	0.038	25.884	***
5.1—数字学习发展能力	1.000	0.882			
5.2—数字学习发展能力	1.029	0.888	0.029	35.005	***
5.3—数字学习发展能力	0.984	0.888	0.029	34.276	***
5.4—数字学习发展能力	0.956	0.897	0.027	34.967	***
5.5—数字学习发展能力	0.851	0.821	0.029	29.788	***

注：各参数估计值采用极大似然估计法得到。

表3-9 中小学校长数字领导力要素初始验证性因子分析模型适配度

统计检验量	适配标准/临界值	检验结果	是否适配
绝对适配度指数			
χ^2值	$p>0.050$	0	否
RMSEA值	<0.080（若<0.050优良）	0.079	是
AGFI值	>0.900	0.805	否

续表

统计检验量	适配标准/临界值	检验结果	是否适配
GFI值	>0.900	0.843	否
RMR值	<0.050	0.027	是
增值适配度指数			
NFI值	>0.900	0.919	是
RFI值	>0.900	0.908	是
CFI值	>0.900	0.933	是
IFI值	>0.900	0.933	是
TLI值（NNFI值）	>0.900	0.923	是
简约适配度指数			
PGFI值	>0.500	0.680	是
PCFI值	>0.500	0.818	是
PNFI值	>0.500	0.806	是
CN值	>2000	152.000	否
NC值	<3.000	5.449	否
AIC	理论AIC值小于独立和饱和AIC值	1434.557>600.000 1434.557<16327.766	否
CAIC	理论CAIC值小于独立饱和CAIC值	1757.668<2271.265 1757.668<16461.468	是

根据输出结果中给出的修正指标值，发现指标值均大于5.000，需要对模型参数加以修正。根据结构方程模型假设，若参数修正值较大，有必要在不违反结构方程模型假定和违背理论模型假定前提下，对变量间的参数释放或者变量间因果关系路径删除。❶根据表3-10可知，测量指标误差e1与测量指标误差e2均属于潜在因素"数字战略引领能力"的测量指标，可能存在类同特征或某种内在关联，考虑释放共变关系。同样，在遵守SEM假定的前提下按照从大到小的顺序依次释放，且每次释放后及时查看模型检验结果，以得到最终修正模型。

---

❶ 吴明隆.结构方程模型——AMOS的操作与应用（第二版）[M].重庆：重庆大学出版社，2010.

表3-10 中小学校长数字领导力要素初始验证性因子分析模型修正指标值（部分）

具体参数	修正指标值	改变量
e19<-->e21	35.119	0.056
e18<-->e19	37.533	0.088
e14<-->e15	72.170	0.075
e13<-->e14	79.788	0.068
e10<-->e11	87.738	0.066
e5<-->e8	56.932	0.053
e3<-->e4	73.179	0.088
e1<-->e2	99.247	0.110

（二）验证性因子分析模型修正和拟合效果

本书根据修正指标值大小对模型进行修正，分别在e1与e2、e10与e11、e13与e14、e3与e4等关系之间建立误差间共变关系，修正后的中小学校长数字领导力验证性因子分析模型如图3-2所示。

根据AMOS输出结果，发现修正后的模型结构效度得到很大提升，即17个适配度指标中有15个都达到或基本达到了模型适配标准，而未达到模型适配标准的χ^2值检验的显著性概率值受模型样本数量影响，样本数量在200以上的需要结合其他适配度指标考虑模型适配度。[1]因而，修正模型得到了显著提升，表明该模型与实际观察数据之间适配结果良好（表3-11）。

根据修正后的中小学校长数字领导力的验证性因子分析模型路径系数结果可知，该模型共计24个潜在变量，各路径非标准化回归系数都达到了统计要求的显著水平（p值均小于0.001）。总体来看，各路径标准化回归系数值介于0.717~0.899，表明观测变量能够很好地反映潜在变量的特征，没有违反模型辨认规则（表3-12）。

---

[1] 吴明隆. 结构方程模型——AMOS的操作与应用（第二版）[M]. 重庆：重庆大学出版社，2010.

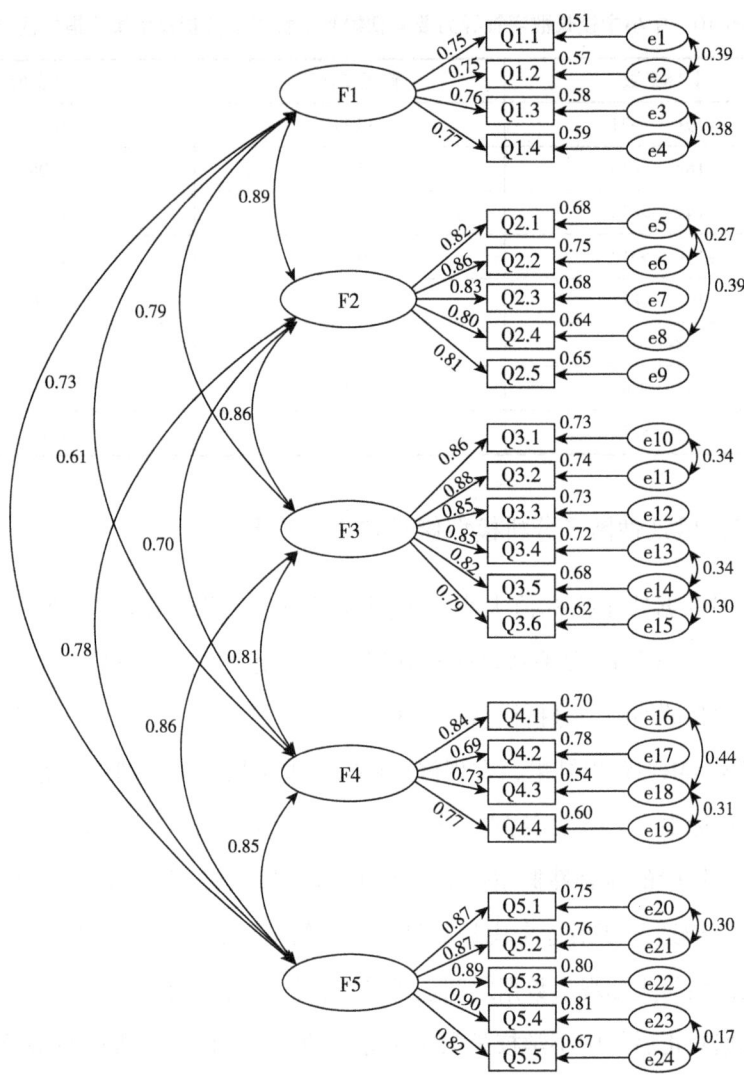

图3-2 修正的中小学校长数字领导力要素验证性因子分析模型

表3-11 修正的中小学校长数字领导力要素与验证性因子分析模型适配度

统计检验量	适配标准/临界值	检验结果数据	是否适配
绝对适配度指数			
χ^2值	$p>0.050$	0.000	否
RMSEA值	<0.080（若<0.050优良）	0.053	是

续表

统计检验量	适配标准/临界值	检验结果数据	是否适配
AGFI值	>0.900	0.892	基本达到
GFI值	>0.900	0.917	是
RMR值	<0.050	0.021	是
增值适配度指数			
NFI值	>0.900	0.958	是
RFI值	>0.900	0.949	是
CFI值	>0.900	0.971	是
IFI值	>0.900	0.971	是
TLI值（NNFI值）	>0.900	0.966	是
简约适配度指数			
PGFI值	>0.500	0.706	是
PCFI值	>0.500	0.813	是
PNFI值	>0.500	0.801	是
CN值	>2000	276.000	是
NC值	<3.000	2.995	是
AIC	理论AIC值小于独立和饱和AIC值	829.748>600.000 829.748<16327.766	否
CAIC	理论CAIC值小于独立饱和CAIC值	1214.139<2271.265 1214.139<16461.468	是

表3-12 修正的中小学数字领导力要素验证性因子分析模型路径系数

具体路径	估计值	标准化估计值	标准误	临界比	p值
1.1—数字战略引领能力	1.000	0.717			
1.2—数字战略引领能力	1.113	0.755	0.047	23.825	***
1.3—数字战略引领能力	1.107	0.760	0.061	18.157	***
1.4—数字战略引领能力	1.128	0.767	0.062	18.102	***
2.1—数字变革推动能力	1.000	0.822			
2.2—数字变革推动能力	1.086	0.864	0.033	32.591	***
2.3—数字变革推动能力	1.057	0.826	0.041	25.503	***
2.4—数字变革推动能力	0.989	0.800	0.031	31.595	***

续表

具体路径	估计值	标准化估计值	标准误	临界比	p值
2.5—数字变革推动能力	1.013	0.806	0.041	24.952	***
3.1—数字技术应用能力	1.000	0.856			
3.2—数字技术应用能力	1.012	0.858	0.027	36.945	***
3.3—数字技术应用能力	0.969	0.855	0.032	29.844	***
3.4—数字技术应用能力	1.028	0.847	0.036	28.806	***
3.5—数字技术应用能力	0.959	0.824	0.035	27.338	***
3.6—数字技术应用能力	0.972	0.789	0.038	25.439	***
4.1—数字沟通协调能力	1.000	0.838			
4.2—数字沟通协调能力	1.024	0.885	0.036	28.663	***
4.3—数字沟通协调能力	0.995	0.734	0.042	23.625	***
4.4—数字沟通协调能力	0.956	0.774	0.040	23.882	***
5.1—数字学习发展能力	1.000	0.866			
5.2—数字学习发展能力	1.030	0.873	0.027	38.223	***
5.3—数字学习发展能力	1.008	0.894	0.031	32.846	***
5.4—数字学习发展能力	0.975	0.899	0.030	33.048	***
5.5—数字学习发展能力	0.863	0.819	0.031	27.584	***

在各变量的关系方面，根据软件计算结果，F1数字战略引领能力、F2数字变革推动能力、F3数字技术应用能力、F4数字沟通协调能力及F5数字学习发展能力之间的协方差检验结果均表现为显著不等于0，该结果意为五大潜在变量之间有显著的共变关系。同时，各因素间的相关系数都达到0.600以上，最高相关系数为0.894，说明潜在变量之间可能存在一个更高阶的共同因素，即"中小学校长数字领导力"（表3-13）。

在模型界定方面，AMOS软件的输出结果显示5个潜在变量和24个测量变量的测量误差值均为正值（介于0.121~0.545），并且所有的潜在变量和测量变量均达到0.050的显著水平。另外，估计参数中无负数误差变异量，标准误估计值都很小（介于0.009~0.041之间），修正后模型参数基本适配指标良好（表3-14）。

表3-13 中小学校长数字领导力要素验证性因子分析模型中潜变量间的关系

潜变量	估计值	相关系数	标准误	临界比	p值
数字战略引领能力<-->数字学习发展能力	0.295	0.733	0.024	12.300	***
数字战略引领能力<-->数字变革推动能力	0.310	0.894	0.023	13.262	***
数字战略引领能力<-->数字技术应用能力	0.295	0.787	0.023	12.672	***
数字战略引领能力<-->数字沟通协调能力	0.249	0.613	0.023	10.930	***
数字变革推动能力<-->数字技术应用能力	0.372	0.864	0.026	14.539	***
数字变革推动能力<-->数字沟通协调能力	0.327	0.703	0.025	12.930	***
数字变革推动能力<-->数字学习发展能力	0.365	0.790	0.026	13.972	***
数字技术应用能力<-->数字沟通协调能力	0.406	0.806	0.029	14.257	***
数字技术应用能力<-->数字学习发展能力	0.432	0.864	0.029	14.957	***
数字沟通协调能力<-->数字学习发展能力	0.460	0.851	0.031	14.656	***

表3-14 中小学校长数字领导力要素验证性因子分析模型各参数的测量误差

具体参数	估计值	标准误	临界比	p值
F1数字战略引领能力	0.302	0.029	10.29	***
F2数字变革推动能力	0.398	0.030	13.078	***
F3数字技术应用能力	0.467	0.033	14.033	***
F4数字沟通协调能力	0.545	0.041	13.364	***
F5数字学习发展能力	0.536	0.037	14.339	***
e1	0.286	0.019	15.286	***
e2	0.282	0.020	14.438	***
e3	0.271	0.019	13.948	***
e4	0.268	0.019	13.946	***
e5	0.191	0.012	15.96	***
e6	0.159	0.011	14.05	***
e7	0.208	0.013	15.479	***
e8	0.219	0.014	16.065	***
e9	0.220	0.014	16.053	***

续表

具体参数	估计值	标准误	临界比	p值
e10	0.171	0.011	14.986	***
e11	0.171	0.012	14.791	***
e12	0.162	0.011	15.249	***
e13	0.194	0.013	15.514	***
e14	0.203	0.012	16.967	***
e15	0.268	0.016	16.589	***
e16	0.231	0.017	13.946	***
e17	0.157	0.014	11.637	***
e18	0.463	0.028	16.453	***
e19	0.333	0.021	15.576	***
e20	0.178	0.012	14.866	***
e21	0.177	0.012	14.693	***
e22	0.136	0.010	14.216	***
e23	0.121	0.009	13.596	***
e24	0.196	0.012	15.906	***

在模型的内在质量检验方面，首先，对个别测量变量的信度系数进行分析，信度系数高于0.500，表明模型的内在质量检验良好。[1]其次，通过对组合信度和平均方差抽取量的计算来检验模型的聚敛效度。其中，潜在变量的组合信度一般要求在0.600以上，表示模型内在质量佳，平均方差抽取量表示指标变量被潜在变量概念解释的变异量百分比，其一般判别标准为该项数值大于0.500。[2]结果显示，五个潜在变量的组合信度分别为0.837、0.913、0.934、0.883、0.940，平均方差抽取量分别为0.563、0.679、0.703、0.656、0.758，二者均满足指标要求。总体而言，该模型内在质量理想（表3-15）。

---

[1] 吴明隆.结构方程模型——AMOS的操作与应用（第二版）[M].重庆：重庆大学出版社，2010.
[2] 吴明隆.结构方程模型——AMOS实务进阶[M].重庆：重庆大学出版社，2010.

表3-15 中小学校长数字领导力要素验证性因子分析模型内在质量检验

指标	信度系数	组合信度	平均方差抽取量
1.1	0.671		
1.2	0.809		
1.3	0.800		
1.4	0.762		
数字战略引领能力		0.837	0.563
2.1	0.750		
2.2	0.599		
2.3	0.538		
2.4	0.784		
2.5	0.703		
数字变革推动能力		0.913	0.679
3.1	0.623		
3.2	0.679		
3.3	0.718		
3.4	0.731		
3.5	0.737		
3.6	0.732		
数字技术应用能力		0.934	0.703
4.1	0.649		
4.2	0.640		
4.3	0.681		
4.4	0.746		
数字沟通协调能力		0.883	0.656
5.1	0.676		
5.2	0.589		
5.3	0.577		
5.4	0.569		
5.5	0.513		
数字学习发展能力		0.940	0.758

二、描述性统计分析

基于本书建构的中小学校长数字领导力测量模型和问卷开发，对中小学校长数字领导力各子维度的得分情况进行描述性统计分析。根据此次有效回收问卷的调研分析结果可知，在所有评估维度中，中小学校长的数字变革推动能力平均得分最高，为3.86分；数字战略引领能力得分次之，为3.75分；数字学习发展能力和数字技术应用能力得分分别为3.68分和3.58分；而中小学校长的数字沟通协作能力得分最低，为3.31分。中小学校长数字领导力测量模型中各评估维度、基本指标和具体指标的得分情况和主要特征见表3-16。

表3-16 中小学校长数字领导力分数测量结果

评估维度	得分	基本指标	得分	具体指标	得分
数字战略引领能力	3.75	环境洞察	3.67	洞察国家数字技术政策	3.78
				前瞻数字技术发展前沿	3.55
		愿景引领	3.84	协商制定数字发展愿景	3.85
				有效执行数字发展愿景	3.83
数字变革推动能力	3.86	组织变革	3.80	培养数字人才以及团队	3.96
				动态调整数字变革制度	3.81
				变革学校数字治理结构	3.62
		环境变革	3.96	发展数字化教学内容和方式	4.01
				树立学校数字教育变革理念	3.91
数字技术应用能力	3.58	基本应用	3.67	掌握基本数字技术教育知识	3.67
				具备基本数字技术教育能力	3.67
		科学应用	3.58	能有效获取和鉴别数字资源	3.55
				根据数字认知做出科学决策	3.60
		安全应用	3.51	能有效识别和预防数字风险	3.52
				建立数据安全保障体制机制	3.50
数字沟通协调能力	3.31	数字沟通	3.39	因人制宜选择数字沟通工具	3.39
		数字协作	3.29	利用数字技术开展内部协作	3.53
				通过校企合作提升数字化水平	3.11
				与其他学校合作提升数字化水平	3.22

续表

评估维度	得分	基本指标	得分	具体指标	得分
数字学习发展能力	3.68	学习主体	3.62	积极组织学校教师学习数字技术	3.62
		学习保障	3.61	师生数字学习和培训形式多样	3.55
				数字技术学习和培训机制完备	3.67
		学习成效	3.77	通过学习主动适应数字环境变化	3.65
				通过学习促进被领导者专业发展	3.89

一是中小学校长数字领导力整体水平有待提升。根据调查数据可知，中小学校长数字领导力总体水平的平均得分为3.64（图3-3），其余各维度的平均得分介于3分到4分之间。结合李克特五点式计分方法，可将3分看作及格水平、4分看作良好水平、5分看作优秀水平，因而中小学校长数字领导力的总体水平介于及格和良好之间，尚有比较大的提升空间。可见，自数字时代以来，中小学校长已经逐步关注数字领导力在教学治校方面的重要作用，但在快速变化的时代背景和个人比较单一的教育背景的双重影响下，中小学校长对数字领导力的态度仍处于从关注到重视的过渡阶段，数字领导力的整体水平有待进一步提升，校园数字转型也有待更加深入地推进。

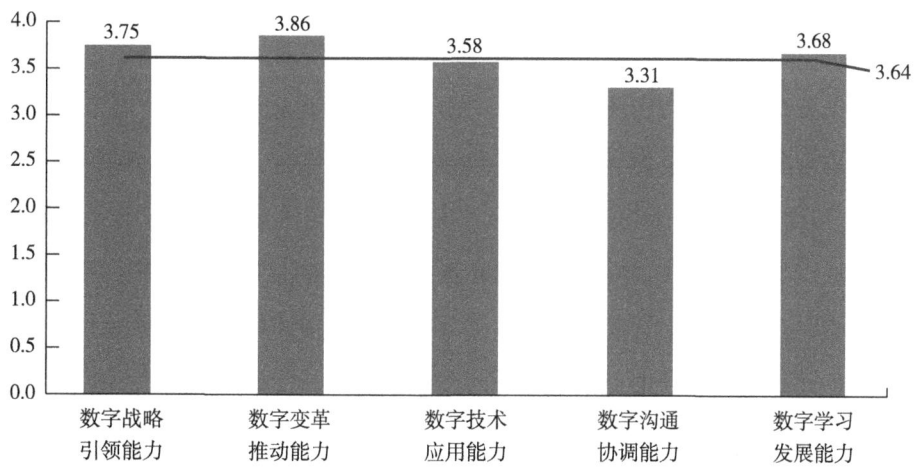

图3-3 中小学校长数字领导力各评估维度水平

二是中小学校长在数字变革中的推动能力水平最高。中小学校长数字变革推动能力平均得分最高，为3.86分。可见数字时代中小学校长善于洞察新事物、新环境和新问题，主动解放个人思想并持续更新个人观念以在实践中实现创新和改革，同时积极挖掘数字技术的潜在价值，尝试对学校的组织环境和组织结构进行由内而外的转型和变革。从基本指标来看（表3-17），部分中小学校长的数字变革推动能力更多地停留在环境变革层面，中小学校长在"环境变革"指标的平均得分为4分，而"组织变革"指标的平均得分为3.80分。一方面，相较于组织环境的变革，组织内部人员结构、治理结构和制度结构的变革难度更大，对校长的要求更高；另一方面，变革是一个循序渐进的过程，组织内部的变革往往伴随着外部环境变革进行且比外部环境变革更加深入。从具体指标结合测量问项来看，"发展数字化教学内容和方式"平均得分高达4.01分，"培养数字人才以及团队"得分也达到了3.96分，说明中小学校长积极鼓励数字技术进校园，培养专业化的数字教师人才和队伍以运用数字技术创新教学模式，对比之下，校长在"变革学校数字治理结构"方面的重视程度尚未达到一定高度。

三是中小学校长数字沟通协调能力较为薄弱。数字沟通协调能力是一种综合考量能力，其不单单是考验中小学校长能否利用数字平台及工具与他人进行沟通或协作，还考察中小学校长能否因人制宜选择沟通工具以及搭建不同的内外部协作关系。根据问卷调查结果，中小学校长数字沟通协调能力在五大评估维度中最为薄弱，其平均得分仅3.31分。结合基本指标、具体指标和测量问项来看，"沟通能力"的平均得分要高于"协作能力"，大多数中小学校长能利用数字工具实现校内沟通，但"因人制宜选择数字沟通工具"指标的平均得分并不好的原因，在于中小学校长在数字工具或平台的多样化选取和使用上存在一定局限，针对教师、学生、家长等不同交流主体，结合不同的交流目的选取数字工具的能力有待提升。不同于沟通的必要性，"数字协作"指标整体的得分水平较低，说明很多中小学校长较少利用数字工具搭建协作关系以提升学校数字水平，缺乏与科研机构、高等学校、高新技术企业等机构合作并寻求资源的行为，因此"通过校企合作提升数字水平"和"与其他学校合作提升数字水平"的平均得分仅有3.11分和3.22分，可见校长不能满足于数字沟通能力的提升，更要以长远视角搭建协作关系，助力学校数字化转型。

四是中小学校长数字技术应用能力内部差异较大。数字技术应用能力涉及层层递进的三个层面，即基本应用、科学应用和安全应用，各指标平均得分分别为3.67分、3.58分和3.51分，存在一定的内差异性。基本应用能力是数字技术应用的基础性条件，侧重于考查中小学校长的数字素养，即中小学校长能够较好地掌握数字教育知识和技术。相对而言，中小学校长"有效获取和鉴别数字资源"和"根据数字认知做出科学决策"的能力略有不足，说明部分中小学校长在基本掌握数字技术的基础上对数字资源的获取、鉴别和有效利用能力有待提升。与此同时，对信息技术的安全应用能力是该评估维度中最为薄弱的部分，部分中小学校长可能存在对学校数字化转型过程中的数字风险、知识安全等问题重视不够的现象，结合具体测量指标，"能有效识别和预防数字风险"的平均得分略高于"建立数据安全保障体制机制"，说明中小学校长对数字风险预防和数字资源的安全保障更多地仅仅停留在意识层面，有待从意识层面转化到保障体制机制层面。

三、多变量方差分析

独立样本T检验适用于两个群体平均数的差异检验，其自变量为二分类变量，因变量为连续变量[1]，本书中自变量性别变量与职务变量为二分类变量，因变量数字领导力的五个子维度均为连续变量，故探究性别变量和职务变量对中小学校长数字领导力的影响时，采用独立样本T检验的统计方法。单因素方差分析适用于三个或三个以上群体平均数的差异检验，其自变量为三分类变量

---

[1] 吴明隆.问卷统计分析实务——SPSS操作与应用[M].重庆：重庆大学出版社，2008.

或三个以上分类变量。因变量为连续变量[1]，本书中年龄变量为四分类变量，教育程度变量为三分类变量，学校类型变量为四分类变量。因变量均为连续变量，因此在探究年龄变量、教育程度变量和学校类型变量对中小学校长数字领导力的影响时，采用单因素方差分析的统计方法。

（一）性别

本书采用SPSS26.0技术检验中小学校长性别差异是否对数字领导力子维度产生显著影响，通过问卷调查数据结果的独立样本T检验分析各维度在性别变量上有无明显差别，若方差分析结果中t值达到显著（$p<0.050$），表明差异达到显著水平。检验结果见表3-17。

表3-17 中小学校长数字领导力的性别差异分析

维度	男性		女性		t值	p值
	M	SD	M	SD		
数字战略引领能力	3.760	0.666	3.730	0.687	0.744	0.457
数字变革推动能力	3.830	0.684	3.930	0.688	−1.753	0.080
数字技术应用能力	3.590	0.715	3.570	0.696	0.449	0.654
数字沟通协调能力	3.310	0.782	3.300	0.830	0.154	0.878
数字学习发展能力	3.660	0.748	3.720	0.725	−1.012	0.312

从中小学校长数字领导力的性别差异分析统计表可以看出，不同性别的中小学校长在数字领导力五个子维度的$p>0.050$，表明中小学校长数字领导力水平不受性别因素的影响，性别变量不是中小学校长数字领导力的影响因素。整体来看，无论是男校长还是女校长，在数字领导力上的得分均达到及格水平，相较而言，男性校长五个子维度的平均得分略高于女性校长，说明男性校长在

---

[1] 周釜宇，康晓宇，张立国，等.当代中小学校长领导力的发展研究[J].中国电化教育，2023（6）：75-82.

引领学校实现数字化变革方面有较好的表现,这可能与男性特质有关。总体而言,性别因素对中小学校长数字领导力的影响不大。

(二) 年龄

为检验不同年龄层次对中小学校长数字领导力各维度是否存在显著影响,本书通过单因素方差分析(ANOVA)比较校长年龄与各维度,检验方差分析结果中 F 值是否达到显著($p<0.050$),再进行事后比较(LSD法),找出达到显著水平的具体差异。检验结果见表3-18。

表3-18 中小学校长数字领导力的年龄差异分析

维度	39岁及以下		40~44岁		45~49岁		50岁及以上		F值	p值
	M	SD	M	SD	M	SD	M	SD		
数字战略引领能力	3.830	0.712	3.740	0.689	3.710	0.653	3.810	0.675	1.166	0.322
数字变革推动能力	4.030	0.732	3.860	0.672	3.850	0.665	3.850	0.718	0.806	0.491
数字技术应用能力	3.720	0.755	3.610	0.708	3.520	0.681	3.610	0.730	1.447	0.228
数字沟通协调能力	3.450	0.924	3.370	0.769	3.230	0.789	3.330	0.808	1.734	0.159
数字学习发展能力	3.780	0.765	3.740	0.736	3.580	0.698	3.720	0.783	2.423	0.065

从中小学校长数字领导力的年龄差异分析统计表可以看出,不同年龄阶段的中小学校长在数字领导力五个子维度的 $p>0.050$,说明校长的年龄与五个维度的领导力之间不存在显著差异,即其领导力水平不受年龄因素的影响,年龄变量不是中小学校长数字领导力的影响因素。各年龄段中小学校长的数字领导力的5个子维度发展趋势如图3-4所示。

根据发展趋势可知,不同年龄段的中小学校长在数字领导力各子维度的发展趋势基本保持一致,总体上随着年龄增长,其数字领导力呈递减趋势。在39岁及以下阶段,其数字领导力达到最高水平。在39岁及以下年龄阶段,数字变革推动能力维度平均得分最高,为4.03分;数字战略引领能力维度得分次之,为3.83分;数字学习发展能力维度平均得分为3.78分;数字技术应用能力

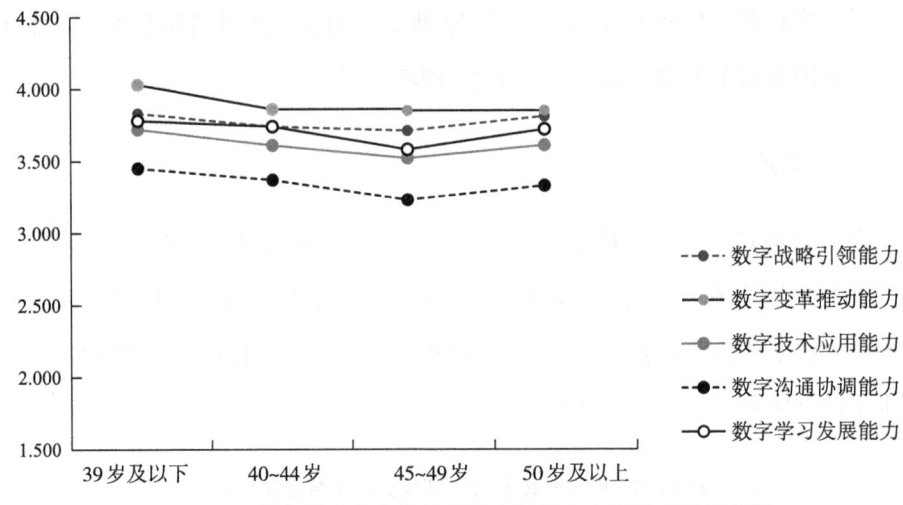

图3-4 不同年龄段中小学校长数字领导力各子维度发展趋势

维度得分为3.72分；最后是数字沟通协调能力维度，平均得分最低，为3.45分。分析产生这种情况的原因，一方面，很有可能是39岁及以下年龄段的中小学校长由于年富力强，对计算机、多媒体、数字技术等新型数字环境的适应性和接受度更高；另一方面，39岁正值中小学校长职业生涯的黄金阶段，更有魄力和动力推动学校数字化转型以谋求更好的发展机会，实现理想抱负。但该年龄段的中小学校长担任领导职务时间相对较短，对学校管理和工作程序等内容了解程度不足，使其数字沟通协调能力有所欠缺。随着年龄和阅历的增加，中小学校长在其地位和权力稳固后，随着心理和生理变化，其推进数字变革的动力和欲望不断衰减，校长数字领导力随着年龄的增加而呈递减的态势也就不足为奇。而处于50岁及以上年龄阶段的中小学校长，出于光荣退休即临近再争取更进一步的心理，往往会支持学校进行数字化改革。但从学校实现目标愿景方面考虑，则需要考虑校长光荣退休心理，在提拔校长时考量年龄是否可以作为衡量提拔任职的指标之一，校长本身也应从学校数字化建设的可持续角度入手，重视数字技术的应用，培育更多精通数字技术的人才及引进更多数字平台。

（三）行政职务

为检验中小学校长行政职务差异是否对数字领导力子维度产生显著影响，本研究采用SPSS26.0对问卷调查数据结果进行独立样本t试验，以分析各维度在不同行政职务变量上有无明显差别。若方差分析结果中t值达到显著（$p<0.050$），说明两组数值的差异达到显著水平。

从中小学校长数字领导力的行政职务差异分析统计表可知（表3-19），不同行政职务对数字领导力的这五个子维度均具有显著的差异（$p<0.050$），表明行政职务是中小学校长数字领导力的影响因素。为进一步分析，本研究采用柱状图的方式对不同行政职务校长群体的数字领导力5个子维度进行了对比分析。

表3-19 中小学校长数字领导力的行政职务差异分析

维度	校长		副校长		t	显著性
	M	SD	M	SD		
数字战略引领能力	3.720	0.649	3.850	0.727	−2.393	0.017*
数字变革推动能力	3.820	0.675	3.980	0.705	−2.691	0.007**
数字技术应用能力	3.530	0.698	3.720	0.720	−3.038	0.002**
数字沟通协调能力	3.250	0.779	3.480	0.825	−3.483	0.001**
数字学习发展能力	3.620	0.722	3.830	0.771	−3.252	0.001**

注：**$p<0.010$，*$p<0.050$。

从中小学校长数字领导力各子维度的行政职务差异柱形图（图3-5）中可知，副校长职务在五个维度上的平均得分均略高于校长职务。副校长的数字变革推动能力维度平均得分最高，为3.980分；数字战略引领能力维度平均得分次之，为3.850分；数字学习发展能力维度平均得分为3.830分；数字技术应用能力维度平均得分为3.720分；数字沟通协调能力维度平均得分为3.480分，得分最低。究其原因，可能是在基础教育课程改革的背景下，"副校长从传统意义上行政管理者的角色向教学领导者转变，以教学领导为媒介带动学校教学管理工作有效运转,成为学校推进课程变革的中坚力量"[1]。作为学校教学管理工作的第一执行者,副校长需要及时了解数字技术相关政策并执行教师数字培训等具体工作,因此副校长需要有较高的数字技术素养并配合校长推进学校数字化改革。

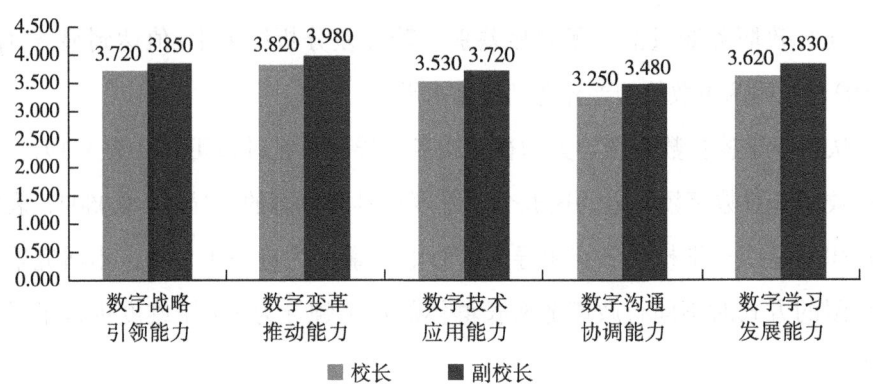

图3-5　中小学校长数字领导力各子维度的行政职务差异

(四) 教育程度

为检验不同学历水平对中小学校长数字领导力各维度是否存在显著影响,对校长受教育水平与各个数字领导力维度进行单因素方差分析(ANOVA)比较,若方差分析结果中 F 值达到显著($p<0.050$),说明差异达到显著,再进行事后比较(LSD法),找出达到显著水平的具体差异。检验结果见表3-20。

表3-20　中小学校长数字领导力的教育程度差异分析

维度	大专及以下		本科		硕士及以上		F	p 值
	M	SD	M	SD	M	SD		
数字战略引领能力	3.680	0.664	3.760	0.677	3.830	0.591	0.695	0.499
数字变革推动能力	3.830	0.753	3.870	0.678	3.900	0.634	0.182	0.834
数字技术应用能力	3.660	0.761	3.570	0.703	3.640	0.610	0.775	0.461
数字沟通协调能力	3.410	0.871	3.290	0.788	3.480	0.720	1.388	0.250
数字学习发展能力	3.700	0.826	3.670	0.728	3.700	0.724	0.046	0.955

---

[1] 鞠湛波. 刍议小学教学副校长角色定位[J]. 吉林教育, 2013 (31): 17-18.

从中小学校长数字领导力的教育程度差异分析统计表可知,不同学历水平的中小学校长的数字战略引领能力、数字变革推动能力、数字技术应用能力、数字沟通协调能力与数字学习发展能力这五个子维度为$p>0.050$,说明校长的受教育水平与这五个维度领导力之间不存在显著差异,其领导力水平不受学历水平因素的影响。可见,教育程度变量对中小学校长数字领导力的影响并不显著,即教育程度变量不是中小学校长数字领导力的影响因素。

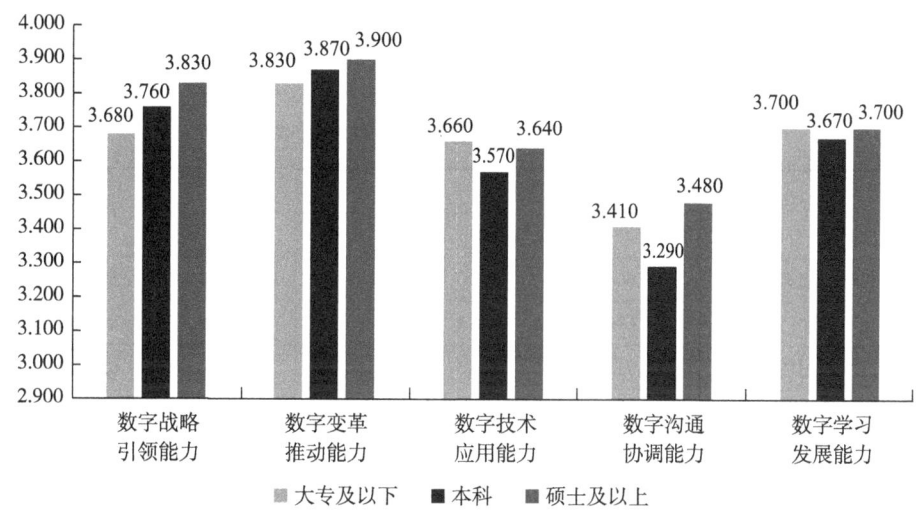

图3-6　中小学校长数字领导力各子维度学历差异

此外,本书采用柱状图对不同学历中小学校长数字领导力子维度进行对比分析。从图3-6可知,硕士及以上学历水平的中小学校长数字领导力比大专及以下学历的校长高,学历水平对数字战略引领能力与数字变革推动能力两个维度的影响较为明显。在这两个维度上,随着学历水平的上升,中小学校长的数字领导力也逐渐上升。分析产生这种情况的原因,可能是数字技术引领与数字结构变革能力对知识的要求更高,丰富的知识积累是中小学校长数字领导力提升的基础,高学历水平代表的知识储备与社会推崇能够使校长在学校获得教职工本能认知上的尊敬,而完备的知识储备赋予的开阔视野、决断果决与剖析问题的能力易使这种本能的尊敬转化为威信。我们应重视学历差异对中小学校长数字领导力的影响，从多种途径提升低学历校长的数字领导力。

（五）学校类型

为检验不同类型学校对中小学校长数字领导力各维度是否存在显著影响，对学校类型和五个校长数字领导力子维度进行单因素方差分析（ANOVA）比较，若方差分析结果中 F 值达到显著（$p<0.050$），说明差异达到显著水平，再进行事后比较（LSD法），找出达到显著水平的具体差异。检验结果见表3-21。

表3-21 中小学校长数字领导力的学校类型差异分析

维度	小学		初中		高中		完中		F	p值
	M	SD	M	SD	M	SD	M	SD		
数字战略引领能力	3.740	0.664	3.740	0.690	3.980	0.736	3.880	0.619	1.550	0.200
数字变革推动能力	3.860	0.690	3.840	0.683	4.050	0.724	3.850	0.522	0.818	0.484
数字技术应用能力	3.590	0.714	3.550	0.692	3.730	0.731	3.380	0.626	1.053	0.368
数字沟通协调能力	3.320	0.812	3.270	0.765	3.520	0.722	3.060	0.783	1.448	0.228
数字学习发展能力	3.700	0.729	3.610	0.765	3.740	0.765	3.440	0.782	1.258	0.288

从中小学校长数字领导力的学校类型差异分析统计表可知，不同学校类型对数字战略引领能力、数字变革推动能力、数字技术应用能力、数字沟通协调能力与数字学习发展能力五个子维度的影响为 $p>0.050$，说明学校类型与这五个维度领导力之间不存在显著差异，其领导力水平不受学校类型因素的影响。可见，学校类型变量对中小学校长数字领导力影响不显著，即该变量不是中小学校长数字领导力的影响因素。

此外，研究进一步采用折线图对不同学校类型的校长群体在数字战略引领能力、数字变革推动能力、数字技术应用能力、数字沟通协调能力与数字学习发展能力五个子维度的变化趋势进行分析，详情如图3-7所示。

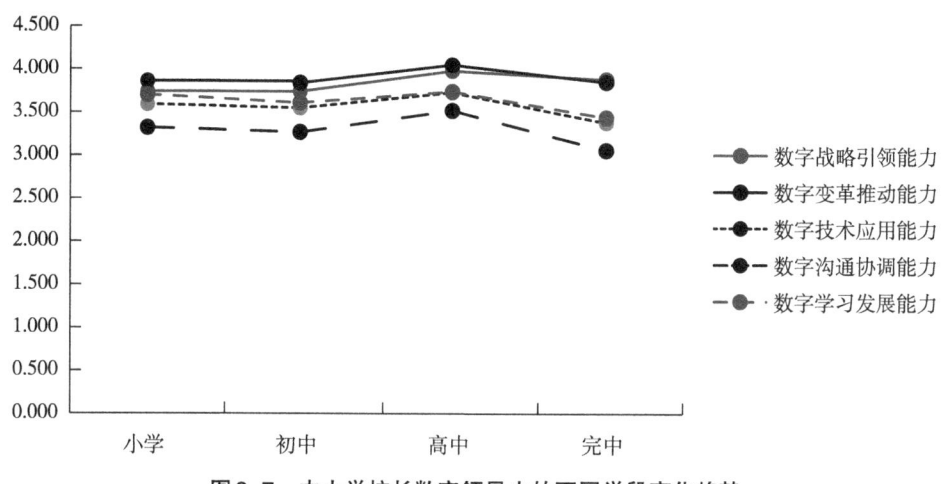

图3-7 中小学校长数字领导力的不同学段变化趋势

从中小学校长数字领导力的不同学段趋势变化图可知，不同学段的中小学校长在数字领导力各子维度的发展趋势基本保持一致，即总体上随着学段增长其数字领导力呈现先增后减趋势，在高中学段其数字领导力达到最高水平。在这一学段，数字变革推动能力维度的平均得分最高，为4.05分；数字战略引领能力维度的平均得分次之，为3.98分；数字学习发展能力维度的平均得分为3.74分；数字技术应用能力维度的平均得分为3.73；数字沟通协调能力维度的平均得分最低，为3.52分，但各个学段小学校长数字领导力不具有显著差异。究其原因，可能是高中教学的具体内容与学校管理等对数字技术要求较高，教学与管理过程中应用数字技术的程度更频繁，因此高中校长数字领导力得以呈现出更高水平。

小　结

本章基于前面的中小学校长数字领导力评估指标体系，通过探索性因子分析和验证性因子分析形成问卷，并基于H省四市进行实证测评。

首先，通过问卷试测修正完善中小学校长数字领导力的指标体系，发放试测问卷80份，回收问卷76份，有效回收率为92.5%。用SPSS26.0软件对调查结果进行检验，效度检验发现试测问卷符合因子分析的要求，但抽取的5个因子与研究设计的中小学校长数字领导力要素存在一定程度的差异。修正后的中小学校长数字领导力要素问卷KMO检验值为0.967，Bartlett球形检验p值为0，适合进行因子分析，且抽取因子与研究设计的中小学校长数字领导力的五大能力要素基本吻合。信度检验发现，五个能力维度的Cronbach's α系数都在0.85以上，调查问卷整体有较高信度。其次，对修正后的问卷进行发放和数据采集，发放有效问卷714份，问卷有效率为89.38%。通过数据分析得到中小学校长数字领导力的发展现状，即中小学校长数字领导力模型一共包含了24个潜在变量，观测变量能够很好地反映潜在变量的特征，没有违反模型辨认规则。最后，通过描述性统计分析发现，所有评估维度中中小学校长的数字变革推动能力平均得分最高，为3.86分；通过运用独立样本T检验和单因素方差分析来进行差异性检验，在性别、年龄、教育程度和学校类型对数字领导力无明显影响作用，行政职务有明显的影响作用。

第四章 中小学校长数字领导力的影响因素

随着信息技术的迅猛发展,数字领导力已成为中小学校长领导能力的重要组成部分。它不仅关系到学校信息化建设的进程,更影响着教育质量和学校的整体发展。本章主要探究中小学校长数字领导力的影响因素有哪些,并对其影响效果进行分析。

第一节 理论依据与研究假设

根据学者相关研究,中小学校长数字领导力的影响因素包含自我效能感、领导风格和办学自主权。

一、自我效能感

自我效能感的概念首先由心理学研究专家阿尔伯特·班杜拉(Albert Bandura)提出,认为自我效能感是指人们对自己能力的信念和信心。对领导力而言,具有高度自我效能感的领导者可能更倾向于选择挑战性的任务,并展示积极主动的行为方式。他们相信自己有能力完成任务,因此会更主动去追求成就和实现目标。对领导力而言,自我效能感高的领导者往往具备勇敢面对挑战和克服困难的精神和动机。他们不会轻易放弃,而是更倾向于寻找解决问题的方案,保持积极的态度,并展现出承受困难的能力。

自我效能感会影响人们的思维模式和情绪反应模式。对领导力而言，自我效能感高的领导者可能更倾向于采取积极乐观的思维模式和情绪反应模式。他们相信自己的能力，对于困难和挫折更加乐观，更有能力调整自己的情绪，保持冷静和理性，从而更好地应对各种情况。

影响习得行为的表现。对领导力而言，领导者需要具备各种知识和技能来应对不同的工作任务和挑战。具有高度自我效能感的领导者更可能努力学习和掌握这些知识和技能，因为他们相信自己能够胜任。这种自信不仅让他们愿意接受新的挑战，也让他们在面对困难时保持冷静和决心。因此，高度自我效能感的领导者更有可能成功地完成任务，赢得团队的尊重和信任。

此外，自我效能感还能够帮助领导者更好地管理他们的团队。具有自我效能感的领导者对自己的能力有信心，他们相信自己的团队成员有能力完成任务。这种信任可以激发团队成员的积极性和工作热情，增强团队的凝聚力。当团队面临挑战时，领导者可以给予团队成员支持和鼓励，帮助他们在压力下保持冷静和专注。[1]

古斯奇（Guskey）研究证实："教师的教学效能感与其参与教学改革的态度之间存在明显的相关性。这种积极的自我认知有助于他们更好地应对教育领域的挑战，推动学校的教学改革与发展。"[2]他们对于学校管理工作抱有积极的态度，更愿意投入时间和精力来推动教育改革和提升教学质量。具有高效能感的校长在教学管理中注重效率，并更积极地接纳新的教育技术和方法。他们对于教学改革持开放态度，愿意尝试和推广新的教学方法，以提升教师和学生的学习效果。校长作为领导者，对团队成员的教学效能具有示范和影响作用。具有高效力感的校长能够展现自身教学能力和积极的工作态度，从而激发和提升

---

[1] BANDURA A. Social Foundation of Thought and Action: A Social Cognitive Theory [M]. Englewood Cliffs, NK: Prentice-Hall, 1986.

[2] GUSKEY T R. Teacher Efficacy, Self-concept, and Attitudes Toward the Implication of Instructional Innovation [J]. Teacher and Teacher Education, 1988 (5): 63-69.

教师的教学效能感。教师在校长的激励和引导下更有动力和信心追求卓越教学，提高自己的教学能力和教学成果。

自我效能感高的校长在影响决策和管理学校资源方面可能更有自信和能力。他们更可能积极参与决策过程，采取主动行动，始终相信自己能够作出明智的决策，并有效地管理学校所拥有的各种资源。校长的自我效能感对其教学效能和纪律管理能力的信心和信念有影响。自我效能感高的校长更有动力和信心提升自己的教学能力，并更加注重纪律管理工作，为学校创造秩序和积极的学习氛围。校长在使家长和社区卷入教育方面的自我效能感可能会影响其能力和意愿。具有高效能感的校长更可能展示出有效的沟通和协调能力，吸引家长和社区积极参与学校教育，促进家校合作和社区支持。校长的自我效能感对于创造积极的学校氛围的信心和信念至关重要。自我效能感高的校长更有动力和能力通过有效的领导和管理实践，激发教师和学生的积极性，塑造积极向上的学校氛围，提供良好的学习和发展环境。

施瓦泽（Schwarzer）和博恩（Born）将自我效能感定义为："个体在任何情景下维持信心的程度，是一种认识和评价自我的能力。"[1]经过对领导者自我效能感的研究，巴斯（Bass）和阿维奥利（Avolio）得出结论：领导者的自我效能感与其领导效能之间存在积极的正向关联。[2]自我效能感应指个体在执行特定任务时所持有的信心程度。当个体的自我效能感处于较高水平时，他们将更有可能相信自己具备完成某项任务的能力，从而激发出更大的潜能和动力。这种正向的激励和期望，不仅能够推动团队朝着既定目标前进，还能促进整个组织的变革与发展。[3]

---

[1] SCHWARZER R，BORN A. Optimistic Self-beliefs：Assessment of General Perceived Thirteen Self-efficacy Cultures [J]. Word Poychology，1997（3）：177-190.

[2] BASS B M，AVOLIO B J. Developing Transformational Leadership：1992 and Beyond [J]. Journal of European Industrial Training，1990：21-27.

[3] PAGLIS L L，GREEN S G. Leadership Self-efficacy and Managers' Motivation for Leading Change [J]. Journal of Organizational Behavior：The International Journal of Industrial [J]. Occupational and Organizational Psychology and Behavior，2002（2）：215-235.

梅根·查南-莫兰（Tschannen-Moran M）等人研究发现，教师效能与教师的教改意愿及职业意愿有关。[1]罗晓路经过研究发现，无论是初涉教育领域的新教师，还是已经积累了丰富教学经验的专家型教师，在教学监控能力的表现上也会呈现出明显的差异。[2]具体而言，教师的教学效能感越高，其教学监控能力也就越强。这一发现对于提升教师的教育教学能力具有重要的指导意义。自我效能感高的校长通常对自己的能力和表现充满信心，这种信心和满意感有助于提高他们对工作的满意度。在校长的自我效能感影响方面，自我效能感高的校长通常表现出更积极的教改意愿，愿意主动参与和推动教学改革。与此同时，他们也更喜欢自己的教职工作，并对教师职业充满热爱和投入。校长的自我效能感与教学监控能力之间存在较强的预测关系。具有高效能感的校长更有能力对教学过程进行监控和管理，能够有效地引导和支持教师的教学工作。他们善于掌握教学细节，及时发现问题并采取措施解决，有助于提升学校的教学质量和效果。

基于以上研究，本书提出以下研究假设：

H1a：自我效能感对校长数字领导力具有显著的正向促进作用；

H1b：自我效能感对校长的数字战略引领能力具有正向促进作用；

H1c：自我效能感对校长的数字变革推动能力具有正向促进作用；

H1d：自我效能感对校长的数字技术应用能力具有正向促进作用；

H1e：自我效能感对校长的数字沟通协调能力具有正向促进作用；

H1f：自我效能感对校长的数字学习发展能力具有正向促进作用。

由此，本书主要采用最小二乘法（OLS）分析自我效能感对校长数字领导力的影响。为进一步分析自我效能感对校长数字领导力的具体影响，结合部分学者研究，将校长数字领导力细分为五个方面：校长的数字战略引领能力、校

---

[1] TSCHANNEN-MORAN M, WOOFOLKAE. Teacher- Efficacy: Its Meaning and Measure [J]. Review of Educational Research, 1998（2）：202-248.

[2] 罗晓路. 专家——新手型教师教学效能感和教学监控能力研究[J]. 心理科学，2000（6）：741-742.

长的数字变革推动能力、校长的数字技术应用能力、校长的数字沟通协调能力、校长的数字学习发展能力。为进一步排除人口统计学变量的影响，在构建模型时对相关变量进行控制。

$$Y_i = \alpha_1 + \beta_{zi}\text{Self} - \text{efficacy} + \beta_{bi}\text{Self} - \text{efficacy} + \beta_{ji}\text{Self} - \text{efficacy} + \beta_{gi}\text{Self} - \text{efficacy} + \beta_{fi}\text{Self} - \text{efficacy} + \sum \gamma_1 X_i + \varepsilon \qquad (4-1)$$

其中，Y_i为因变量，校长的数字战略引领能力、校长的数字变革推动能力、校长的数字技术应用能力、校长的数字沟通协调能力、校长的数字学习发展能力。β_{zi}为自我效能感对校长数字战略领导力的影响系数。β_{bi}为自我效能感对校长的数字变革推动能力的影响系数。β_{ji}为自我效能感对校长的数字技术应用能力的影响系数。β_{gi}为自我效能感对校长的数字沟通协调能力的影响系数。β_{fi}为自我效能感对校长的数字学习发展能力的影响系数。Self-efficacy为自变量的自我效能感。X_i为控制变量，除校长自我效能感之外，其他可能对因变量产生影响的变量。根据前期文献研究，本书控制性别、年龄、职务、学历层次、学段五项变量。ε为误差项。

二、领导风格

"风格"一词，其基本内涵指个体在行为、形象、处事方式等方面所展现出的独特性和与众不同。此外，它也可以指代领导者的领导能力以及艺术作品中所表现出的独特艺术特征。李（Li）、古普塔（Gupta）、隆（Loon）指出，领导风格体现了领导者的个性特征、领导哲学及管理技巧，对于提升团队效能和组织绩效具有重要意义。❶麦克考尔-肯尼迪（Mccoll-kennedy）与安德森（Anderson）指出，领导风格指领导者所习惯展现的领导方式及其行为特征。❷

---

❶ LI Z, GUPTA B, LOON M, et al. Combinative Aspects of Leadership Style and Emotional Intelligence [J]. Leadership & Organization Development Journal, 2001, 12（3）: 245-278.

❷ MCCOLL-KENNEDY J R, ANDERSON R D. Impact of Leadership Style and Emotions on Subordinate Performance [J]. Leadership Quarterly, 2002（5）: 545-559.

麦克考尔-肯尼迪与安德森在其研究中，强调了领导风格的重要性，并深入探讨了领导者的行为特征。他们认为，领导风格不仅反映了领导者的个性、价值观和经验，还直接影响了团队的动力、凝聚力和绩效。然而，麦克考尔-肯尼迪与安德森也指出，没有一种领导风格是适用于所有领导者的。领导者需要根据团队的特性、任务的需求及组织的环境来灵活调整自己的领导方式。此外，领导风格也需要随着时间和情境的变化而进行调整，以确保团队能够持续高效地运作。[1]陈文宗在其研究中指出，领导风格体现了领导者领导行为的常态性和习惯性养成。领导风格往往是其个人特质、价值观及长期工作经验的结晶。这种风格既可能源自领导者自身的性格和偏好，也可能是在不断适应和应对各种复杂情境的过程中逐渐形成的。无论是倾向于权威决断的领导者，还是更倾向于民主协商的领导者，他们的领导风格都在一定程度上决定了团队的运行效率和成果质量。赵国强与王金超也明确指出，领导风格通常带有鲜明的个人特色。[2]杨付等人于2012年提出，领导风格指上级为实现特定期望成果所经常采用的行为方式，领导风格是一个多维度且复杂的概念，它描述了上级为了实现特定目标所采取的行为模式和策略。这种风格不仅反映了领导者的个性、价值观和工作理念，还直接影响团队的氛围、员工的积极性和整体业绩。领导者需要根据组织的实际情况、员工的特点及业务环境的变化，灵活调整自己的领导风格。同时，领导者也需要不断学习和提升，以更好地适应不断变化的领导需求。[3]陈小平等人提出，当以企业导师为研究对象时，必须理解领导风格这一概念的内涵。领导风格是指领导者在长期的职业生涯中，通过不断的实践和摸索，逐步形成的一种具有显著个人特色的行为模式。这种行为模式不仅体

---

[1] MCCOLL-KENNEDY J R, ANDERSON R D. Impact of Leadership Style and Emotions on Subordinate Performance [J]. Leadership Quarterly, 2002（5）：545-559.

[2] 赵国祥，王金超.基层组织领导人格特质研究[J].心理科学，2008（6）：1317-1321.

[3] 杨付，张丽华.团队成员认知风格对创新行为的影响：团队心理安全感与工作单位结构的调节作用[J].南开管理评论，2012（5）：13-25.

现了领导者的个人特质,也反映了其对于组织管理的理解和实践。[1]这一点在国内外学者的研究中得到了广泛的认同和肯定。

伯恩斯认为,交易型领导风格的核心在于领导者与员工间进行的较为基础的"利益互换",以满足双方的基本需求。[2]贝斯强调交易型领导风格和变革型领导风格应相互补充,而非相互排斥。[3]我国学者李超平和时勘则在贝斯对变革型领导的定义之上,结合中国传统文化和国情,将变革型领导风格细化为愿景激励、领导魅力、德行垂范和个性化关怀四个维度。[4]丹尼尔·戈尔曼(Daniel Goleman)提出了六种独特的领导风格。[5]

贝斯的研究表明,变革型领导风格具备激发下属超越预期工作绩效的潜力。[6]豪威尔(Howell)等人通过研究进一步发现,组织成员的创新性行为是领导力有效性的关键预测变量之一。[7]贾奇(Judge)等人经过研究发现,变革型领导风格与领导者个人领导绩效、组织的管理绩效之间存在着显著的正向促进作用。[8]陈文晶和时勘发现,变革型领导风格不仅关注任务的完成,更重视员工的成长和发展。这种领导风格鼓励员工挑战自我,超越现状,实现更高的目标。变革型领导通过激发员工的内在动力,使他们更加投入工作,并愿意为组织的长远发展贡献自己的力量。[9]徐泓认为,变革型领导风格能准确反映领导

---

[1] 陈小平,孙延明,黎子森,等.企业导师指导风格与徒弟工作绩效——职业胜任力与工作投入的中介作用[J].软科学,2018(12):85-88.

[2] 詹姆斯·麦格雷戈·伯恩斯.领袖论[M].北京:中国社会科学出版社,1996.

[3] BASS B M. Leadership and Performance Beyond Expectations [M]. New York:The Free Press,1985.

[4] 李超平,时勘.变革型领导的结构与测量[J].心理学报,2005(6):97-105.

[5] GOLEMAN D. Leadership that Gets Results [J]. Harvard Business Review,2000(3/4):78-90.

[6] BASS. Leadership and Performance beyond Expectations [M]. New York:Free Press,1985.

[7] HOWELL J M,HALLMERENDA K E. The Ties that Bind:The Impact of Leader-member Exchange,Transformational and Transactional Leadership,and Distance on Predicting Follower Performance [J]. Journal of Applied Psychology,1999(5):680-694.

[8] JUDGE S,ADOPTIVE F. The Effects of Early Relational Deprivation in Children Adopted from Eastern European Oraphanages [J]. Jouranl of Family Nursing,2004(10):338-356.

[9] 陈文晶,时勘.变革型领导和交易型领导的回顾与展望[J].管理评论,2007(9):22-29.

者具体的领导活动，并能够解释领导力有效性的细微差异。[1]于博和刘新梅指出，变革型领导风格能够显著提升领导力并促进组织创新绩效及创造力。变革型领导风格是一种注重启发、激励和引导员工发挥最大潜力的领导方式。它通过构建愿景、培养信任、智力激发和个性化关怀四个核心维度，不仅能够显著提升领导力，还能够促进组织创新绩效及创造力。[2]

不同学者对领导风格的解读有所不同，如将领导风格划分为变革型领导和交易型领导两个基本类型。变革型领导风格被证明能推动下属产生较高的工作绩效，并对组织成员的创新行为产生积极影响。变革型领导风格对领导者的管理绩效和组织的绩效有积极作用，被认为在领导力预测和组织创新绩效方面具有重要作用。

综合以上信息，领导风格被划分为领导垂范、领导魅力、领导激励三个维度，各维度可以更全面地反映领导者在不同情境下的行为方式和影响力，涵盖了领导者引领与改变员工、激励员工实现目标、展现个人特质和关怀等不同方面，这样有助于提高领导者的领导绩效和促进组织创新发展。

基于以上研究，本书提出以下研究假设：

H1a：领导垂范对校长数字领导力具有显著的正向影响作用；

H1b：领导垂范对校长的数字战略引领能力具有正向影响作用；

H1c：领导垂范对校长的数字变革推动能力具有正向影响作用；

H1d：领导垂范对校长的数字技术应用能力具有正向影响作用；

H1e：领导垂范对校长的数字沟通协调能力具有正向影响作用；

H1f：领导垂范对校长的数字学习发展能力具有正向影响作用；

H2a：领导魅力对校长数字领导力具有显著的正向影响作用；

H2b：领导魅力对校长的数字战略引领能力具有正向影响作用；

H2c：领导魅力对校长的数字变革推动能力具有正向影响作用；

---

[1] 徐泓. 管理学概论[M]. 湘潭：湘潭大学出版社，2009.

[2] 于博，刘新梅."揭开黑箱"——变革型领导中介变量的研究现状与展望[J]. 心理科学进展，2009（1）：158-164.

H2d：领导魅力对校长的数字技术应用能力具有正向影响作用；
H2e：领导魅力对校长的数字沟通协调能力具有正向影响作用；
H2f：领导魅力对校长的数字学习发展能力具有正向影响作用；
H3a：领导激励对校长数字领导力具有显著的正向影响作用；
H3b：领导激励对校长的数字战略引领能力具有正向影响作用；
H3c：领导激励对校长的数字变革推动能力具有正向影响作用；
H3d：领导激励对校长的数字技术应用能力具有正向影响作用；
H3e：领导激励对校长的数字沟通协调能力具有正向影响作用；
H3f：领导激励对校长的数字学习发展能力具有正向影响作用。

本书主要采用最小二乘法（OLS）分析领导风格对校长数字领导力的影响。为进一步分析领导风格对校长数字领导力的具体影响，结合部分学者研究，将校长数字领导力细分为五个方面，分别是：校长的数字战略引领能力、校长的数字变革推动能力、校长的数字技术应用能力、校长的数字沟通协调能力、校长的数字学习发展能力。为进一步排除人口统计学变量的影响，在构建模型时对相关变量进行控制。以假设H1b为例，在对领导风格对校长的数字战略引领能力具有正向影响作用这一假设进行验证时，将人口统计学因素纳入 $\sum \gamma_1 X_i$ 中，可以得到公式（4-1）。

其中 Y_i 指的是第 i 个校长的数字战略引领能力，$example_i$ 指的是第 i 个校长的领导垂范能力。以此类推的具体模型如下：

$$Y_i = \alpha + \beta_{zi} example_i + \beta_{bi} example_i + \beta_{ji} example_i + \beta_{gi} example_i + \beta_{fi} example_i + \sum \gamma_1 X_i + \varepsilon \quad (4-2)$$

$$Y_i = \alpha + \beta_{zi} charm_i + \beta_{bi} charm_i + \beta_{ji} charm_i + \beta_{gi} charm_i + \beta_{fi} charm_i + \sum \gamma_1 X_i + \varepsilon \quad (4-3)$$

$$Yi = \alpha + \beta_{zi} stimulate_i + \beta_{bi} stimulate_i + \beta_{ji} stimulate_i + \beta_{gi} stimulate_i + \beta_{fi} stimulate_i + \sum \gamma_1 X_i + \varepsilon \quad (4-4)$$

其中，Y_i 为因变量，校长的数字战略引领能力、校长的数字变革推动能力、校长的数字技术应用能力、校长的数字沟通协调能力、校长的数字学习发展能力。β_{zi} 为领导垂范（领导魅力、领导激励）对校长数字战略领导力的影响系数。β_{bi} 为领导垂范（领导魅力、领导激励）对校长的数字变革推动能力的影响系数。β_{ji} 为领导垂范（领导魅力、领导激励）对校长的数字技术应用能力的影响系数。β_{gi} 为领导垂范（领导魅力、领导激励）对校长的数字沟通协调能力的影响系数。β_{fi} 为领导垂范（领导魅力、领导激励）对校长的数字学习发展能力的影响系数。example（charm、stimulate）为自变量领导垂范（领导魅力、领导激励）。X_i 为控制变量，除校长领导垂范（领导魅力、领导激励）之外，其他可能对因变量产生影响的变量。根据前期文献研究，本研究控制性别、年龄、职务、学历层次、学段五项变量。ε 为误差项。

三、办学自主权

公共选择理论在"重塑政府"运动中，作为提倡分权和社区政府原则的理论基础，发挥着不可或缺的作用。同样，教育分权作为一种政治分权的具体体现，其建立亦是基于对政府行为的"理性"认知之上。❶

海林杰（Hallinger）等人的研究揭示了学校办学自主权不仅能激发办学活力，而且能够显著增强学校绩效并促进学生学业成就的提升。❷ 考德威尔（Caldwell）等人的研究也表明，赋予学校更多的自主权，能积极回应各种利益相关主体的期望，从而提升学校决策的科学性。❸ 沃斯曼（Wößmann）等人发现，学校的自主权对学生学业水平具有显著影响。特别是招聘自主权在其中扮

---

❶ 许杰. 教育分权：公共教育体制范式的转变[J]. 教育研究，2004（2）：10-15.
❷ HALLINGER P, HECK R H, MURPHY J. Teacher Evaluation and School Improvement：An Analysis of the Evidence [J]. Educational Assessment，Evaluation and Accountability，2014，26（1）：5-28.
❸ CALDWELL B J, SPINKS J M. The Self-transforming School [J]. Routledge，2013.

演了极为重要的角色。然而，值得注意的是，财政自主权并未显著影响学生的学业成就。❶

1985年，我国颁布《中共中央关于教育体制改革的决定》，提出了"学校逐步实行校长负责制"。在法律法规逐步健全和中央文件精神的指导下，20世纪90年代初我国大部分地区的中小学校基本实行了校长负责制。❷随着校长负责制的全面实行，我国的中小学教育逐渐走向了自主办学、民主管理的道路。校长作为学校的最高行政负责人，拥有了对学校管理和教学工作的全面掌控权。同时，校务委员会的设立，也为学校内部的民主决策和审议工作提供了重要的平台。在这一时期，校长们开始积极探索适合本校发展的办学模式，推动教育教学改革，加强学校管理，提高教育教学质量。

葛新斌提出，"办学自主权"可细化为组织教育教学权、学校财产的运营与监督权及其他专业性权力三大类别。❸而在《国家中长期教育改革和发展规划纲要（2010—2020年）》中，进一步强调并丰富了"建设现代学校制度"的理念，其中包括落实和扩大学校的办学自主权、完善中小学校长负责制等。❹薛海平针对农村中小学办学自主权进行了深入研究，研究发现，增加学校的经费自主权也能够有效地正面预测学生的数学学业表现。❺

基于以上研究，本书提出以下研究假设：

H1a：办学自主权对校长数字领导力具有显著的正向影响作用；

H1b：办学自主权对校长的数字战略引领能力具有正向影响作用；

---

❶ WÖBMANN L, LÜDEMANN E, SCHÜTZ G, et al. School Accountability, Autonomy, Choice, and The Level of Student Achievement: International Evidence from PISA 2003 [J]. OECD Education Working Papers, 2007（13）.

❷ 吴志宏，冯大鸣，魏志春. 新编教育管理学[M]. 上海：华东师范大学出版社，2008：62-63.

❸ 葛新斌. 我国现行"校长负责制"的法律与制度分析[J]. 北京师范大学学报（社会科学版），2003（6）：48-55.

❹ 中华人民共和国教育部. 国家中长期教育改革和发展规划纲要（2010—2020年）[EB/OL].（2016-10-05）[2022-04-03]. https://www.moe.gov.cn/jyb_xwfb/s6052/moe_838/201008/t20100802_93704.html.

❺ 薛海平. 教育分权管理制度对农村中小学学生数学成绩影响实证研究[J]. 教育科学，2010（4）：26-36.

H1c：办学自主权对校长的数字变革推动能力具有正向影响作用；

H1d：办学自主权对校长的数字技术应用能力具有正向影响作用；

H1e：办学自主权对校长的数字沟通协调能力具有正向影响作用；

H1f：办学自主权对校长的数字学习发展能力具有正向影响作用。

本书主要采用最小二乘法（OLS）分析办学自主权对校长数字领导力的影响。为进一步分析办学自主权对校长数字领导力的具体影响，结合部分学者研究，将校长数字领导力细分为五个方面，分别是：校长的数字战略引领能力、校长的数字变革推动能力、校长的数字技术应用能力、校长的数字沟通协调能力、校长的数字学习发展能力。为进一步排除人口统计学变量（如性别、年龄、学历层次、专业背景、任职时间及学段等）的影响，在构建模型时对相关变量进行控制。以假设H1b为例，在对办学自主权对校长的数字战略引领能力具有正向影响作用这一假设进行验证时，将人口统计学因素纳入$\sum \gamma_1 X_i$中。就可以得到公式（4-1），其中Y_i指的是第i所学校的校长数字战略引领能力。autonomyi指的是第i所学校的校长办学自主权。以此类推的具体模型如下：

$$ \tag{4-5}$$

其中，Y_i为因变量，校长的数字战略引领能力、校长的数字变革推动能力、校长的数字技术应用能力、校长的数字沟通协调能力、校长的数字学习发展能力。β_{ai}为自我效能感对校长数字战略领导力的影响系数。β_{bi}为办学自主权对校长的数字变革推动能力的影响系数。β_{ji}为办学自主权对校长的数字技术应用能力的影响系数。β_{ji}为办学自主权对校长的数字沟通协调能力的影响系数。β_{fi}为办学自主权对校长的数字学习发展能力的影响系数。Self-efficacy为自变量的办学自主权。X_i为控制变量，除校长办学自主权之外，其他可能对因变量产生影响的变量。根据前期文献研究，本研究控制性别、年龄、职务、学历层次、学段五项变量。ε为误差项。

第二节　自我效能感对中小学校长数字领导力的影响

自我效能感是校长个体信念的体现，本节内容主要探究自我效能感如何作用于校长的数字领导能力，揭示校长个人素质与数字领导力之间的关联。

一、变量设定与操作化

1.解释变量

本书的核心解释变量是自我效能感。在文献综述及研究假设部分对自我效能感的定义及重要性进行分析可知，自我效能感对校长数字领导力有着重要的影响。自我效能感的概念首先由心理学研究专家阿尔伯特·班杜拉（Albert Bandura）提出来。他指出自我效能感是人们对自己能力的信念和信心，这种信念会影响个体的认知、情感和动机，从而影响他们的行为，是个体自我控制系统的组成部分。他认为，当个体确信自己有能力为了某个目标而实施某种行为时，就会产生高度的"自我效能感"，并会有意识地开展相关活动。在个体获得了基本知识和技能，具备基本能力素质后，自我效能感便成为推动个体取得成功的重要因素。[1]本书结合前人研究，又将校长数字领导力进一步细化为五个维度，分别是数字战略引领能力、数字变革推动能力、数字技术应用能力、数字沟通协调能力、数字学习发展能力。通过对自我效能感在五个维度所能发挥的影响的研究，能够进一步肯定自我效能感对校长数字领导力的作用。所以在这一部分，选取自我效能感作为解释变量，通过回归量化分析，分别考察其对五个维度的影响。参考王淑华的相关研究，具体操作为：

---

[1] BANDURA A. Social Foundation of Thought and Action：A Social Cognitive Theory [M]. Englewood Cliffs，NK：Prentice-Hall，1986.

1.1 如果我尽力去做的话，我总是能够解决问题的。

1.2 对我来说，坚持理想和达成目标是轻而易举的。

1.3 我自信能有效地应对任何突如其来的事情。

1.4 以我的才智，我定能应对意料之外的情况。

1.5 如果我付出必要的努力，我一定能解决大多数的难题。

1.6 我能冷静地面对困难，因为我相信自己处理问题的能力。

1.7 面对一个难题时，我通常能找到几个解决方法。

1.8 有麻烦的时候，我通常能想到一些应对的方法。

1.9 无论什么事在我身上发生，我都能应对自如。

有非常不符=1、不太符合=2、一般=3、比较符合=4、非常符合=5 五个选项。

2.被解释变量

本书的核心被解释变量是校长的数字领导力。为了进一步考察自我效能感对校长数字领导力产生的影响及在各个维度产生的影响，前文对数字战略引领能力、数字变革推动能力、数字技术应用能力、数字沟通协调能力、数字学习发展能力五个维度分别作为被解释变量。通过自我效能感对数字战略引领能力、数字变革推动能力、数字技术应用能力、数字沟通协调能力、数字学习发展能力五个维度进行回归，能够更加清楚地看出自我效能感对校长数字领导力的影响。为了更加直观地理解五个被解释变量与校长数字领导力之间的关系，本书对五个被解释变量进行了细分，见表4-1。

表4-1 被解释变量框架

维度	最小值	最大值	均值	标准差	观察值
数字战略引领能力	1.750	5	3.751	0.673	714
数字变革推动能力	1.200	5	3.864	0.686	714
数字技术应用能力	1.667	5	3.583	0.708	714

续表

维度	最小值	最大值	均值	标准差	观察值
数字沟通协调能力	1.000	5	3.311	0.798	714
数字学习发展能力	1.800	5	3.677	0.740	714

3.控制变量

在进行中小学校长数字领导力研究时，控制变量的重要性不容忽视。王淑华、王以宁研究表明，年龄、任职时间、学历、专业背景、所在地区和地域对校长数字领导力有显著影响。[1]马丽等人研究表明，性别、行政职务、学习投入等对校长数字领导力有显著影响。[2]综合来看，控制变量的选择原因如下：首先，中小学校长的性别可能对数字领导力的发展和实践产生一定的影响。通过对性别进行控制，可以排除性别差异对研究结果的可能影响，确保研究结论的客观性和普遍性。其次，中小学校长的年龄差异可能导致其对数字领导力的理解和应用存在差异。通过对年龄进行控制，可以避免年龄因素对研究结果的潜在扰动，使研究结论更加准确和可靠。此外，行政职务、教育类型和学校类型都是需要进行控制的重要变量。校长的行政职务不同，所在的教育类型和学校类型的差异可能会对数字领导力产生一定的影响。通过对这些变量进行控制，可以减少其对研究结论的干扰，确保研究结论的普适性和有效性。综上所述，对性别、年龄、行政职务、教育类型和学校类型等控制变量，在中小学校长数字领导力研究中至关重要。

基于此，本书的控制变量主要包含校长的性别、年龄、行政职务、教育类型和学校类型。其中年龄这一变量先收集年龄信息，再对年龄进行分段。分为类别1：39岁以下；类别2：39~44岁；类别3：44~49岁；类别4：49~60岁。性别

---

[1] 王淑华，王以宁.人格特质与校长信息化领导力的关系:组织氛围的中介效应[J].现代远距离教育，2021（1）：89-96.
[2] 马丽，牛君霞，唐海康.校长自我效能感、学习投入、办学自主权对校长领导力的影响——基于5省15市的实证调查[J].教育与教学研究，2020（11）：86-98.

（男=1，女=2）。行政职务通过问题：您在本学校担任的行政职务是____？分为两类，（校长=1，副校长=2）。教育类型通过问题：您的目前最高教育程度是____？分为三类（大专及以下=1，本科=2，硕士及以上=3）。学校类型通过问题：您是否为师范类院校毕业？收集数据，结果分为两类（是=1，否=2）（表4-2）。

表4-2 控制变量解释

变量	变量解释	平均值	标准差
性别	男性=1，女性=2	1.340	0.474
年龄	年龄（岁）	46.707	5.323
行政职务	校长=1，副校长=2	1.268	0.443
教育程度	大专及以下=1，本科=2，硕士及以上=3	1.899	0.383
学校类型	小学=1，初中=2，高中=3，完中=4	1.388	0.684

通过对性别、年龄、行政职务、教育类型和学校类型等变量进行控制，能够有效消除这些因素对研究结论的潜在干扰，从而确保研究结果的准确性和可信度。

二、实证测评

上文提到，将解释变量"自我效能感"与被解释变量"数字战略引领能力、数字变革推动能力、数字技术应用能力、数字沟通协调能力、数字学习发展能力"分别使用最小二乘法（OLS）进行回归。接下来开始进行回归结果分析。

（一）自我效能对数字战略引领能力

考察解释变量"自我效能感"与被解释变量"数字战略引领能力"之间的关系，将被解释变量及性别、年龄、行政职务、教育程度、学校类型五个控制变量纳入模型，就可以得出回归结果如表4-3所示。

表4-3 自我效能对数字战略引领能力

变量	回归系数	标准误差	t值	p值	95%置信区间下限	95%置信区间上限	显著水平
自我效能	0.213	0.037	5.810	0.000	0.141	0.285	***
女	−0.233	0.084	−2.790	0.005	−0.398	−0.069	***
40~44岁	−0.045	0.174	−0.260	0.798	−0.387	0.298	
45~49岁	−0.019	0.172	−0.110	0.912	−0.356	0.318	
50岁及以上	0.072	0.176	0.410	0.683	−0.273	0.416	
副校长	0.151	0.087	1.720	0.085	−0.021	0.322	*
本科	0.238	0.117	2.040	0.041	0.009	0.467	**
硕士及以上	0.318	0.247	1.280	0.199	−0.168	0.803	
初中	−0.090	0.094	−0.960	0.336	−0.274	0.094	
高中	0.089	0.191	0.470	0.641	−0.286	0.464	
完中	0.396	0.245	1.610	0.107	−0.086	0.878	
Constant	−0.164	0.195	−0.840	0.399	−0.546	0.218	
Mean dependent var		0	SD dependent var			1.000	
R-squared		0.069	Number of obs			714.000	
F-test		4.746	Prob > F			0	
Akaike crit.（AIC）		1998.031	Bayesian crit.（BIC）			2052.882	

注：*** $p<0.010$，** $p<0.050$，* $p<0.100$。

通过自我效能对数字战略引领能力的多元线性回归分析情况统计表可知，在控制了性别、年龄、行政职务、教育程度、学校类型等变量后，F-test的结果为4.746，对应的p值为0，这意味着回归方程整体上显著。这个结果提供了进一步的证据，说明自我效能对中小学校长的数字战略引领能力具有显著影响。回归模型的R-squared为0.069，这意味着自我效能对中小学校长数字战略引领能力解释了6.9%。常数项的显著性为0.399，即p值大于0.100，这表明常数项在这个模型中可能没有显著影响。自我效能变量的系数为0.213，该系数为正数，说明自我效能与数字战略引领能力呈正相关关系。这个系数在5.810的t值下得到了极显著（$p<0.010$）的结果，说明自我效能对数字战略引领能力

有显著的影响。

李苑华研究发现,自我效能感增强了校长的信心和决策能力。[1]校长对自己在数字化战略引领方面具备的能力充满信心,能够自信地制定和调整数字化战略。他们相信自己有能力洞察教育领域的发展趋势,理解数字技术在教育中的重要性,并能够基于学校的实际情况制定出切实可行的数字化战略。以此印证上述假设H1b(自我效能感对校长的数字战略引领能力具有正向影响作用)成立。

(二) 自我效能对数字变革推动能力的影响

考察解释变量"自我效能感"与被解释变量"数字变革推动能力"之间的关系。将被解释变量以及性别、年龄、行政职务、教育程度、学校类型五个控制变量纳入模型,就可以得出回归结果如表4-4所示。

通过自我效能对数字战略引领能力的多元线性回归分析情况统计表可知,在控制了性别、年龄、行政职务、教育程度、学校类型等变量后,F-test的结果为4.459,对应的p值为0,这意味着回归方程整体上显著。这个结果提供了进一步的证据,说明自我效能对中小学校长的数字变革推动能力具有显著影响。回归模型的R-squared为0.065,这意味着自我效能对中小学校长数字变革推动能力解释了6.5%。常数项的显著性为0.714,即p值大于0.100,这表明常数项在这个模型中可能没有显著影响。自我效能变量的系数(Coef.)为0.189,该系数为正数,说明自我效能与数字战略引领能力呈正相关。系数在5.140的t值下得到了极显著($p<0.010$)的结果,说明自我效能对数字变革推动能力有显著影响。陈春潮认为,自我效能感激发了校长的创新能力,校长相信自己有能力应用新的教育科技和数字教学方法,为学校带来变革,他积极寻找最佳的数字化工具和平台,并引导教师和学生在数字环境中学习和合作。校长的创新能力和积极探索精神在数字化变革过程中起着重要的推动作用。以此

---

[1] 李苑华.乡村初中校长信息化领导力现状研究——基于粤东北地区W县的调查[D].桂林:广西师范大学,2023.

印证上述假设H1c（自我效能感对校长的数字变革推动能力具有正向影响作用）成立。

表4-4 自我效能对数字变革推动能力的影响

变量	Coef.	St.Err.	t值	p值	95%置信区间下限	Interval	显著水平
自我效能	0.189	0.037	5.140	0	0.117	0.261	***
女	0.293	0.084	3.490	0.001	0.128	0.457	***
40~44岁	−0.239	0.175	−1.370	0.171	−0.582	0.104	
45~49岁	−0.122	0.172	−0.710	0.479	−0.460	0.216	
50岁及以上	−0.306	0.176	−1.740	0.082	−0.652	0.039	*
副校长	−0.041	0.087	−0.460	0.643	−0.212	0.131	
本科	0.008	0.117	0.070	0.943	−0.221	0.238	
硕士及以上	−0.033	0.248	−0.130	0.894	−0.520	0.454	
初中	0.074	0.094	0.790	0.430	−0.110	0.259	
高中	0.293	0.191	1.530	0.126	−0.083	0.669	
完中	0.264	0.246	1.070	0.284	−0.219	0.747	
Constant	0.072	0.195	0.370	0.714	−0.311	0.454	
Mean dependent var		0	SD dependent var		1.000		
R-squared		0.065	Number of obs		714.000		
F-test		4.459	Prob > F		0		
Akaike crit.（AIC）		2001.022	Bayesian crit.（BIC）		2055.873		

注：*** $p<0.010$，** $p<0.050$，* $p<0.100$。

（三）自我效能对数字技术应用能力的影响

考察解释变量"自我效能感"与被解释变量"数字技术应用能力"之间的关系。将被解释变量以及性别、年龄、行政职务、教育程度、学校类型五个控制变量纳入模型，就可以得出回归结果如表4-5所示。

表 4-5 自我效能对数字技术应用能力的影响

变量	Coef.	St.Err.	t 值	p 值	95%置信区间下限	Interval	显著水平
自我效能	0.206	0.037	5.600	0	0.134	0.278	***
女	−0.186	0.084	−2.220	0.027	−0.352	−0.021	**
40−44 岁	−0.143	0.175	−0.820	0.413	−0.487	0.200	
45−49 岁	−0.193	0.172	−1.120	0.264	−0.531	0.146	
50 岁及以上	−0.186	0.176	−1.050	0.293	−0.532	0.161	
副校长	0.135	0.088	1.540	0.125	−0.038	0.307	
本科	−0.190	0.117	−1.620	0.105	−0.420	0.040	
硕士及以上	−0.041	0.249	−0.170	0.868	−0.529	0.447	
初中	−0.063	0.094	−0.670	0.505	−0.248	0.122	
高中	−0.078	0.192	−0.410	0.685	−0.455	0.299	
完中	−0.246	0.247	−1.000	0.319	−0.730	0.238	
Constant	0.379	0.196	1.940	0.053	−0.005	0.763	*
Mean dependent var		0	SD dependent var		1.000		
R-squared		0.060	Number of obs		714.000		
F-test		4.075	Prob > F		0		
Akaike crit.（AIC）		2005.044	Bayesian crit.（BIC）		2059.894		

注：*** $p<0.010$，** $p<0.050$，* $p<0.100$。

通过自我效能对数字战略引领能力的多元线性回归分析情况统计表可知，在控制了性别、年龄、行政职务、教育程度、学校类型等变量后，F-test 的结果为 4.075，对应的 p 值为 0，这意味着回归方程整体上显著。这个结果提供了进一步的证据，说明自我效能对中小学校长的数字技术应用能力具有显著影响。回归模型的 R-squared 为 0.060，这意味着自我效能对中小学校长数字变革推动能力解释了 6%。常数项的显著性为 0.053，即 p 值小于 0.100，这表明常数项在这个模型中可能有显著影响。自我效能变量的系数（Coef.）为 0.206，该系数为正数，说明自我效能与数字战略引领能力呈正相关关系。这个系数在 5.600 的 t 值下得到了极显著（$p<0.010$）的结果，说明自我效能对数字技术应用

能力有显著的影响。徐玉珍指出，校长的数字技术学习和适应能力、领导力和创新能力，以及鼓励和支持作用，将有助于打造一个富有数字化教育价值的学校环境[1]，为教师提供培训、网络资源和技术支持，鼓励和推动教师积极探索和应用数字技术，培养数字化教学的能力。因此，重视和发展校长的自我效能感对于提升数字技术应用能力是至关重要的。以此印证上述假设H1d（自我效能感对校长的数字技术应用能力具有正向影响作用）成立。

（四）自我效能对数字沟通协调能力的影响

考察解释变量"自我效能感"与被解释变量"数字沟通协调能力"之间的关系，将被解释变量以及性别、年龄、行政职务、教育程度、学校类型五个控制变量纳入模型，就可以得出回归结果如表4-6所示。

通过自我效能对数字战略引领能力的多元线性回归分析情况统计表可知，在控制了性别、年龄、行政职务、教育程度、学校类型等变量后，F-test的结果为3.796，对应的p值为0，这意味着回归方程整体上显著。这个结果提供了进一步的证据，说明自我效能对中小学校长的数字沟通协调能力具有显著影响。回归模型的R-squared为0.056，这意味着自我效能对中小学校长数字变革推动能力解释了5.6%。常数项的显著性为0.094，即p值小于0.100，这表明常数项在这个模型中可能有显著影响。在自我效能变量的系数为0.197，该系数为正数，说明自我效能与数字战略引领能力呈正相关关系。系数在5.330的t值下得到了极显著（$p<0.010$）的结果，说明自我效能对数字技术应用能力有显著的影响。赵磊磊、代蕊华指出，校长的自信、协调能力和创新能力将有助于打造一个高效的数字化沟通环境，增强学校内外各方之间的合作与协调，从而推动数字化转型和教育创新。[2]因此，重视和发展校长的自我效能感对于提升数

---

[1] 徐玉珍.数字技术赋能初中德育评价改革的实践及优化策略研究——基于荆门市三所初中的调查分析[D].桂林：广西师范大学，2023.

[2] 赵磊磊，代蕊华.校长的信息化领导力与领导效能：内涵、特征及启示[J].教师教育研究，2016（5）：49-56.

字沟通协调能力是至关重要的。以此印证上述假设 H1e（自我效能感对校长的数字沟通协调能力具有正向影响作用）成立。

表4-6　自我效能对数字沟通协调能力的影响

变量	Coef.	St.Err.	t值	p值	95%置信区间下限	Interval	显著水平
自我效能	0.197	0.037	5.330	0	0.124	0.269	***
女	−0.109	0.084	−1.300	0.194	−0.275	0.056	
40~44岁	−0.108	0.175	−0.620	0.537	−0.453	0.236	
45~49岁	−0.213	0.173	−1.230	0.219	−0.552	0.127	
50岁及以上	−0.176	0.177	−1.000	0.320	−0.523	0.171	
副校长	0.145	0.088	1.650	0.099	−0.028	0.318	*
本科	−0.183	0.117	−1.560	0.120	−0.413	0.048	
硕士及以上	0.145	0.249	0.580	0.562	−0.344	0.634	
初中	−0.075	0.094	−0.800	0.425	−0.261	0.110	
高中	0.039	0.192	0.200	0.838	−0.338	0.417	
完中	−0.168	0.247	−0.680	0.498	−0.653	0.318	
Constant	0.329	0.196	1.680	0.094	−0.056	0.714	*
Mean dependent var		0	SD dependent var		1.000		
R-squared		0.056	Number of obs		714.000		
F-test		3.796	Prob > F		0		
Akaike crit.（AIC）		2007.988	Bayesian crit.（BIC）		2062.839		

注：*** $p<0.010$，** $p<0.050$，* $p<0.100$。

（五）自我效能对数字学习发展能力的影响

考察解释变量"自我效能感"与被解释变量"数字沟通协调能力"之间的关系。将被解释变量以及性别、年龄、行政职务、教育程度、学校类型五个控制变量纳入模型，就可以得出回归结果如表4-7所示。

表4-7 自我效能对数字学习发展能力的影响

变量	Coef.	St.Err.	t值	p值	95%置信区间下限	Interval	显著水平
自我效能	0.183	0.037	4.970	0	0.111	0.255	***
女	0.072	0.084	0.860	0.392	−0.093	0.237	
40—44岁	0.181	0.175	1.030	0.302	−0.163	0.525	
45—49岁	−0.004	0.173	−0.020	0.982	−0.343	0.335	
50岁及以上	0.165	0.176	0.930	0.351	−0.182	0.511	
副校长	0.196	0.088	2.230	0.026	0.023	0.368	**
本科	0.125	0.117	1.070	0.286	−0.105	0.355	
硕士及以上	0.033	0.249	0.130	0.894	−0.455	0.521	
初中	−0.110	0.094	−1.170	0.242	−0.295	0.075	
高中	−0.251	0.192	−1.310	0.192	−0.628	0.126	
完中	−0.291	0.247	−1.180	0.238	−0.776	0.193	
Constant	−0.238	0.196	−1.220	0.224	−0.622	0.146	
Mean dependent var		0	SD dependent var			1.000	
R-squared		0.060	Number of obs			714.000	
F-test		4.051	Prob > F			0	
Akaike crit.（AIC）		2005.299	Bayesian crit.（BIC）			2060.150	

注：*** $p<0.010$，** $p<0.050$，* $p<0.100$。

通过自我效能对数字战略引领能力的多元线性回归分析情况统计表可知，在控制了性别、年龄、行政职务、教育程度、学校类型等变量后，F-test的结果为4.051，对应的p值为0，这意味着回归方程整体上显著。这个结果提供了进一步的证据，说明自我效能对中小学校长的数字学习发展能力具有显著影响。回归模型的R-squared为0.060，这意味着自我效能对中小学校长数字学习发展能力解释了6%。常数项的显著性为0.224，即p值大于0.100，这表明常数项在这个模型中可能没有显著影响。自我效能变量的系数（Coef.）为0.183，该系数为正数，说明自我效能与数字学习发展能力呈正相关关系。这个系数在4.970的t值下得到了极显著（$p<0.010$）的结果，说明自我效能对数字技术应用

能力有显著的影响。马丽等人指出，校长的自信、教练和指导作用以及创新能力将有助于学校更好地适应数字时代的教育需求，为学生提供更具有质量和创造力的教育体验。[1]因此，重视和发展校长的自我效能感对于推动数字学习的发展是至关重要的。以此印证上述假设H1f（自我效能感对校长的数字学习发展能力具有正向影响作用）成立。

三、结果讨论

通过以上实证分析，可对上文提出的五个假设进行检验，并从中分析自我效能感对于校长数字领导力五个维度的影响。

首先，自我效能感对校长的数字战略引领能力具有正向促进作用。自我效能感在数字战略引领能力中扮演着关键角色，它代表校长对自己在数字化转型中实现成功的信心和能力。具有较高自我效能感的校长，更有可能采取积极主动的态度来推动数字化战略的制定和实施。他们相信自己能够面对挑战并寻找解决方案，能够影响和激励教职员工积极参与数字化转型。因此，校长的较高自我效能感有助于增强其在数字战略引领能力中的表现。

其次，自我效能感对校长的数字变革推动能力具有正向促进作用。数字化转型需要校长在变革过程中发挥积极的推动作用。较高的自我效能感使校长相信自己具备推动变革的能力和胜任力，他们能够为学校提供愿景和目标，以及相应的行动计划。此外，他们更有可能采取积极的变革策略，与教职员工密切合作并提供必要的支持和资源，进一步推动数字变革的实施。因此，校长的较高自我效能感有助于增强其数字变革推动能力。

再次，自我效能感对校长的数字技术应用能力具有正向促进作用。数字化转型要求校长具备运用数字技术工具和平台的能力，以支持学校的教学和管

---

[1] 马丽，牛君霞，唐海康.校长自我效能感、学习投入、办学自主权对校长领导力的影响——基于5省15市的实证调查[J].教育与教学研究，2020（11）：86-98.

理。较高的自我效能感能够增强校长对数字技术应用的信心，使其更有动力学习和掌握各种数字工具和创新应用。校长的较高自我效能感有助于提升其数字技术应用能力，并能够更好地指导和支持教职员工在教学中融入数字技术。

从次，自我效能感对校长的数字沟通协调能力具有正向促进作用。数字化转型需要校长与各方利益相关者进行有效的沟通和协调。较高的自我效能感使校长更倾向于积极主动地与教职员工、学生等利益相关者进行互动和合作。他们相信自己能够有效地传递信息、激发积极性，并协调各方资源和努力来支持数字化转型。因此，校长的较高自我效能感有助于提升数字沟通协调能力。

最后，自我效能感对校长的数字学习发展能力具有正向促进作用。数字化转型是一个不断学习和发展的过程，校长需要不断提升自身的数字化能力和知识。具有较高自我效能感的校长更有可能对数字学习保持积极的态度，并主动寻求学习机会和资源，发展自己的数字素养和提高自己的教育技能。较高的自我效能感有助于校长更好地应对数字化变革中的学习挑战，并更有动力促进自身和学校的数字学习发展。因此，校长的较高自我效能感有助于增强其数字学习发展能力。

综上所述，校长的自我效能感对数字战略引领能力具有正向促进作用，包括数字变革推动能力、数字技术应用能力、数字沟通协调能力和数字学习发展能力。在数字化转型中，校长的较高自我效能感有助于增强其领导能力和决策能力，进而推动学校的数字化转型。这一结论对学校管理和校长培养具有重要的理论和实践意义。

第三节　领导风格对中小学校长数字领导力的影响

领导风格是校长行使权力和影响团队的核心方式，决定着校长如何进行决策、沟通和激励。本节内容主要阐述领导风格对校长数字领导力的影响。

一、变量设定与操作化

1.解释变量

核心解释变量是领导风格,其中细分为领导垂范、领导魅力、领导激励。在文献综述及研究假设部分对领导风格的定义及重要性进行分析可知,领导风格对校长数字领导力有着重要的影响。我国学者李超平和时勘在贝斯变革型领导的定义的基础上,充分考虑我国传统文化背景和当前国情现状,将变革型领导风格划分为愿景激励、领导魅力、德行垂范和个性化关怀四个维度。[1]本书结合上节研究,又将校长数字领导力进一步细化为五个维度。通过对领导风格细分的三个维度在校长数字领导力的五个维度所能发挥的影响的研究,能够进一步肯定领导风格对校长数字领导力的作用。所以在这一部分,选取领导风格作为解释变量,通过回归量化分析,分别考察其对五个维度的影响。参考相关文献,具体操作为:

(1)领导垂范。

①作为校长您廉洁奉公,不图私利(chuifan1)。

②在日常学校管理过程中您吃苦在前,享受在后(chuifan2)。

③您平时不计较个人得失,会尽心尽力工作(chuifan3)。

④您能够把自己个人利益放在集体和他人的利益之后(chuifan4)。

⑤作为校长您不会把别人的劳动成果据为己有(chuifan5)。

⑥作为校长您能与广大师生同甘共苦(chuifan6)。

⑦作为校长您不会给师生穿小鞋,搞打击报复(chuifan7)。

有非常不符=1、不太符合=2、一般=3、比较符合=4、非常符合=5五个选项。

---

[1] 李超平,时勘.变革型领导的结构与测量[J].心理学报,2005(6):970-105.

（2）领导魅力。

①作为校长，您本人的业务能力过硬（meili1）。

②您思想开明，具有较强的创新意识（meili2）。

③您热爱自己的工作，具有很强的事业心和进取心（meili3）。

④作为校长您对工作非常投入，始终保持高度的热情（meili4）。

⑤您能够不断学习，以充实提高自己（meili5）。

⑥在日常管理过程中您敢抓敢管，善于处理棘手问题（meili6）。

有非常不符=1、不太符合=2、一般=3、比较符合=4、非常符合=5五个选项。

（3）领导激励。

①您能够让师生了解学校的发展前景（jili1）。

②您能让师生了解学校的教育理念和发展目标（jili2）。

③您会向师生解释您所做工作的长远意义（jili3）。

④您会向师生描绘学校令人向往的未来（jili4）。

⑤您能给师生指明奋斗目标和前进方向（jili5）。

⑥您经常与下属分析某项工作对学校总体目标的影响（jili6）。

2.被解释变量

本书的核心被解释变量是校长的数字领导力。按照上节将校长数字领导力包含的数字战略引领能力、数字变革推动能力、数字技术应用能力、数字沟通协调能力、数字学习发展能力五个维度分别作为被解释变量。

3.控制变量

根据上节所述，控制变量主要包含校长的性别、年龄、行政职务、教育类型和学校类型。

二、实证测评

（一）领导垂范对校长数字领导力的影响

1.领导垂范对数字战略引领能力的影响

考察解释变量"领导垂范"与被解释变量"数字战略引领能力"之间的关系。将被解释变量及性别、年龄、行政职务、教育程度、学校类型五个控制变量纳入模型，就可以得出回归结果如表4-8所示。

表4-8 领导垂范对数字战略引领能力的影响

变量	回归系数	标准误差	t值	p值	95%置信区间下限	95%置信区间上限	显著水平
领导垂范	0.098	0.037	2.630	0.009	0.025	0.172	***
女	−0.229	0.085	−2.690	0.007	−0.397	−0.062	***
40~44岁	−0.027	0.177	−0.150	0.880	−0.375	0.322	
45~49岁	−0.013	0.175	−0.070	0.942	−0.356	0.331	
50岁及以上	0.103	0.179	0.570	0.566	−0.248	0.454	
副校长	0.142	0.089	1.600	0.111	−0.033	0.317	
本科	0.222	0.119	1.860	0.063	−0.012	0.456	*
硕士及以上	0.286	0.252	1.130	0.258	−0.209	0.780	
初中	−0.076	0.096	−0.790	0.428	−0.263	0.112	
高中	0.142	0.195	0.730	0.466	−0.240	0.524	
完中	0.329	0.250	1.320	0.188	−0.161	0.819	
Constant	−0.169	0.199	−0.850	0.395	−0.559	0.221	
Mean dependent var		0	SD dependent var		1.000		
R-squared		0.034	Number of obs		714.000		
F-test		2.241	Prob > F		0.011		
Akaike crit.（AIC）		2024.601	Bayesian crit.（BIC）		2079.451		

注：*** $p<0.010$，** $p<0.050$，* $p<0.100$。

通过领导垂范对数字战略引领能力的多元线性回归分析情况统计表可知，

在控制了性别、年龄、行政职务、教育程度、学校类型等变量后，F-test的结果为2.241，对应的p值为0，这意味着回归方程整体上显著。这个结果提供了进一步的证据，说明领导垂范对中小学校长的数字战略引领能力具有显著影响。回归模型的R-squared为0.034，这意味着领导垂范对中小学校长数字战略引领能力解释了3.4%。常数项的显著性为-0.196，即p值大于0.100，这表明常数项在这个模型中可能没有显著影响。在领导垂范变量的系数（Coef.）为0.098，该系数为正数，说明领导垂范与数字战略引领能力呈正相关关系。这个系数在2.630的t值下得到了极显著（$p<0.010$）的结果，说明领导垂范对数字战略引领能力有显著的影响。以此印证上述假设H1b（领导垂范对校长的数字战略引领能力具有正向影响作用）成立。

2. 领导垂范对数字变革推动能力的影响

考察解释变量"领导垂范"与被解释变量"数字变革推动能力"之间的关系。将被解释变量以及性别、年龄、行政职务、教育程度、学校类型五个控制变量纳入模型，就可以得出回归结果如表4-9所示。

通过领导垂范对数字变革推动能力的多元线性回归分析情况统计表可知，在控制了性别、年龄、行政职务、教育程度、学校类型等变量后，F-test的结果为2.201，对应的p值为0.013，这意味着回归方程整体上不显著。这个结果提供了进一步的证据，说明领导垂范对中小学校长的数字变革推动能力可能没有显著影响。回归模型的R-squared为0.033，这意味着领导垂范对中小学校长数字学习发展能力解释了3.3%。常数项的显著性为0.054，即p值大于0.100，这表明常数项在这个模型中可能没有显著影响。在领导垂范变量的系数（Coef.）为0.580，该系数为正数，说明领导垂范与数字学习发展能力呈正相关关系。这个系数在1.540的t值下得到了不显著（$p>0.010$）的结果，说明领导垂范对数字技术应用能力没有显著的影响。因此上述假设H1c（领导垂范对校长的数字变革推动能力具有正向影响作用）不成立。

表4-9 领导垂范对数字变革推动能力的影响

变量	回归系数	标准误差	t值	p值	95%置信区间下限	95%置信区间上限	显著水平
领导垂范	0.058	0.038	1.540	0.124	−0.016	0.131	
女	0.299	0.085	3.510	0	0.132	0.467	***
40~44岁	−0.222	0.178	−1.250	0.212	−0.570	0.127	
45~49岁	−0.113	0.175	−0.650	0.517	−0.457	0.230	
50岁及以上	−0.273	0.179	−1.530	0.127	−0.625	0.078	
副校长	−0.043	0.089	−0.480	0.630	−0.218	0.132	
本科	0.003	0.119	0.020	0.982	−0.231	0.237	
硕士及以上	−0.057	0.252	−0.230	0.822	−0.552	0.438	
初中	0.087	0.096	0.910	0.362	−0.100	0.275	
高中	0.334	0.195	1.710	0.087	−0.049	0.716	*
完中	0.201	0.250	0.800	0.422	−0.290	0.691	
Constant	0.054	0.199	0.270	0.784	−0.336	0.445	
Mean dependent var		0	SD dependent var		1.000		
R-squared		0.033	Number of obs		714.000		
F-test		2.201	Prob > F		0.013		
Akaike crit.（AIC）		2025.033	Bayesian crit.（BIC）		2079.884		

注：*** $p<0.010$，** $p<0.050$，* $p<0.100$。

3.领导垂范对数字技术应用能力的影响

考察解释变量"领导垂范"与被解释变量"数字技术应用能力"之间的关系。将被解释变量以及性别、年龄、行政职务、教育程度、学校类型五个控制变量纳入模型，就可以得出回归结果如表4-10所示。

通过领导垂范对数字技术应用能力的多元线性回归分析情况统计表可知，在控制了性别、年龄、行政职务、教育程度、学校类型等变量后，F-test的结果为1.208，对应的p值为0.278，这意味着回归方程整体上不显著。这个结果提供了进一步的证据，说明领导垂范对中小学校长的数字技术应用能力具有显著影响。回归模型的 R-squared 为 0.019，这意味着领导垂范对中小学校长数字学习发展能力解释了 1.9%。常数项的显著性为 0.323，即 p 值大于 0.100，这表明常数项在这个模型中可能没有显著影响。在领导垂范变量的系数（Coef.）为 -0.240，该系数为负数，说明领导垂范与数字技术应用能力呈负相关关系。这个系数在 0.530 的 t 值下得到了极显著（$p>0.010$）的结果，说明领导垂范对数字技术应用能力没有显著的影响。因此上述假设 H1d（领导垂范对校长的数字技术应用能力具有正向影响作用）不成立。

表4-10 领导垂范对数字技术应用能力的影响

变量	回归系数	标准误差	t 值	p 值	95%置信区间下限	95%置信区间上限	显著水平
领导垂范	-0.024	0.038	-0.630	0.530	-0.098	0.050	
女	-0.170	0.086	-1.980	0.048	-0.339	-0.002	**
40~44岁	-0.119	0.179	-0.670	0.505	-0.470	0.232	
45~49岁	-0.175	0.176	-0.990	0.321	-0.521	0.171	
50岁及以上	-0.135	0.180	-0.750	0.454	-0.489	0.219	
副校长	0.146	0.090	1.630	0.104	-0.030	0.323	
本科	-0.170	0.120	-1.410	0.158	-0.406	0.066	
硕士及以上	-0.054	0.254	-0.210	0.832	-0.553	0.445	
初中	-0.048	0.096	-0.500	0.615	-0.237	0.141	
高中	-0.051	0.196	-0.260	0.794	-0.436	0.334	
完中	-0.325	0.252	-1.290	0.197	-0.820	0.169	
Constant	0.323	0.200	1.610	0.107	-0.070	0.716	
Mean dependent var	0		SD dependent var		1.000		
R-squared	0.019		Number of obs		714.000		
F-test	1.208		Prob > F		0.278		
Akaike crit.（AIC）	2035.859		Bayesian crit.（BIC）		2090.710		

注：*** $p<0.010$，** $p<0.050$，* $p<0.100$。

4. 领导垂范对数字沟通协调能力的影响

考察解释变量"领导垂范"与被解释变量"数字沟通协调能力"之间的关系。将被解释变量以及性别、年龄、行政职务、教育程度、学校类型五个控制变量纳入模型，就可以得出回归结果如表4-11所示。

表4-11 领导垂范对数字沟通协调能力的影响

变量	回归系数	标准误差	t值	p值	95%置信区间下限	95%置信区间上限	显著水平
领导垂范	−0.143	0.037	−3.810	0	−0.216	−0.069	***
女	−0.082	0.085	−0.960	0.336	−0.249	0.085	
40~44岁	−0.078	0.177	−0.440	0.659	−0.426	0.270	
45~49岁	−0.184	0.175	−1.050	0.292	−0.527	0.159	
50岁及以上	−0.107	0.178	−0.600	0.550	−0.457	0.244	
副校长	0.175	0.089	1.970	0.049	0.001	0.350	**
本科	−0.127	0.119	−1.070	0.285	−0.361	0.106	
硕士及以上	0.151	0.252	0.600	0.548	−0.343	0.645	
初中	−0.061	0.095	−0.640	0.522	−0.248	0.126	
高中	0.040	0.194	0.210	0.837	−0.342	0.421	
完中	−0.257	0.249	−1.030	0.302	−0.747	0.232	
Constant	0.224	0.198	1.130	0.259	−0.165	0.614	
Mean dependent var		0	SD dependent var			1.000	
R-squared		0.038	Number of obs			714.000	
F-test		2.513	Prob > F			0.004	
Akaike crit.（AIC）		2021.671	Bayesian crit.（BIC）			2076.521	

注：*** $p<0.010$，** $p<0.050$，* $p<0.100$。

通过领导垂范对数字沟通协调能力的多元线性回归分析情况统计表可知，在控制了性别、年龄、行政职务、教育程度、学校类型等变量后，F-test的结果为2.531，对应的p值为0.004，意味着回归方程整体上显著。该结果进一步说明领导垂范对中小学校长的数字沟通协调能力有显著影响。回归模型的R-squared

为0.038，意味着领导垂范对中小学校长数字沟通协调能力解释了3.8%。常数项的显著性为0.224，即 p 值大于0.100，表明常数项在这个模型中可能没有显著影响。在领导垂范变量的系数（Coef.）为-1.430，该系数为负数，说明领导垂范与数字沟通协调能力呈负相关关系。这个系数在-3.810的 t 值下得到了极显著（$p<0.010$）的结果，说明领导垂范对数字沟通协调能力有显著影响。以此印证上述假设H1e（领导垂范对校长的数字沟通协调能力具有正向影响作用）成立。

5.领导垂范对数字学习发展能力的影响

考察解释变量"领导垂范"与被解释变量"数字学习发展能力"之间的关系。将被解释变量以及性别、年龄、行政职务、教育程度、学校类型五个控制变量纳入模型，就可以得出回归结果如表4-12所示。

表4-12 领导垂范对数字学习发展能力的影响

变量	回归系数	标准误差	t 值	p 值	95%置信区间下限	95%置信区间上限	显著水平
领导垂范	0.137	0.037	3.690	0	0.064	0.211	***
女	0.070	0.085	0.830	0.409	-0.096	0.237	
40~44岁	0.193	0.176	1.090	0.274	-0.153	0.539	
45~49岁	-0.004	0.174	-0.020	0.984	-0.345	0.338	
50岁及以上	0.182	0.178	1.030	0.305	-0.167	0.531	
副校长	0.180	0.089	2.030	0.043	0.006	0.354	**
本科	0.095	0.119	0.800	0.422	-0.138	0.328	
硕士及以上	-0.003	0.251	-0.010	0.991	-0.495	0.489	
初中	-0.098	0.095	-1.030	0.303	-0.284	0.088	
高中	-0.194	0.194	-1.000	0.316	-0.574	0.186	
完中	-0.343	0.248	-1.380	0.168	-0.830	0.145	
Constant	-0.220	0.198	-1.110	0.267	-0.608	0.168	
Mean dependent var		0.000	SD dependent var			1.000	
R-squared		0.045	Number of obs			714.000	
F-test		3.018	Prob > F			0.001	
Akaike crit.（AIC）		2016.255	Bayesian crit.（BIC）			2071.105	

注：*** $p<0.010$，** $p<0.050$，* $p<0.100$。

通过领导垂范对数字学习发展能力的多元线性回归分析情况统计表可知，在控制了性别、年龄、行政职务、教育程度、学校类型等变量后，F-test的结果为3.018，对应的p值为0.001，这意味着回归方程整体上显著。这个结果提供了进一步的证据，说明领导垂范对中小学校长的数字学习发展能力具有显著影响。回归模型的R-squared为0.045，这意味着领导垂范对中小学校长数字学习发展能力解释了4.5%。常数项的显著性为-0.220，即p值大于0.100，这表明常数项在这个模型中可能没有显著影响。在领导垂范变量的系数（Coef.）为0.137，该系数为正数，说明领导垂范与数字学习发展能力呈正相关关系。这个系数在3.690的t值下得到了极其显著（$p<0.010$）的结果，说明领导垂范对数字技术应用能力有显著的影响。以此印证上述假设H1f（领导垂范对校长的数字学习发展能力具有正向影响作用）成立。

（二）领导魅力对校长数字领导力的影响

1.领导魅力对数字战略引领能力的影响

考察解释变量"领导魅力"与被解释变量"数字战略引领能力"之间的关系。将被解释变量以及性别、年龄、行政职务、教育程度、学校类型五个控制变量纳入模型，就可以得出回归结果如表4-13所示。

通过领导魅力对数字战略引领能力的多元线性回归分析情况统计表可知，在控制了性别、年龄、行政职务、教育程度、学校类型等变量后，F-test的结果为3.279，对应的p值为0，这意味着回归方程整体上显著。这个结果提供了进一步的证据，说明领导魅力对中小学校长的数字战略引领能力具有显著影响。回归模型的R-squared为0.049，这意味着领导魅力对中小学校长数字学习发展能力解释了4.9%。常数项的显著性为-0.229，即p值大于0.100，这表明常数项在这个模型中可能没有显著影响。在领导魅力变量的系数（Coef.）为0.157，该系数为正数，说明领导魅力与数字学习发展能力呈正相关关系。这个系数在4.250的t值下得到了极显著（$p<0.010$）的结果，说明领导魅力对数字战略引领能力有显著的影响。以此印证上述假设H1b（领导魅力对校长的数字战略引领能力具有正向影响作用）成立。

表4-13 领导魅力对数字战略引领能力的影响

变量	回归系数	标准误差	t值	p值	95%置信区间下限	95%置信区间上限	显著水平
领导魅力	0.157	0.037	4.250	0	0.084	0.229	***
女	−0.224	0.085	−2.650	0.008	−0.390	−0.058	***
40~44岁	−0.014	0.176	−0.080	0.935	−0.360	0.331	
45~49岁	0.020	0.174	0.110	0.910	−0.321	0.360	
50岁及以上	0.132	0.177	0.740	0.457	−0.216	0.480	
副校长	0.173	0.088	1.960	0.051	−0.001	0.346	*
本科	0.253	0.118	2.150	0.032	0.022	0.484	**
硕士及以上	0.278	0.250	1.110	0.267	−0.213	0.769	
初中	−0.077	0.095	−0.820	0.414	−0.264	0.109	
高中	0.146	0.193	0.760	0.449	−0.233	0.525	
完中	0.334	0.248	1.350	0.179	−0.153	0.820	
Constant	−0.229	0.197	−1.170	0.244	−0.615	0.157	
Mean dependent var	0		SD dependent var		1.000		
R-squared	0.049		Number of obs		714.000		
F-test	3.279		Prob > F		0		
Akaike crit.（AIC）	2013.470		Bayesian crit.（BIC）		2068.321		

注：*** $p<0.010$，** $p<0.050$，* $p<0.100$。

2.领导魅力对数字变革推动能力的影响

考察解释变量"领导魅力"与被解释变量"数字变革推动能力"之间的关系。将被解释变量及性别、年龄、行政职务、教育程度、学校类型五个控制变量纳入模型，就可以得出回归结果如表4-14所示。

表4-14 领导魅力对数字变革推动能力的影响

变量	回归系数	标准误差	t值	p值	95%置信区间下限	95%置信区间上限	显著水平
领导魅力	0.131	0.037	3.550	0	0.059	0.204	***
女	0.301	0.085	3.560	0	0.135	0.468	***
40~44岁	−0.213	0.176	−1.210	0.228	−0.559	0.133	
45~49岁	−0.089	0.174	−0.510	0.609	−0.430	0.252	
50岁及以上	−0.253	0.177	−1.430	0.154	−0.602	0.095	
副校长	−0.022	0.088	−0.240	0.807	−0.195	0.152	
本科	0.022	0.118	0.180	0.854	−0.210	0.253	
硕士及以上	−0.067	0.250	−0.270	0.788	−0.559	0.424	
初中	0.086	0.095	0.900	0.367	−0.101	0.272	
高中	0.342	0.193	1.770	0.077	−0.037	0.722	*
完中	0.207	0.248	0.840	0.403	−0.280	0.694	
Constant	0.015	0.197	0.070	0.941	−0.372	0.401	
Mean dependent var		0	SD dependent var		1.000		
R-squared		0.047	Number of obs		714.000		
F-test		3.160	Prob > F		0		
Akaike crit.（AIC）		2014.738	Bayesian crit.（BIC）		2069.589		

注：*** $p<0.010$，** $p<0.050$，* $p<0.100$。

通过领导魅力对数字变革推动能力的多元线性回归分析情况统计表可知，在控制了性别、年龄、行政职务、教育程度、学校类型等变量后，F-test的结果为3.160，对应的p值为0，这意味着回归方程整体上显著。这个结果提供了进一步的证据，说明领导魅力对中小学校长的数字变革推动能力具有显著影响。回归模型的R-squared为0.047，这意味着领导魅力对中小学校长数字变革推动能力解释了4.7%。常数项的显著性为0.015，即p值大于0.100，这表明常数项在这个模型中可能没有显著影响。在领导魅力变量的系数（Coef.）为0.131，该系数为正数，说明领导魅力与数字学习发展能力呈正相关关系。这个系数在3.550的t值下得到了极显著（$p<0.010$）的结果，说明领导魅力对数字变

革推动能力有显著的影响。以此印证上述假设H1c（领导魅力对校长的数字变革推动能力具有正向影响作用）成立。

3.领导魅力对数字技术应用能力的影响

考察解释变量"领导魅力"与被解释变量"数字技术应用能力"之间的关系。将被解释变量及性别、年龄、行政职务、教育程度、学校类型五个控制变量纳入模型，就可以得出回归结果如表4-15所示。

表4-15 领导魅力对数字技术应用能力的影响

变量	回归系数	标准误差	t值	p值	95%置信区间下限	95%置信区间上限	显著水平
领导魅力	0.106	0.037	2.830	0.005	0.032	0.179	***
女	−0.176	0.085	−2.060	0.040	−0.344	−0.008	**
40~44岁	−0.116	0.178	−0.650	0.514	−0.465	0.233	
45~49岁	−0.162	0.175	−0.920	0.356	−0.506	0.182	
50岁及以上	−0.131	0.179	−0.730	0.464	−0.483	0.221	
副校长	0.152	0.089	1.700	0.089	−0.023	0.327	*
本科	−0.176	0.119	−1.480	0.140	−0.409	0.058	
硕士及以上	−0.073	0.253	−0.290	0.772	−0.569	0.423	
初中	−0.050	0.096	−0.520	0.602	−0.238	0.138	
高中	−0.030	0.195	−0.150	0.879	−0.413	0.353	
完中	−0.312	0.250	−1.240	0.214	−0.803	0.180	
Constant	0.321	0.199	1.620	0.106	−0.069	0.711	
Mean dependent var		0	SD dependent var			1.000	
R-squared		0.029	Number of obs			714.000	
F-test		1.912	Prob > F			0.035	
Akaike crit.（AIC）		2028.165	Bayesian crit.（BIC）			2083.015	

注：*** $p<0.010$，** $p<0.050$，* $p<0.100$。

通过领导魅力对数字技术应用能力的多元线性回归分析情况统计表可知，在控制了性别、年龄、行政职务、教育程度、学校类型等变量后，F-test的结果为 1.912，对应的 p 值为 0，这意味着回归方程整体上显著。这个结果提供了进一步的证据，说明领导魅力对中小学校长的数字技术应用能力具有显著影响。回归模型的 R-squared 为 0.029，这意味着领导魅力对中小学校长数字学习发展能力解释为 2.9%。常数项的显著性为 0.321，即 p 值大于 0.100，这表明常数项在这个模型中可能没有显著影响。在领导魅力变量的系数（Coef.）为 0.106，该系数为正数，说明领导魅力与数字学习发展能力呈正相关关系。这个系数在 2.830 的 t 值下得到了极显著（$p<0.010$）的结果，说明领导魅力对数字技术应用能力有显著的影响。以此印证上述假设 H1d（领导魅力对校长的数字技术应用能力具有正向影响作用）成立。

4. 领导魅力对数字沟通协调能力的影响

考察解释变量"领导魅力"与被解释变量"数字沟通协调能力"之间的关系。将被解释变量及性别、年龄、行政职务、教育程度、学校类型五个控制变量纳入模型，就可以得出回归结果如表 4-16 所示。

通过领导魅力对数字沟通协调能力的多元线性回归分析情况统计表可知，在控制了性别、年龄、行政职务、教育程度、学校类型等变量后，F-test 的结果为 2.04，对应的 p 值为 0.023，这意味着回归方程整体上显著。这个结果提供了进一步的证据，说明领导魅力对中小学校长的数字沟通协调能力具有显著影响。回归模型的 R-squared 为 0.031，这意味着领导魅力对中小学校长数字学习发展能力解释了 3.1%。常数项的显著性为 0.272，即 p 值大于 0.100，这表明常数项在这个模型中可能没有显著影响。在领导魅力变量的系数（Coef.）为 0.114，该系数为正数，说明领导魅力与数字沟通协调能力呈正相关关系。这个系数在 3.070 的 t 值下得到了极显著（$p<0.010$）的结果，说明领导魅力对数字沟通协调能力有显著的影响。以此印证上述假设 H1e（领导魅力对校长的数字沟通协调能力具有正向影响作用）成立。

表4-16 领导魅力对数字沟通协调能力的影响

变量	回归系数	标准误差	t值	p值	95%置信区间下限	95%置信区间上限	显著水平
领导魅力	0.114	0.037	3.070	0.002	0.041	0.188	***
女	−0.100	0.085	−1.170	0.243	−0.267	0.068	
40~44岁	−0.082	0.178	−1.460	0.645	−0.431	0.267	
45~49岁	−0.181	0.175	−1.040	0.301	−0.525	0.163	
50岁及以上	−0.123	0.179	−0.690	0.493	−0.474	0.229	
副校长	0.163	0.089	1.830	0.068	−0.012	0.338	*
本科	−0.169	0.119	−1.420	0.155	−0.402	0.064	
硕士及以上	0.112	0.252	0.440	0.657	−0.384	0.608	
初中	−0.063	0.096	−0.660	0.510	−0.251	0.125	
高中	0.087	0.195	0.450	0.654	−0.295	0.470	
完中	−0.228	0.250	−0.910	0.361	−0.720	0.263	
Constant	0.272	0.198	1.370	0.170	−0.117	0.662	
Mean dependent var		0	SD dependent var		1.000		
R-squared		0.031	Number of obs		714.000		
F-test		2.040	Prob > F		0.023		
Akaike crit.（AIC）		2026.782	Bayesian crit.（BIC）		2081.632		

注：*** $p<0.010$，** $p<0.050$，* $p<0.100$。

5.领导魅力对数字学习发展能力的影响

考察解释变量"领导魅力"与被解释变量"数字沟通协调能力"之间的关系。将被解释变量及性别、年龄、行政职务、教育程度、学校类型五个控制变量纳入模型，就可以得出回归结果如表4-17所示。

通过领导魅力对数字学习发展能力的多元线性回归分析情况统计表可知，在控制了性别、年龄、行政职务、教育程度、学校类型等变量后，F-test的结果为3.366，对应的p值为0，这意味着回归方程整体上显著。这个结果提供了进一步的证据，说明领导魅力对中小学校长的数字学习发展能力具有显著影响。回归模型的 R-squared 为 0.050，这意味着领导魅力对中小学校长数字学习发展能力解释了 5%。常数项的显著性为 -0.296，即 p 值大于 0.100，这表明常数项在这个模型中可能没有显著影响。在领导魅力变量的系数（Coef.）为 0.154，该系数为正数，说明领导魅力与数字学习发展能力呈正相关关系。这个系数在 4.160 的 t 值下得到了极显著（$p<0.010$）的结果，说明领导魅力对数字技术应用能力有显著的影响。以此印证上述假设 H1f（领导魅力对校长的数字学习发展能力具有正向影响作用）成立。

表 4-17　领导魅力对数字学习发展能力的影响

变量	回归系数	标准误差	t 值	p 值	95%置信区间下限	95%置信区间上限	显著水平
领导魅力	0.154	0.037	4.160	0	0.081	0.226	***
女	0.080	0.085	0.940	0.346	-0.086	0.246	
40~44 岁	0.208	0.176	1.180	0.238	-0.138	0.553	
45~49 岁	0.032	0.173	0.190	0.853	-0.308	0.373	
50 岁及以上	0.218	0.177	1.230	0.219	-0.130	0.566	
副校长	0.216	0.088	2.450	0.014	0.043	0.390	**
本科	0.138	0.118	1.180	0.240	-0.093	0.369	
硕士及以上	-0.004	0.250	-0.020	0.987	-0.495	0.487	
初中	-0.100	0.095	-1.050	0.294	-0.285	0.086	
高中	-0.198	0.193	-1.030	0.304	-0.577	0.180	
完中	-0.343	0.248	-1.390	0.166	-0.829	0.143	
Constant	-0.296	0.196	-1.510	0.132	-0.682	0.089	
Mean dependent var		0	SD dependent var			1.000	
R-squared		0.050	Number of obs			714.000	
F-test		3.366	Prob > F			0	
Akaike crit.（AIC）		2012.544	Bayesian crit.（BIC）			2067.394	

注：*** $p<0.010$，** $p<0.050$，* $p<0.100$。

（三）领导激励风格对校长数字领导力的影响

1. 领导激励对数字战略引领能力的影响

考察解释变量"领导激励"与被解释变量"数字战略引领能力"之间的关系。将被解释变量及性别、年龄、行政职务、教育程度、学校类型五个控制变量纳入模型，就可以得出回归结果如表4-18所示。

表4-18 领导激励对数字战略引领能力的影响

变量	回归系数	标准误差	t值	p值	95%置信区间下限	95%置信区间上限	显著水平
领导激励	0.090	0.037	2.400	0.017	0.016	0.163	**
女	−0.221	0.085	−2.590	0.010	−0.388	−0.053	***
40~44岁	−0.019	0.178	−0.110	0.915	−0.368	0.330	
45~49岁	0.005	0.175	0.030	0.976	−0.338	0.349	
50岁及以上	0.118	0.179	0.660	0.511	−0.234	0.469	
副校长	0.156	0.089	1.760	0.079	−0.018	0.331	*
本科	0.229	0.119	1.930	0.054	−0.004	0.463	*
硕士及以上	0.262	0.253	1.040	0.300	−0.234	0.758	
初中	−0.072	0.096	−0.750	0.452	−0.260	0.116	
高中	0.133	0.195	0.680	0.494	−0.249	0.516	
完中	0.315	0.250	1.260	0.208	−0.176	0.806	
Constant	−0.195	0.198	−0.980	0.326	−0.585	0.194	
Mean dependent var		0	SD dependent var		1.000		
R-squared		0.032	Number of obs		714.000		
F-test		2.135	Prob > F		0.016		
Akaike crit.（AIC）		2025.750	Bayesian crit.（BIC）		2080.601		

注：*** $p<0.010$，** $p<0.050$，* $p<0.100$。

通过领导激励对数字战略引领能力的多元线性回归分析情况统计表可知，在控制了性别、年龄、行政职务、教育程度、学校类型等变量后，F-test的结果为2.135，对应的 p 值为0.016，这意味着回归方程整体上不显著。这个结果提供了进一步的证据，说明领导激励对中小学校长的数字战略引领能力不具有显著影响。回归模型的 R-squared 为0.032，这意味着领导激励对中小学校长数字战略引领能力解释了3.2%。常数项的显著性为-0.195，即 p 值大于0.100，这表明常数项在这个模型中可能没有显著影响。在领导激励变量的系数（Coef.）为0.090，该系数为正数，说明领导激励与数字战略引领能力呈正相关关系。这个系数在2.400的 t 值下得到了较为不显著（$p>0.010$）的结果，说明领导激励对数字战略引领能力没有显著的影响。因此上述假设H3b（领导激励对校长的数字战略引领能力具有正向影响作用）不成立。

2. 领导激励对数字变革推动能力的影响

考察解释变量"领导激励"与被解释变量"数字变革推动能力"之间的关系。将被解释变量及性别、年龄、行政职务、教育程度、学校类型五个控制变量纳入模型，就可以得出回归结果如表4-19所示。

通过领导激励对数字变革推动能力的多元线性回归分析情况统计表可知，在控制了性别、年龄、行政职务、教育程度、学校类型等变量后，F-test 的结果为4.941，对应的 p 值为0，这意味着回归方程整体上显著。这个结果提供了进一步的证据，说明领导激励对中小学校长的数字学习发展能力具有显著影响。回归模型的 R-squared 为0.072，这意味着领导激励对中小学校长数字学习发展能力解释了7.2%。常数项的显著性为0.067，即 p 值大于0.100，这表明常数项在这个模型中可能没有显著影响。在领导激励变量的系数（Coef.）为0.205，该系数为正数，说明领导激励与数字学习发展能力呈正相关关系。这个系数在5.600的 t 值下得到了极显著（$p<0.010$）的结果，说明领导激励对数字学习发展能力有显著的影响。以此印证上述假设H3c（领导激励对校长的数字变革推动能力具有正向影响作用）成立。

表4-19　领导激励对数字变革推动能力的影响

变量	回归系数	标准误差	t值	p值	95%置信区间下限	95%置信区间上限	显著水平
领导激励	0.205	0.037	5.600	0	0.133	0.276	***
女	0.302	0.084	3.610	0	0.138	0.466	***
40~44岁	−0.214	0.174	−1.230	0.220	−0.555	0.128	
45~49岁	−0.089	0.171	−0.520	0.605	−0.425	0.248	
50岁及以上	−0.269	0.175	−1.530	0.125	−0.613	0.075	
副校长	−0.038	0.087	−0.440	0.664	−0.209	0.133	
本科	−0.030	0.117	−0.260	0.796	−0.259	0.199	
硕士及以上	−0.137	0.248	−0.550	0.581	−0.623	0.349	
初中	0.095	0.094	1.010	0.311	−0.089	0.279	
高中	0.348	0.191	1.830	0.068	−0.026	0.723	*
完中	0.189	0.245	0.770	0.441	−0.292	0.669	
Constant	0.067	0.194	0.350	0.729	−0.314	0.449	
Mean dependent var		0	SD dependent var			1.000	
R-squared		0.072	Number of obs			714	
F-test		4.914	Prob > F			0	
Akaike crit.（AIC）		1996.275	Bayesian crit.（BIC）			2051.125	

注：*** $p<0.010$，** $p<0.050$，* $p<0.100$。

3.领导激励对数字技术应用能力的影响

考察解释变量"领导激励"与被解释变量"数字技术应用能力"之间的关系。将被解释变量及性别、年龄、行政职务、教育程度、学校类型五个控制变量纳入模型，就可以得出回归结果如表4-20所示。

表4-20　领导激励对数字技术应用能力的影响

变量	回归系数	标准误差	t值	p值	95%置信区间下限	95%置信区间上限	显著水平
领导激励	0.129	0.037	3.460	0.001	0.056	0.202	***

续表

变量	回归系数	标准误差	t值	p值	95%置信区间下限	95%置信区间上限	显著水平
女	−0.175	0.085	−2.060	0.040	−0.342	−0.008	**
40–44岁	−0.118	0.177	−0.660	0.507	−0.466	0.231	
45–49岁	−0.165	0.175	−0.950	0.345	−0.509	0.178	
50岁及以上	−0.143	0.179	−0.800	0.425	−0.493	0.208	
副校长	0.140	0.089	1.570	0.117	−0.035	0.314	
本科	−0.209	0.119	−1.750	0.080	−0.442	0.025	*
硕士及以上	−0.113	0.252	−0.450	0.653	−0.609	0.382	
初中	−0.044	0.095	−0.460	0.648	−0.231	0.144	
高中	−0.029	0.195	−0.150	0.880	−0.411	0.352	
完中	−0.326	0.250	−1.300	0.192	−0.816	0.164	
Constant	0.357	0.198	1.800	0.072	−0.032	0.746	*
Mean dependent var		0	SD dependent var			1.000	
R-squared		0.034	Number of obs			714.000	
F-test		2.280	Prob > F			0.010	
Akaike crit.（AIC）		2024.185	Bayesian crit.（BIC）			2079.036	

注：*** $p<0.010$，** $p<0.050$，* $p<0.100$。

4. 领导激励对数字沟通协调能力的影响

考察解释变量"领导激励"与被解释变量"数字沟通协调能力"之间的关系。将被解释变量及性别、年龄、行政职务、教育程度、学校类型五个控制变量纳入模型，就可以得出回归结果如表4-21所示。

通过领导激励对数字沟通协调能力的多元线性回归分析情况统计表可知，在控制了性别、年龄、行政职务、教育程度、学校类型等变量后，F-test的结果为1.663，对应的p值为0.078，这意味着回归方程整体上不显著。这个结果提供了进一步的证据，说明领导激励对中小学校长的数字沟通协调能力不具有显著影响。回归模型的R-squared为0.025，这意味着领导激励对中小学校长数字沟通协调能力解释了2.5%。常数项的显著性为0.224，即p值大于0.100，这表明常数项在这个模型中可能没有显著影响。在领导激励变量的系数（Coef.）为0.087，该系数为正数，说明领导激励与数字学习发展能力呈正相关关系。这个系数在2.320的t值下得到了不显著（$p>0.010$）的结果，说明自我效能对数字沟通协调能力没有显著的影响。因此上述假设H3e（领导激励对校长的数字沟通协调能力具有正向影响作用）不成立。

表4-21 领导激励对数字沟通协调能力的影响

变量	回归系数	标准误差	t值	p值	95%置信区间下限	95%置信区间上限	显著水平
领导激励	0.087	0.037	2.320	0.021	0.013	0.160	**
女	−0.098	0.086	−1.150	0.253	−0.266	0.070	
40~44岁	−0.085	0.178	−0.480	0.635	−0.435	0.265	
45~49岁	−0.190	0.176	−1.080	0.280	−0.535	0.155	
50岁及以上	−0.134	0.179	−0.750	0.456	−0.486	0.219	
副校长	0.150	0.089	1.680	0.093	−0.025	0.326	*
本科	−0.192	0.120	−1.600	0.109	−0.426	0.043	
硕士及以上	0.091	0.254	0.360	0.719	−0.407	0.589	
初中	−0.058	0.096	−0.610	0.544	−0.247	0.130	
高中	0.081	0.195	0.410	0.680	−0.303	0.464	
完中	−0.243	0.251	−0.970	0.334	−0.735	0.250	
Constant	0.301	0.199	1.510	0.130	−0.089	0.692	
Mean dependent var	0		SD dependent var		1.000		
R-squared	0.025		Number of obs		714.000		
F-test	1.663		Prob > F		0.078		
Akaike crit.（AIC）	2030.879		Bayesian crit.（BIC）		2085.729		

注：*** $p<0.010$，** $p<0.050$，* $p<0.100$。

5.领导激励对数字学习发展能力的影响

考察解释变量"领导激励"与被解释变量"数字沟通协调能力"之间的关

系。将被解释变量及性别、年龄、行政职务、教育程度、学校类型五个控制变量纳入模型，就可以得出回归结果如表4-22所示。

表4-22 领导激励对数字学习发展能力的影响

变量	回归系数	标准误差	t值	p值	95%置信区间下限	95%置信区间上限	显著水平
领导激励	0.121	0.037	3.260	0.001	0.048	0.194	***
女	0.082	0.085	0.970	0.335	−0.085	0.249	
40~44岁	0.204	0.177	1.150	0.249	−0.143	0.551	
45~49岁	0.021	0.174	0.120	0.903	−0.321	0.363	
50岁及以上	0.203	0.178	1.140	0.254	−0.146	0.552	
副校长	0.200	0.089	2.250	0.024	0.026	0.374	**
本科	0.107	0.119	0.900	0.368	−0.126	0.340	
硕士及以上	−0.034	0.252	−0.130	0.893	−0.528	0.460	
初中	−0.093	0.095	−0.980	0.329	−0.280	0.094	
高中	−0.207	0.194	−1.070	0.286	−0.587	0.174	
完中	−0.362	0.249	−1.460	0.146	−0.851	0.126	
Constant	−0.256	0.197	−1.300	0.194	−0.644	0.131	
Mean dependent var	0		SD dependent var		1.000		
R-squared	0.041		Number of obs		714.000		
F-test	2.739		Prob > F		0.002		
Akaike crit.（AIC）	2019.241		Bayesian crit.（BIC）		2074.091		

注：*** $p<0.010$，** $p<0.050$，* $p<0.100$。

通过领导激励对数字战略引领能力的多元线性回归分析情况统计表可知，在控制了性别、年龄、行政职务、教育程度、学校类型等变量后，F-test的结果为2.739，对应的p值为0.002，这意味着回归方程整体上显著。这个结果提供了进一步的证据，说明领导激励对中小学校长的数字学习发展能力具有显著影响。回归模型的R-squared为0.041，这意味着领导激励对中小学校长数字学习发展能力解释了4.1%。常数项的显著性为−0.256，即p值大于0.100，这表明常数项在这个模型中可能没有显著影响。在领导激励变量的系数（Coef.）为0.121，该系数为正数，说明领导激励与数字学习发展能力呈正相关关系。这个系数在3.260的t值下得到了极其显著（$p<0.010$）的结果，说明自我效能对数字技术应用能力有显著的影响。以此印证上述假设H3f（领导激励对校长的数字学习发展能力具有正向影响作用）成立。

三、结果讨论

（一）领导垂范对校长数字领导力的影响

首先，领导垂范对校长的数字战略引领能力具有显著的影响。领导垂范作为一种领导力培养方式，通过树立榜样和提供指导来引领下属实现共同目标。在数字化转型中，校长作为领导者的领导垂范能够对教职员工展示正确的数字素养和领导风范，激发他们的积极性和创新意识，从而推进数字化战略的实施和落地。校长具备良好的领导垂范可以提升教职员工的信任度，加强团队协作，有效推动学校数字化转型。因此，领导垂范对校长提升数字战略引领能力具有显著的影响。

其次，尽管领导垂范在数字变革推动能力和数字技术应用能力上不具有显著的作用，但它对校长的数字沟通协调能力具有显著的作用。领导垂范能够影响校长在数字化转型中的沟通方式和协调能力，帮助校长建立积极的沟通氛围和有效的协调机制。良好的领导垂范展示了激励和团队合作的重要性，促进了教职员工之间的有效沟通与协作，从而推动了数字化转型的顺利进行。因此，在提升数字沟通协调能力方面，领导垂范具有显著的作用。

最后，领导垂范对校长的数字学习发展能力具有显著的作用。校长作为学校领导者需要不断学习和更新知识，以适应快速变化的数字化环境。领导垂范可以激发校长的学习动力和求知欲，示范积极的学习态度和行为，帮助校长持续提升数字化知识和技能。通过领导垂范的示范和引导，校长能够更好地引领学校实现数字化教育目标，推动数字学习与发展。因此，领导垂范在提升校长的数字学习发展能力上具有显著的作用。

综上所述，领导者的风范对校长的数字战略引领能力、数字沟通协调能力和数字学习发展能力具有显著的作用。这一研究结论对理解领导者在数字化转型中的作用和影响具有重要的意义，同时也为学校管理者提供了有效的领导策略和培训方向。在数字化教育的发展过程中，提升领导风范可以帮助校长更好地引领学校应对挑战，推动数字化转型取得成功。

（二）领导魅力对校长数字领导力的影响

第一，领导魅力对校长数字战略引领能力具有显著的作用。领导魅力是一种极具感染力和号召力的领导特质，具有激励团队成员、塑造组织氛围的效果。在数字化教育背景下，校长作为组织的领导者，在展现领导魅力时能够有效地激发教职工的积极性与创新意识，引领团队共同迈向数字化教育战略目标。校长的领导魅力能够凝聚组织力量，确立统一的数字化愿景，推进教育机构的数字化转型进程。因此，领导魅力对校长的数字战略引领能力产生显著影响。

第二，领导魅力对校长数字变革推动能力也具有显著的影响。领导魅力能够在组织中激发组织成员的信任与认同感，校长凭借领导魅力能够有效地推动数字化变革进程。优秀的领导者能够以身作则、激发员工的团队协作精神，为数字化变革提供积极的领导引导和支持，推动整个教育机构朝着创新与发展的方向迈进。因此，领导魅力对校长的数字变革推动能力产生了显著的影响。

第三，领导魅力对校长的数字技术应用能力同样具有显著的作用。领导魅力能够影响校长对数字技术的态度与采纳程度，激发校长进一步探索和应用先进的数字技术工具与方法。校长展现出的领导魅力不仅可以增强教职员工对数字化技术的认同与接受度，还能够促进数字技术在教育教学中的广泛应用和创新实践，进而推动教育教学质量的提升。因此，领导魅力对校长的数字技术应用能力具有显著的影响。

第四，领导魅力对校长的数字沟通协调能力也具有显著的影响。领导魅力赋予校长更强的沟通力量和协调能力，使其能够有效地与各方沟通、协调学校数字化发展所涉及的复杂关系与利益，有效推进教育机构内外部各方的合作与协调。优秀的领导者借助领导魅力，能够建立起良好的沟通氛围，促进信息流通与意见交流，推动数字化发展战略的有效实施。因此，领导魅力对校长的数字沟通协调能力产生显著的影响。

第五，领导魅力对校长数字学习发展能力同样具有显著的作用。领导魅力不仅激励校长主动学习、不断提升数字化知识与技能，还能够将积极的学习态度与行为传递给教职员工，推动整个学校的数字素养不断提升。校长作为数字化教育的领导者，其领导魅力在数字学习发展能力的影响下，能够引领学校形成积极向上的学习氛围，推动全员参与数字化教育发展，促进学校数字素养的整体提升。因此，领导魅力对校长数字学习发展能力具有显著的影响。

综上所述，领导魅力在影响校长数字化能力方面扮演着重要的角色，对数字化教育领域的影响不可忽视。这一研究结果为进一步探讨领导魅力在教育领域的作用提供了理论依据，也为学校管理者提供了指导和启示，帮助他们提升数字化能力，推动教育的创新与发展。

（三）领导激励对校长数字领导力的影响

首先，根据研究结果，领导激励对校长的数字战略引领能力不具有显著影响。领导激励作为一种影响组织成员工作表现的因素，在一些研究中被视为促使员工参与活动或任务的内在动机。然而，在数字战略引领能力方面，领导激励可能并不是起决定性作用的因素。校长在数字战略引领方面更需要具备战略思维、前瞻性规划和整体把握能力，这些特质可能受到其他因素的影响而不太受领导激励的直接影响。因此，领导激励对校长数字战略引领能力的影响可能不具有显著性，还需要深入探讨其他可能影响这一能力的因素。

其次，根据研究结果，领导激励对校长的数字变革推动能力具有显著影响。数字变革推动力是数字化时代校长领导力中至关重要的一环，而领导激励正是激发和激励团队成员积极参与变革、支持变革决策的关键因素。通过激发员工积极性、激励员工参与、传递变革愿景，领导激励可以有效推动校长在数字化变革方面的表现，促使组织适应和应对快速变化的数字时代需求。因此，领导激励对校长的数字变革推动能力具有显著作用。

再次，研究结果表明领导激励对校长的数字技术应用能力具有显著影响。领导激励可以激发校长对数字技术的积极态度和应用热情，推动校长在数字技术应用方面的发展和探索。校长作为学校的领导者，其数字技术应用能力的提升对于促进教育教学的创新和提高教育质量至关重要。通过领导激励，校长能够更好地推动数字技术在学校的运用，促进学校数字化发展和提高教育水平。因此，在数字技术应用能力方面，领导激励起着重要的推动作用。

研究结果显示，领导激励对校长的数字沟通协调能力不具有显著影响。数字化时代对于校长的数字沟通协调能力提出了更高要求，以确保组织内外部各方有效沟通、协作顺畅。领导激励虽然可以激发员工的活力和积极性，但对于提高校长的数字沟通协调能力可能不是主要的影响因素。校长在数字化时代需要具备更多的沟通技巧、协调能力和信息共享意识，这些方面可能更受其他因素的影响。因此，领导激励对校长数字沟通协调能力的影响可能不具有显著性，需要进一步研究其他影响因素的作用。

最后，根据研究结果，领导激励对校长的数字学习发展能力具有显著影响。领导激励可以激励校长不断学习、提升数字化素养，推动数字化教育的深入发展。校长作为学校的领导者，其数字学习发展能力的提升对于推动学校的数字化进程至关重要。通过领导激励，校长可以树立学习的榜样，鼓励员工不断学习和成长，进而促进整个学校的数字化素养不断提升。因此，在数字学习发展能力方面，领导激励发挥着重要的推动作用。

综上所述，领导激励在不同方面对校长数字化能力的影响具有差异性。这一研究结果为人们对领导激励在数字化教育领域的影响产生了一定认识，也为学校管理者提供了指导和启示，帮助他们更好地运用领导激励，提升数字化能力，推动教育的创新与发展。

第四节　办学自主权对中小学校长数字领导力的影响

在数字化时代，办学自主权对校长构建和实施数字领导力尤为关键。本节内容主要探讨办学自主权与中小学校长数字领导力之间的关系。

一、变量设定与操作化

（一）解释变量

本书的核心解释变量是办学自主权。考德威尔等认为在人事、财政、教学上赋予学校自主权，能够积极回应不同利益相关主体的诉求，增强学校决策的科学性，而且具有较大自主权的学校通常能更快速地适应不断变化的外部社会环境对学校的新需求，并及时根据需求进行有针对性的教育教学改革，最终实现提高学生学业成绩的目的。[1]本书结合前人研究成果，又将校长数字领导力进一步细化为五个维度，分别是数字战略引领能力、数字变革推动能力、数字技术应用能力、数字沟通协调能力、数字学习发展能力。通过对办学自主权在五个维度所发挥的影响的研究，能够进一步肯定自我效能感对校长数字领导力的作用。所以在这一部分，选取办学自主权作为解释变量，通过回归量化分

---

[1] CALDWELL B J，SPINKS J M. The Self-transforming School [J]. Routledge，2013.

析，分别考察其对五个维度的影响。根据陈慧的研究成果，具体操作为：

①学校有较大的课程开发自主权（zizhuquan1）。

②学校有较大的课程开发自主权（zizhuquan2）。

③学校有较大的教师招聘自主权（zizhuquan3）。

④学校有较大的经费使用自主权（zizhuquan4）。

⑤学校有较大的薪酬发放自主权（zizhuquan5）。

⑥学校有较大的人员晋升自主权（zizhuquan6）。

有非常不符=1、不太符合=2、一般=3、比较符合=4、非常符合=5五个选项。

（二）被解释变量

本书的核心被解释变量是校长的数字领导力。按照上节将校长数字领导力分为数字战略引领能力、数字变革推动能力、数字技术应用能力、数字沟通协调能力、数字学习发展能力五个维度分别作为被解释变量。

（三）控制变量

根据上节所述，控制变量主要包含校长的性别、年龄、行政职务、教育类型和学校类型。

二、实证测评

（一）办学自主权对数字战略引领能力的影响

考察解释变量"办学自主权"与被解释变量"数字战略引领能力"之间的关系。将被解释变量及性别、年龄、行政职务、教育程度、学校类型五个控制变量纳入模型，就可以得出回归结果如表4-23所示。

表4-23 办学自主权对数字战略引领能力的影响

变量	回归系数	标准误差	t值	p值	95%置信区间下限	95%置信区间上限	显著水平
办学自主权	0.141	0.038	3.750	0	0.067	0.215	***
女	−0.236	0.085	−2.780	0.006	−0.403	−0.069	***
40~44岁	0.013	0.177	0.070	0.942	−0.334	0.360	
45~49岁	0.037	0.174	0.210	0.834	−0.306	0.379	
50岁及以上	0.180	0.178	1.010	0.313	−0.170	0.531	
副校长	0.135	0.089	1.520	0.129	−0.039	0.309	
本科	0.261	0.118	2.210	0.028	0.029	0.493	**
硕士及以上	0.255	0.251	1.020	0.310	−0.238	0.748	
初中	−0.088	0.095	−0.930	0.355	−0.275	0.099	
高中	0.052	0.194	0.270	0.791	−0.330	0.433	
完中	0.289	0.249	1.160	0.246	−0.199	0.777	
Constant	−0.241	0.197	−1.220	0.221	−0.629	0.146	
Mean dependent var		0	SD dependent var			1.000	
R-squared		0.044	Number of obs			714.000	
F-test		2.911	Prob > F			0.001	
Akaike crit.（AIC）		2017.400	Bayesian crit.（BIC）			2072.251	

注：*** $p<0.010$，** $p<0.050$，* $p<0.100$。

通过办学自主权对数字战略引领能力的多元线性回归分析情况统计表可知，在控制性别、年龄、行政职务、教育程度、学校类型等变量后，F-test的结果为2.911，对应的p值为0.001，这意味着回归方程整体上显著。这个结果提供了进一步的证据，说明办学自主权对中小学校长的数字战略引领能力具有显著影响。回归模型的R-squared为0.044，这意味着办学自主权对中小学校长数字战略引领能力解释了4.4%。常数项的显著性为−0.241，即p值大于0.100，这表明常数项在这个模型中可能没有显著影响。在办学自主权变量的系数（Coef.）为0.141，该系数为正数，说明办学自主权与数字战略引领能力呈正相关关系。这个系数在2.630的t值下得到了极显著（$p<0.010$）的结果，说明办学

自主权对数字战略引领能力有显著的影响。以此印证上述假设H1b（办学自主权对校长的数字战略引领能力具有正向影响作用）成立。

（二）办学自主权对数字变革推动能力的影响

考察解释变量"办学自主权"与被解释变量"数字变革推动能力"之间的关系。将被解释变量及性别、年龄、行政职务、教育程度、学校类型五个控制变量纳入模型，就可以得出回归结果如表4-24所示。

表4-24　办学自主权对数字变革推动能力的影响

变量	回归系数	标准误差	t值	p值	95%置信区间下限	95%置信区间上限	显著水平
办学自主权	0.052	0.038	1.370	0.170	−0.022	0.126	
女	0.299	0.085	3.500	0	0.131	0.467	***
40−44岁	−0.206	0.178	−1.160	0.247	−0.555	0.143	
45−49岁	−0.093	0.175	−0.530	0.595	−0.437	0.251	
50岁及以上	−0.241	0.180	−1.340	0.180	−0.594	0.111	
副校长	−0.042	0.089	−0.470	0.636	−0.217	0.133	
本科	0.024	0.119	0.200	0.843	−0.210	0.257	
硕士及以上	−0.065	0.252	−0.260	0.798	−0.560	0.431	
初中	0.083	0.096	0.860	0.388	−0.105	0.270	
高中	0.296	0.196	1.510	0.131	−0.088	0.680	
完中	0.183	0.250	0.730	0.464	−0.308	0.674	
Constant	0.019	0.198	0.090	0.925	−0.371	0.408	
Mean dependent var	0		SD dependent var		1.000		
R-squared	0.033		Number of obs		714		
F-test	2.156		Prob > F		0.015		
Akaike crit.（AIC）	2025.522		Bayesian crit.（BIC）		2080.373		

注：*** $p<0.010$，** $p<0.050$，* $p<0.100$。

通过办学自主权对数字变革推动能力的多元线性回归分析情况统计表可

知，在控制了性别、年龄、行政职务、教育程度、学校类型等变量后，F-test 的结果为2.156，对应的 p 值为0.015，这意味着回归方程整体上不显著。这个结果提供了进一步的证据，说明办学自主权对中小学校长的数字变革推动能力可能没有显著影响。回归模型的 R-squared 为0.033，这意味着办学自主权对中小学校长数字学习发展能力解释了3.3%。常数项的显著性为0.054，即 p 值大于0.100，这表明常数项在这个模型中可能没有显著影响。在办学自主权变量的系数（Coef.）为0.520，该系数为正数，说明办学自主权与数字学习发展能力呈正相关关系。这个系数在1.370的 t 值下得到了不显著（$p>0.010$）的结果，说明办学自主权对数字技术应用能力没有显著的影响。因此上述假设H1c（办学自主权对校长的数字变革推动能力具有正向影响作用）不成立。

（三）办学自主权对数字技术应用能力的影响

考察解释变量"办学自主权"与被解释变量"数字技术应用能力"之间的关系。将被解释变量及性别、年龄、行政职务、教育程度、学校类型五个控制变量纳入模型，就可以得出回归结果如表4-25所示。

通过办学自主权对数字技术应用能力的多元线性回归分析情况统计表可知，在控制了性别、年龄、行政职务、教育程度、学校类型等变量后，F-test 的结果为3.288，对应的 p 值为0，这意味着回归方程整体上不显著。这个结果提供了进一步的证据，说明办学自主权对中小学校长的数字技术应用能力具有显著影响。回归模型的 R-squared 为0.049，这意味着办学自主权对中小学校长数字学习发展能力解释了4.9%。常数项的显著性为0.295，即 p 值大于0.100，这表明常数项在这个模型中可能没有显著影响。在办学自主权变量的系数（Coef.）为0.179，该系数为正数，说明办学自主权与数字技术应用能力呈正相关关系。这个系数在4.780的 t 值下得到了极显著（$p<0.010$）的结果，说明办学自主权对数字技术应用能力有显著的影响。因此上述假设H1d（办学自主权对校长的数字技术应用能力具有正向影响作用）成立。

表4-25 办学自主权对数字技术应用能力的影响

变量	回归系数	标准误差	t值	p值	95%置信区间下限	95%置信区间上限	显著水平
办学自主权	0.179	0.037	4.780	0	0.106	0.253	***
女	−0.194	0.085	−2.290	0.022	−0.360	−0.028	**
40~44岁	−0.078	0.176	−0.440	0.660	−0.424	0.268	
45~49岁	−0.127	0.174	−0.730	0.465	−0.468	0.214	
50岁及以上	−0.062	0.178	−0.350	0.726	−0.412	0.287	
副校长	0.112	0.088	1.270	0.205	−0.061	0.286	
本科	−0.165	0.118	−1.400	0.161	−0.396	0.066	
硕士及以上	−0.115	0.250	−0.460	0.645	−0.607	0.376	
初中	−0.065	0.095	−0.680	0.495	−0.251	0.121	
高中	−0.135	0.194	−0.700	0.485	−0.516	0.245	
完中	−0.359	0.248	−1.450	0.148	−0.846	0.128	
Constant	0.295	0.197	1.500	0.134	−0.091	0.681	
Mean dependent var	0		SD dependent var		1.000		
R-squared	0.049		Number of obs		714.000		
F-test	3.288		Prob $> F$		0		
Akaike crit.（AIC）	2013.377		Bayesian crit.（BIC）		2068.228		

注：*** $p<0.010$，** $p<0.050$，* $p<0.100$。

（四）办学自主权对数字沟通协调能力的影响

考察解释变量"办学自主权"与被解释变量"数字沟通协调能力"之间的关系。将被解释变量及性别、年龄、行政职务、教育程度、学校类型五个控制变量纳入模型，就可以得出回归结果如表4-26所示。

通过办学自主权对数字沟通协调能力的多元线性回归分析情况统计表可知，在控制了性别、年龄、行政职务、教育程度、学校类型等变量后，F-test

的结果为8.332,对应的p值为0,这意味着回归方程整体上显著。这个结果提供了进一步的证据,说明办学自主权对中小学校长的数字沟通协调能力具有显著影响。回归模型的R-squared为0.115,这意味着办学自主权对中小学校长数字沟通协调能力解释了11.5%。常数项的显著性为0.218,即p值大于0.100,这表明常数项在这个模型中可能没有显著影响。在办学自主权变量的系数(Coef.)为0.318,该系数为负数,说明办学自主权与数字沟通协调能力呈负相关关系。这个系数在8.800的t值下得到了极显著($p<0.010$)的结果,说明办学自主权对数字沟通协调能力有显著的影响。以此印证上述假设H1e(办学自主权对校长的数字沟通协调能力具有正向影响作用)成立。

表4-26 办学自主权对数字沟通协调能力的影响

变量	回归系数	标准误差	t值	p值	95%置信区间下限	95%置信区间上限	显著水平
办学自主权	0.318	0.036	8.800	0	0.247	0.389	***
女	−0.134	0.082	−1.640	0.102	−0.294	0.027	
40~44岁	−0.011	0.170	−0.060	0.951	−0.344	0.323	
45~49岁	−0.109	0.168	−0.650	0.518	−0.438	0.221	
50岁及以上	0.005	0.172	0.030	0.978	−0.332	0.342	
副校长	0.099	0.085	1.160	0.246	−0.068	0.267	
本科	−0.149	0.114	−1.310	0.189	−0.372	0.074	
硕士及以上	0.026	0.241	0.110	0.913	−0.448	0.500	
初中	−0.090	0.091	−0.990	0.324	−0.270	0.089	
高中	−0.089	0.187	−0.470	0.636	−0.456	0.278	
完中	−0.305	0.239	−1.280	0.202	−0.775	0.164	
Constant	0.218	0.190	1.150	0.251	−0.154	0.590	
Mean dependent var	0		SD dependent var		1.000		
R-squared	0.115		Number of obs		714.000		
F-test	8.332		Prob > F		0		
Akaike crit.(AIC)	1961.628		Bayesian crit.(BIC)		2016.479		

注:*** $p<0.010$,** $p<0.050$,* $p<0.100$。

(五)办学自主权对数字学习发展能力的影响

考察解释变量"办学自主权"与被解释变量"数字学习发展能力"之间的关系。将被解释变量以及性别、年龄、行政职务、教育程度、学校类型五个控制变量纳入模型，就可以得出回归结果如表4-27所示。

表4-27 办学自主权对数字学习发展能力的影响

变量	回归系数	标准误差	t值	p值	95%置信区间下限	95%置信区间上限	显著水平
办学自主权	0.145	0.038	3.860	0	0.071	0.218	***
女	0.067	0.085	0.790	0.429	−0.099	0.234	
40~44岁	0.236	0.176	1.340	0.182	−0.111	0.582	
45~49岁	0.051	0.174	0.290	0.771	−0.291	0.392	
50岁及以上	0.268	0.178	1.500	0.133	−0.082	0.618	
副校长	0.178	0.089	2.010	0.045	0.004	0.352	**
本科	0.146	0.118	1.240	0.215	−0.085	0.378	
硕士及以上	−0.028	0.251	−0.110	0.910	−0.520	0.464	
初中	−0.111	0.095	−1.160	0.245	−0.297	0.076	
高中	−0.295	0.194	−1.520	0.129	−0.676	0.086	
完中	−0.389	0.248	−1.570	0.118	−0.876	0.099	
Constant	−0.310	0.197	−1.570	0.116	−0.696	0.077	
Mean dependent var	0		SD dependent var		1.000		
R-squared	0.047		Number of obs		714.000		
F-test	3.139		Prob > F		0		
Akaike crit.（AIC）	2014.961		Bayesian crit.（BIC）		2069.811		

注：*** $p<0.010$，** $p<0.050$，* $p<0.100$。

通过办学自主权对数字学习发展能力的多元线性回归分析情况统计表可知，在控制了性别、年龄、行政职务、教育程度、学校类型等变量后，F-test的结果为3.319，对应的p值为0，这意味着回归方程整体上显著。这个结果提供了进一步的证据，说明办学自主权对中小学校长的数字学习发展能力具有显著影响。回归模型的 R-squared 为 0.047，这意味着办学自主权对中小学校长数字学习发展能力解释了 4.7%。常数项的显著性为 -0.310，即 p 值大于 0.100，这表明常数项在这个模型中可能没有显著影响。在办学自主权变量的系数（Coef.）为 0.145，该系数为正数，说明办学自主权与数字学习发展能力呈正相关关系。这个系数在 3.860 的 t 值下得到了极显著（$p<0.010$）的结果，说明办学自主权对数字技术应用能力有显著的影响。以此印证上述假设 H1f（办学自主权对校长的数字学习发展能力具有正向影响作用）成立。

三、结果讨论

第一，办学自主权对校长的数字战略引领能力具有显著影响。办学自主权是指学校拥有自主决策权和管理权，自主制定和实施学校的发展战略。在数字化时代，校长的数字战略引领能力对学校的发展至关重要。办学自主权赋予校长更多机会参与和主导数字化决策，使其能够制定并执行适应数字时代需求的战略方向。校长通过行使办学自主权，能够更好地理解和把握学校内外环境的数字化挑战和机遇，从而引领学校朝着数字化发展的方向前进。因此，办学自主权对校长数字战略引领能力具有显著作用。

第二，办学自主权对校长的数字变革推动能力不具有显著影响。校长的数字变革推动能力指他们在数字化时代推动学校进行变革和创新的能力。尽管办学自主权赋予校长决策权和管理权，但其对数字变革推动能力的影响并不明显。数字化变革在很大程度上依赖于校长的领导决策、组织协调和资源配置等因素，与办学自主权存在一定的关联，但办学自主权本身并不是决定性因素。校长的数字变革推动能力可能更受其他因素的影响，如组织文化、资源支持和教师参与等。因此，办学自主权对校长数字变革推动能力不具有显著影响作用。

第三，办学自主权对校长的数字技术应用能力具有显著影响。数字技术应用能力是校长在利用数字技术改进教育教学、学校管理和学生发展等方面的能力。办学自主权为校长创造了更多的探索和应用数字技术的机会。通过自主权的支持，校长可以更灵活地选择和应用各种数字化工具、平台和技术，以实现学校教育目标。校长借助办学自主权可以推动和促进师生对数字技术的应用和掌握，提升整个学校的数字化能力。因此，办学自主权对校长的数字技术应用能力具有显著影响作用。

第四，办学自主权对校长的数字沟通协调能力具有显著影响作用。数字化时代要求校长具备良好的数字沟通和协调能力，以促进学校内外多方利益相关者之间的有效沟通和协作。办学自主权的行使为校长提供了更多主动沟通、协调合作的机会。校长在组织内外部之间进行数字化信息的交流、协调各方的意见和资源，通过行使办学自主权，可以更好地进行数字化信息的传递和组织的协调管理。因此，校长的数字沟通协调能力对办学自主权起着显著的推动作用。

第五，根据研究结果，办学自主权对校长的数字学习发展能力具有显著影响作用。数字学习发展能力指校长具备学习的动力、策略和能力，以适应快速变化的数字化环境。通过办学自主权，校长可以主动参与数字化学习和发展，不断提升数字化素养和领导能力。自主权的行使使校长能够理解数字化时代的趋势，更新知识和技能，不断调整和完善个人的数字化学习发展计划。因此，办学自主权对校长的数字学习发展能力具有显著影响作用。

综上所述，办学自主权在不同方面对校长的数字化能力的影响具有差异性。这一研究结果使人们对于办学自主权在数字化教育领域的影响有了一定认识，也为学校管理者提供了指导和启示，帮助他们更好地运用办学自主权，提升数字化能力，推动教育的创新与发展。

小 结

本章主要分析哪些因素对校长数字领导力有影响,以及影响效果如何。

首先,通过文献回顾,提出校长数字化领导力的影响因素的理论依据,建立理论框架并提出研究假设。围绕自我效能感、领导风格和办学自主权这三个关键因素展开分析。通过对自我效能感、领导风格和办学自主权这三个因素的探讨和研究,发现它们在中小学校长数字领导力中可能发挥的重要作用。其次,基于研究假设,以自我效能感、领导风格和办学自主权作为自变量,将校长数字领导力作为因变量,进行实证分析。自我效能感对校长数字领导力的影响结果显示,在数字化领导方面,校长的自我效能感不仅是重要的影响因素,更是塑造其数字领导力水平的关键因素之一。校长的自我效能感对数字战略引领能力具有正向促进作用。在数字化转型中,校长较高的自我效能感有助于增强其领导能力和决策能力,进而推动学校的数字化转型。领导风格对中小学校长数字领导力的影响结果表明,校长的领导风格在数字领导力的发挥和塑造中扮演着不可或缺的角色,不同领导风格对数字化领导力产生不同的影响。办学自主权对中小学校长数字领导力的影响结果显示,办学自主权的程度也会影响校长的数字领导力,这一发现强调了管理者在赋予校长更大的自主权时,需考虑到其对数字领导力的影响,从而更好地发挥数字领导力在学校管理中的作用。

第五章　中小学校长数字领导力的治理效果

教育信息化的推进，为校长专业发展提供了更多的机遇与挑战。在教育信息化背景下，校长数字领导力的实施对于学校治理效果乃至教育现代化进程有重要影响。信息技术的兴起与发展，在教育信息化背景下将技术能力与领导能力相融合，不断生成多维度的数字领导力，俨然已成为我国中小学校长探索教育信息化发展的必然要求。由此，本章对数字领导力的治理效果进行分析，从学校发展、学生发展、教师发展三个方面探讨中小学校长数字领导力的重要意义，以期为教育改革与现代化进程提供参考。

第一节　中小学校长数字领导力与学校发展

1995年，《中华人民共和国教育法》将校长负责制以法律的形式确定下来。学校行政的首脑是校长，他（她）作为学校的法定代表人，代表学校与外界沟通，同时也全面负责教育、教学、科学研究和行政管理工作。校长拥有决策权和指挥权，对学校的工作起决定性作用。校长在学校组织发展与变革中发挥着重要作用，学校发展成果是中小学校长治理效果的主要体现，尤其是在信息化背景下，校长数字领导力对于学校发展的推动作用更加明显地显示出来。❶

---

❶ 史文鑫.教育信息化"整校推进"中校长信息化领导力作用研究[J].大连教育学院学报，2023（39）：15-16.

一、研究假设与模型建构

(一) 研究假设

组织的流转使得学校管理从静态监管走向动态治理。随着学校与社会的开放程度不断增大，教育管理部门、社会、社区、家长等多元主体的加入，学校治理由单一管理走向多元治理。多元治理体系更需要有数字领导能力的领导者发挥导向作用，形成扁平化与专业化的弹性学校治理机制，提高管理效率。[1]

基于上文研究，本书将校长数字领导力分为数字战略引领能力、数字变革推动能力、数字技术应用能力、数字沟通协调能力、数字学习发展能力五个维度。在分析过程中，必须充分考虑中小学校长对学校信息化发展所产生的"正负向增益"作用。[2]文献研究表明，不同维度的数字领导力对学校发展都有重要的影响。具有数字战略领导力的校长，通过转变思维模式，树立信息化思维，制定学校发展战略，推动中小学向信息化方向发展。校长作为学校的领导，其信息化思维的转变和形成，是推动学校发展的重要影响因素。中小学校长作为组织者和领导者，其信息化领导力对于学校的信息化发展至关重要。[3]具有信息化变革思维的中小学校长，积极转变变革型教育观念、教学手段等相关要素，保障数据安全，增强社会对数字化教育的信任度，为更好实现数字化治理提供组织内部环境，以推动学校健康发展。[4]在中国式教育现代化战略目标的贯彻落实过程中，关键在于要落实教育数字化，提升中小学治理数字化能力。中小学校长作为基层教育数字化改革的引领者，在学校

---

[1] 杨鑫，苟睿，解月光.校长数据领导力：落实国家教育数字化战略的关键能力[J].中国电化教育，2023 (5)：65-73.

[2] 董艳，黄月，孙月亚，等.校长信息化教学领导力的内涵与结构[J].现代远程教育研究，2015 (5)：55-62.

[3] 陈光军.校长领导艺术[M].北京：中国科学技术出版社，1995.

[4] 刘来兵，杨若怡.基础教育学校数字化治理的涵蕴、表征与路径[J].现代教育管理，2024 (1)：1-13.

治理中发挥着重要作用。当前的基础教育特别是中小学教育肩负着新时代发展的重要责任，信息化教育的推进关键在于信息技术的应用。具有数字技术应用能力的校长能够更快适应时代需求，更好地将数字化设备融入教学过程中，完善学校信息化设施建设，为学校的发展提供更加优越的硬件条件。中小学校长作为承上启下的桥梁，需要具备一定的沟通协调能力，只有具备一定的数字沟通协调领导力，才能合理利用信息平台实现学校、教师、家庭三方有效沟通协作，提高信息传达效率，构建新型数字信息化中小学领导体系。在信息化教学中，将国家教育信息化改革、面向信息化的教师专业发展、数字信息时代背景下人才的培养三者有机结合，才能对学校整体的信息化教学能力的培养起到自上而下的促进作用。学校发展是学校与社会环境的适应过程，同时也是学校自身发展的能动性变化过程。具有数字学习发展能力的校长，能够充分认识到信息化教学思维的培养对数字信息化发展和变革的重要意义，实现以教育的信息化带动教育的现代化，以信息技术变革教学方式，推进素质教育，实现学校信息化教学水平持续稳定的提升，以推动学校发展进步。

从抑制作用上来说，英克尔斯曾指出，人的现代化是国家现代化不可缺少的因素，是现代化制度与经济赖以长期发展并取得成功的先决条件，没有教育的现代化，便没有人的现代化。❶作为学校的管理者，如果校长不能适应时代的变化，那么，首先个人的信息意识和信息素养将无法跟上步伐。其次，无法建立现代的学校管理系统，无法为校长提供及时、准确的管理信息及充分的决策支持，进而影响学校的组织管理和决策，使校长身陷"文山会海"，无法从烦琐的例行工作中解脱出来，无法集中精力思考学校的建设和发展，进而阻碍了学校的发展。❷

基于以上研究结论，本书提出以下研究假设：

---

❶ 李祺，李春鹏. 论教育信息化[J]. 电化教育研究，2004（11）：1-7.
❷ 蒋娅娟. 互联网思维对校长信息化领导力的影响[J]. 中小学信息技术教育，2023（4）：25-27.

H1a：具有数字战略引领能力的校长对学校发展具有显著的正向影响作用；

H1b：具有数字变革推动能力的校长对学校发展具有显著的正向影响作用；

H1c：具有数字技术应用能力的校长对学校发展具有显著的正向影响作用；

H1d：具有数字沟通协调能力的校长对学校发展具有显著的正向影响作用；

H1e：具有数字学习发展能力的校长对学校发展具有显著的正向影响作用。

（二）模型构建

本书主要采用回归分析方法分析具有不同数字能力的校长对学校发展的影响，根据本书文献综述可知，部分学者研究认为：人口统计学变量是校长信息化领导力的影响因素[1]，能够对校长信息化领导力产生显著影响。

在控制影响校长领导力的人口统计学变量以获得更准确的估计结果后，采用OLS方法对预测变量模型进行评价。具体模型如下：

$$Y_{ci} = \theta_0 + \beta_1 \text{lead}_i + \beta_2 \text{promote}_i + \beta_3 \text{apply}_i + \beta_4 \text{communicate}_i + \beta_5 \text{study}_i + \sum \gamma_i X_i + \varepsilon \qquad (5-1)$$

其中，Y_c为因变量学校发展程度。lead、promote、apply、communicate、study依次为中小学校长的数字战略引领能力、数字变革推动能力、数字技术应用能力、数字沟通协调能力与数字学习发展能力。X_i为控制变量，校长信息化影响力的个人因素。根据前期文献研究，本研究控制性别、年龄、行政职务、教育程度、学校类型五项变量。ε为误差项。

在估计每一类数字化指标的基础上，将五类数字化指标纳入全模型，进一步估计中小学校长的数字战略引领能力、数字变革推动能力、数字技术应用能力、数字沟通协调能力与数字学习发展能力对学校发展的影响。

---

[1] 卢健洪.中小学校长信息化领导力构成及提升对策——以广州市C区为例[J].教育导刊，2021（3）：23-31.

二、变量设定与操作化

校长作为学校智慧校园建设的最高决策者，在推进智慧校园建设的过程中，校长数字领导力的提升是推动学校智慧校园建设和应用的关键，其价值导向、决策、综合治理等能力将直接影响学校智慧校园的建设方向和高度。[1]校长数字领导力的培养与提升是一个系统工程，涉及多方面因素，需从不同维度进行思考。以下将从被解释变量、解释变量、控制变量等方面对研究问题进行细剖。

1. 被解释变量

本模型的被解释变量是"学校发展"，学校的信息化创新发展对于教学创新变革至关重要，学校系统的信息化创新发展是学校发展不可或缺的重要推动力。学校的发展是衡量校长治理效果的重要维度，校长数字领导力的优劣对学校的发展起到重要的双向影响，两者存在助推关系。而校长的主要工作及贡献便是推动学校发展和教育进步，以不同维度的校长数字领导力来测度学校发展水平，符合数据选择和研究假设的需要。本研究对学校发展的测度主要侧重于总体方面，以及学校信息化硬件设施的完善、管理者育人思维的转变等方面。测量题目包括"我所在学校教师工作满意度较高"等。

2. 核心解释变量

准确地对校长数字信息领导能力对学校发展水平的显著程度进行度量，有利于客观全面地研究中小学校长所具备的不同数字领导能力之间不同的影响，更有效地对校长能力进行针对性的提高，以期更好更快地促成中小学信息化教育的发展与进步。依据上文文献综述及研究假设，本书选取数字战略引领能力、数字变革推动能力、数字技术应用能力、数字沟通协调能力、数字学习发展能力五个指标进行回归分析（表5-1）。

---

[1] 马晓玲，禹娟娟. 信息化2.0时代教学点信息化创新发展路径研究[J]. 教育评论，2023（3）：36-42.

表5-1 核心解释变量指标

一级指标	二级指标	指标要点	均值	标准差	观察值
中小学校长数字领导力	数字战略引领能力	环境洞察、愿景引领	3.751	0.673	714.000
	数字变革推动能力	组织变革、环境变革	3.864	0.686	714.000
	数字技术应用能力	基本应用、科学应用、安全应用	3.583	0.708	714.000
	数字沟通协调能力	数字沟通、数字协作	3.311	0.798	714.000
	数字学习发展能力	学习主体、学习保障、学习成效	3.677	0.740	714.000

3.控制变量

上文已通过描述性统计从数字战略引领能力、数字变革推动能力、数字技术应用能力、数字沟通协调能力、数字学习发展能力五个维度，讨论具有不同人口统计学特征的中小学校长对数字领导力现状的影响，研究了性别、年龄、行政职务、教育程度、学校类型对数字领导力现状的显著程度。本章中，控制样本的人口统计学特征，主要研究数字领导力的不同维度对学校发展影响的显著程度，依前文所述假设，控制性别、年龄、行政职务、教育类型、学校类型五个变量（表5-2）。

表5-2 控制变量解释

变量	变量解释	平均值	标准差
性别	男性=1，女性=2	1.340	0.474
年龄	年龄（岁）	46.707	5.323
行政职务	校长=1，副校长=2	1.267	0.442
教育程度	大专及以下=1，本科=2，硕士及以上=3	1.899	0.383
学校类型	小学=1，初中=2，高中=3，完中=4	1.387	0.683

三、实证测评

在前面"中小学校长数字领导力的影响因素的人口统计学变量分析"部

分，通过差异化分析发现，校长数字领导力在性别、年龄、行政职务、教育程度、学校类型等五个方面存在显著性差异。因此，本书将上述变量作为控制变量纳入中小学校长数字领导力对学校发展研究的全过程。研究将学校发展作为因变量，将中小学校长信息领导力的五个基本维度作为自变量进行多元线性回归分析。

依照上文假设及研究方法，计算结果见表5-3。

表5-3 校长数字领导力对学校发展的回归分析

变量	回归系数	标准误差	t值	p值	95%置信区间下限	95%置信区间上限	显著水平
数字战略引领能力	0.240	0.033	7.380	0	0.176	0.304	***
数字变革推动能力	0.263	0.033	8.060	0	0.199	0.327	***
数字技术应用能力	0.227	0.032	7.010	0	0.164	0.291	***
数字沟通协调能力	0.173	0.032	5.320	0	0.109	0.236	***
数字学习发展能力	0.227	0.033	6.970	0	0.163	0.291	***
女	0.204	0.075	2.720	0.007	0.057	0.352	***
40~44岁	0.378	0.154	2.450	0.014	0.076	0.681	**
45~49岁	0.315	0.152	2.070	0.039	0.017	0.613	**
50岁及以上	0.399	0.155	2.570	0.010	0.094	0.704	**
副校长	−0.084	0.078	−1.090	0.278	−0.237	0.068	
本科	0.050	0.104	0.480	0.628	−0.153	0.254	
硕士及以上	0.026	0.219	0.120	0.906	−0.403	0.455	
初中	0.081	0.083	0.970	0.331	−0.082	0.244	
高中	−0.113	0.169	−0.670	0.502	−0.445	0.219	
完中	−0.505	0.217	−2.320	0.021	−0.932	−0.078	**
Constant	−0.432	0.173	−2.500	0.013	−0.771	−0.093	**
Mean dependent var		0	SD dependent var		1.000		
R-squared		0.279	Number of obs		714.000		
F-test		17.986	Prob > F		0		
Akaike crit.（AIC）		1823.916	Bayesian crit.（BIC）		1897.051		

注：*** $p<0.010$，** $p<0.050$，* $p<0.100$。

通过中小学校长领导能力对学校发展的多元线性回归分析情况统计表可知，在控制了性别、年龄、行政职务、教育程度、学校类型等变量后，$F\text{-test}=17.986$ 具有不同数字领导能力的校长对学校发展普遍具有显著的正向影响。

中小学校长数字领导力中具备数字战略引领能力的校长对学校发展具有显著的正向影响，其中 p 值为 0，说明其具有显著影响，回归系数为 0.240（$p<0.010$），回归系数值大于 0，说明两者之间存在正向相关关系，在 0.010 水平上显著。中小学校长只有具备与现在和未来平行的领导力发展观，才能领导学校进行战略建设，以实现现代化、智能化教育体系的转型。[1]以此印证上述假设 H1a（具有数字战略引领能力的校长对学校发展具有显著的正向影响作用）成立。

中小学校长领导力中具备数字变革推动力的校长对学校发展具有显著的正向影响，回归系数为 0.263（$p<0.010$），回归系数值大于 0，说明两者之间存在正向相关关系；p 值为 0，说明其具有显著影响，在 0.010 水平上显著。以此印证上述假设 H1b（具有数字变革推动能力的校长对学校发展具有显著的正向影响作用）成立。

中小学校长领导力中具备数字技术应用能力的校长对学校发展具有显著的正向影响，其中 p 值为 0，回归系数为 0.227（$p<0.010$），在 0.010 水平上存在显著的正向影响。为了有效推进学校教育信息化进程，学校领导、行政人员和教师均应在专业发展中结合专业特色深入思考技术与专业整合的目标、路径与障碍，并将数字技术应用于领导过程。[2]以此印证上述假设 H1c（具有数字技术应用力的校长对学校发展具有显著的正向影响作用）成立。

中小学校长领导力中具备数字协调沟通能力的校长对学校发展具有显著的

---

[1] DAVIES B J, DAVIES B. Developing a Model for Strategic Leadership in Schools [J]. Educational Man-agement Administration & Leadership，2006，34（1）：121-139.

[2] 赵磊磊，梁茜，李玥泓.国外教育信息化领导力研究：主题、趋势及启示——基于Web of Science文献关键词的可视化分析[J].中国远程教育，2018（10）：16-23.

正向影响，其中 p 值为 0，回归系数为 0.173（$p<0.010$），两者之间存在正向相关关系，在 0.010 水平上显著。校长应有信息化管理与评估、执行力、沟通与协调及个人基本信息素养等专业能力，完善信息化管理服务政策，承上启下协同推进学校信息化发展。[1]以此印证上述假设 H1d（具有数字协调沟通能力的校长对学校发展具有显著的正向影响作用）成立。

中小学校长领导力中具备数字学习发展能力的校长对学校发展具有显著的正向影响，其中 p 值为 0，说明其具有显著影响，回归系数为 0.227（$p<0.010$）；回归系数值大于 0，说明两者之间存在正向相关关系，在 0.010 水平上显著。以此印证上述假设 H1e（具有数字学习发展能力的校长对学校发展具有显著的正向影响作用）成立。

四、结果讨论

根据回归模型检验结果，前文共提出 5 条研究假设，均可被证实。在此基础上，本书继续分析不同领导力因素（数字战略引领能力、数字变革推动能力、数字技术应用能力、数字沟通协调能力、数字学习发展能力）和学校发展之间的关系，根据回归分析的结果，各潜变量对被解释变量的影响效应见表5-4。

表5-4 研究假设检验结果

研究假设	检验结果	变量关系	影响效应
H1a	证实	具有数字战略引领能力的校长→→学校发展	0.240
H1b	证实	具有数字变革推动能力的校长→→学校发展	0.263
H1c	证实	具有数字技术应用能力的校长→→学校发展	0.227
H1d	证实	具有数字沟通协调能力的校长→→学校发展	0.173
H1e	证实	具有数字学习发展能力的校长→→学校发展	0.227

[1] 孙祯祥，任玲玲. 学校中层管理团队信息化领导力评价体系研究[J]. 现代远程教育研究，2016（5）：61-67.

第一,具有数字战略引领能力的校长对于学校发展有正向影响效应(0.240)。例如,加威(Garvy)的研究证明了校长的建立结构和关心体谅行为对学校的效能存在显著的正相关。❶一个优秀的校长是塑造一所卓越学校的关键因素,他们的数字战略引领领导力直接影响着学校教育信息化的进展。规划信息化系统和进行信息化教育教学评估是影响校长信息化领导力的重要因素。校长需要拥有正确的教育信息化发展观念和出色的信息化领导力,这不仅是在意识上重视,更需要在实际决策和判断中得以体现。❷作为学校发展的主要领导者,根据本书的结果显示,校长需随时洞察国家及经济社会发展政策和前沿技术,充分了解教学信息化技术,将其引入教学计划的制订和日常教学过程中,以推动教学活动的创新发展。同时,孙祯祥等人认为,校长信息化领导力是校长或学校管理者在推进学校教育信息化过程中,能够规划、建设信息化发展愿景,并影响和带领全体师生员工共同实现这个愿景的能力与智慧。❸作为学校的领导者,应该根据学校的实际情况制定一个适当的发展愿景,并以此愿景来激励相关者为实现学校的信息化目标作出贡献。学校领导者需要掌握与学校信息化发展规划相关的技能和知识,并确保全体成员都理解规划的重要性,带领全体组织成员实现共同愿景。

第二,具有数字变革推动能力的校长对于学校发展有正向影响效应(0.263)。菲德勒提出的权变模型认为,领导效能的实现需要在特定的环境下挑选合适的领导者,或者改变相应的环境以适应特定的领导者,领导成效与领导自身和特定情境的匹配性有关,当领导者的领导与具体情境不相容时,一般会通过对情境做出改变来使其顺应领导者的领导。❹在当前迅速发展的教

---

❶ GARVY S E. Principal Leadership, Faculty Trust, Teacher Compliance, and School Effectiveness [J]. Rutgers the State University of New Jersey-New BrunsWick, 1994.
❷ 张立国,周釜宇,梁凯华,等.面向教育新基建的中小学校长信息化领导力评价量表设计[J].中国远程教育,2023(43):64-72.
❸ 孙祯祥,翁家隆.境外校长信息化领导力内涵的发展历程及启示[J].中国电化教育,2014(2):27-34.
❹ 杨海燕.费德勒领导效能权变理论鉴评[J].领导科学,2019(10):48-49.

育信息化环境中，校长的信息化领导力对学校教育信息化的发展和深度应用有直接影响。为顺应时代的发展，领导者也需进行数字信息化变革。只有当组织成员的思想观点、价值取向等方面的认知跟上了时代变迁之后，才可能引发成员行为上的变革。[1]校长的信息化水平高，学校的信息化水平相对较高。校长的认知决定了他们的决策和行动方式。如果校长没有正确的教育信息化发展观念和变革意识，就难以积极地应对时代的挑战。校长的信息素养极大地影响着学校信息化变革的进程。不仅要提高校长自身的信息素养，同时要及时转变教育理念，推动建设高素质的教师队伍，不断提升师资的信息化教学能力，以适应学校教育教学信息化变革的需求，正向推动学校信息化发展进程。[2]

第三，具有数字技术应用能力的校长对于学校发展有正向影响效应（0.227）。根据何克抗所提出的信息技术与课程融合理论，创造一种信息化教学环境，促进学生自主、探究和合作是一种教学方式，注重学生积极参与和合作学习的过程。在这种方式下，传统的、以教师为中心的课堂教学结构发生根本性变革，转变为"主导—主体相结合"的课堂教学结构。[3]利用已有的信息化学习资源，并结合不同学科的特点，创造出新型的课堂教学结构和教学模式。学校管理者作为教学工作的领导者，也必然要领导教师努力实现学校教育教学资源库的共建共享，促进教学模式的改革，使信息技术与课程深层次整合，实现现代教育教学改革。根据教学领导力及课程领导力理论，校长要在科学的教育教学理念与价值观的指导下，引领教师开展一系列教学活

---

[1] PORRAS J I, ROBERTSON P J. Organizational Development：Theory, Practice and Research [M]// Dunnette M D, Hough L M. Handbook of Industrial and Organizational Psychology（2nd ed）. Palo Alto, CA：Consulting Psychologists Press, 1992：719-822.

[2] 曲娇娇, 高春梅. 数字化赋能：校长信息化领导力的时代指向与提升策略[J]. 中国电化教育, 2022（12）：129-135.

[3] 何克抗. 中国特色创新型教育信息化理论与实践[M]. 北京：人民教育出版社, 2009：10.

动与教学改革[1]，来优化教师的专业技能，促进教师专业能力的发展与课堂教学质量的提升，同时以校长为核心的课程领导团队要具有开展课程设计、实施、评价与文化建设的能力。[2]两者相互联系、相互结合，使数字技术应用于日常教学工作当中，推动信息技术在中小学课堂全方面、能动化、安全化应用。掌握数字信息知识，建立完整的保障体系，有效地利用数字化信息资源，提高学校教学质量。

第四，具有数字沟通协调能力的校长对学校发展有正向影响效应（0.173）。根据人际领导力理论，校长作为利益相关方的协调者，应具有合理利用社会与人际资源的能力。[3]成功的校长需要与领导团队、家庭、地区行政人员、专家顾问以及其他利益相关者合作。通过与这些人合作，校长能够深入了解工作中的问题，了解发展的前沿趋势，改进教学实践，并寻求资源和帮助。合作可以帮助校长获得多方面的支持和建议，共同解决困难和挑战。现如今，数字信息技术已进入学校教学和家校沟通的各个方面，如教育云平台作为一套集教、学、测、评、考、资源、管理和服务的综合性服务大平台，已成为应用于全国各个中小学义务教育阶段智慧教育发展的重要环节。[4]在此基础上，与利益相关方建立起一个畅通、默契的沟通机制很有必要。学校领导要有意识地孕育和维护校内的和谐民主氛围，只有这样才能更好地激发校内职工的工作热情，提高其主人翁意识并满足其对良好人际关系的需求。利用信息化平台实现家校沟通、校内协作，可以大幅度提高教学工作效率，也能更智能化地实现学生发展的量化评估，以检验教学成果。

第五，具有数字学习发展能力的校长对于学校发展有正向影响效应（0.227）。根据彼得·圣吉的学习型组织理论，学习型组织包括"五项修炼"，

---

[1] 柳海民.现代教育学原理导论[M].北京：高等教育出版社，2013：47.
[2] 陈永明.教师教育研究[M].上海：华东师范大学出版社，2003：35.
[3] SERGIOVANNI T J. Leadership and Excellence in Schooling [J]. Educational Leadership，1984（5）：4-13.
[4] 任建满.智慧教育云平台建设研究[J].信息通信，2017（4）：165-166.

分别是建立共同愿景、系统思考、团队学习、开发心智模式及自我超越。[1]刘美凤教授将校长信息化领导力定义为校长认可信息技术在学校有效应用的必要性、重要性和迫切性，能够通过一系列的规划、政策、策略及日常的相关行为，让全校师生员工认同这个目标，共同努力，并最终实现学校信息化的过程。[2]学校的教育信息化是一个不断向前发展的动态过程，没有最终的教育信息化，只有持续向前发展的教育信息化。校长的信息化领导力也需要随着教育信息化的发展而不断提升。学校的发展是校长最为关心的事情，而数字学习发展能力的提升，对学校教育信息化建设乃至学校整体的发展和推进作用巨大。

综上，具有数字战略引领能力、数字变革推动能力、数字技术应用能力、数字沟通协调能力、数字学习发展能力的校长对于学校的发展均有积极作用，在校长数字领导力的建设方面均不可忽视，这与本书的相关结论相对应。校长充分利用所处环境和校内外资源，通过学习，努力提升自己的信息化领导力水平，从而更好地引领学校加快信息化建设，通过教育信息化带动教育现代化发展。

第二节　中小学校长数字领导力与学生发展

党的二十大报告首次对教育、科技、人才进行统筹安排、一体部署，强调要坚持教育优先发展、科技自立自强、人才引领驱动，明确了到2035年我国进入创新型国家前列的战略目标。若想实现这个目标，关键是坚持人才强国战略，培养适应国家发展的新时代人才。而中小学作为人才教育的基础和起始平台，对于学生发展起着至关重要的作用。本章将从校长数字领导力的培育对学生发展的维度出发，研究其治理效果。

---

[1] 彼得·圣吉.第五项修炼——学习型组织的艺术与实务[M].郭进隆,译.上海：上海三联书店,1998.
[2] 刘美凤.校长的信息化领导力[J].中小学信息技术教育,2009（4）：5-7.

一、研究假设与模型建构

（一）研究假设

随着新一轮科技革命的加速演进，信息技术越来越多地融入教育教学之中，催生出大规模在线教育、虚拟仿真教学、人机协同教学、自适应学习等新型教育模式，极大地改变了传统课堂的面貌。[1]这对学生素质教育的推进，提供了充足的平台和技术支持，进而助力学生的成长和发展。

校长数字化领导能力对学生发展的影响，可以成为助力，也可以成为阻力。具有数字化战略引导能力的校长能够提高数字化管理能力，推动教师运用信息技术，开展多样化、个性化的信息化教学，提升教育教学质量，有助于学生学习成绩的提升和完全人格的塑造。[2]只有具备一定的变革创新能力，对教学过程、组织育人理念不断进行更新，才能跟上时代发展的步伐。可见，校长数字信息领导能力的提升，对于学生的成长、发展和人格的塑造有着重要的推动作用。

如果校长不具备多重导向的数字领导力，就会对学生的教育造成阻力。首先，如果中小学校长未能重视数字领导力对学生发展的好处，则会致使学校信息化发展跟不上信息时代的步伐。若是校长不重视数字化设施的建设，不具备与时代相适应的数字化技术应用能力，学校信息化环境的建设水平不达标，终端设备、工具平台、软件资源等方面出现不齐备或使用问题，硬件资源的使用效率低，就会影响教学和学生学习成果；若中小学校长不具备数字化学习发展能力，那么其对信息技术的价值、功能、方式、伦理等众多方面的理解能力差，未能遵循课程改革的理念，不能及时转变教育理念、优化教学模式，提升

---

[1] 黄荣怀，王运武.人工智能变革教育的社会实验：诉求、治理和建议[J].阅江学刊，2024（1）：147-155.
[2] 赵磊磊.校长信息化领导力：概念、生成及培养[J].现代远距离教育，2017（3）：19-24.

教师信息素养和信息技术应用能力，必然影响学生信息素质的培育，影响发展成果。

其次，若中小学校长过度依赖信息化设备，可能会脱离育人本质。《中华人民共和国教育法》明确规定："培养德智体等方面全面发展的社会主义事业的建设者和接班人"，单纯依赖计算机教育无法全面理解德智体美劳各育的内涵与任务，不能有效地进行组织内部沟通协调，不具备相应的沟通协调能力，导致广大教师将精力转移到新技术的不断适应中去，而忽视了对技术支持教学的本质化关注。

综上，只有全面、多维度提高校长数字化领导力，才能提高学校的办学质量与品位。校长数字领导能力包含数字化管理观、数字化教育观、数字化学生观和数字化教学活动观等多个方面，它决定着数字时代校长办学活动的目标、过程及方法，决定着校长所从事的具体实践活动。这就要求中小学校长适应时代发展需求，培育健全数字化领导能力。

基于以上研究，本书提出以下研究假设：

H2a：具有数字战略引领能力的校长对学生发展具有显著的正向影响作用；

H2b：具有数字变革推动能力的校长对学生发展具有显著的正向影响作用；

H2c：具有数字技术应用能力的校长对学生发展具有显著的正向影响作用；

H2d：具有数字沟通协调能力的校长对学生发展具有显著的正向影响作用；

H2e：具有数字学习发展能力的校长对学生发展具有显著的正向影响作用。

(二) 模型构建

本章主要采用多元回归分析方法分析具有不同维度数字领导力的校长对学生发展的影响，在控制了影响校长领导力的人口统计学变量（如性别、年龄、学历、专业背景、行政职务、教育程度等），以获得更准确的估计结果。采用普通最小二乘回归分析方法（OLS），对预测变量模型进行评价。

在估计每一类数字化指标的基础上,将五类数字化指标纳入全模型,进一步估计中小学校长的数字战略引领能力、数字变革推动能力、数字技术应用能力、数字沟通协调能力与数字学习发展能力对学生发展的影响。

$$Y_{si} = \theta_0 + \beta_1 \text{lead}_i + \beta_2 \text{promote}_i + \beta_3 \text{apply}_i + \beta_4 \text{communicate}_i + \beta_5 \text{study}_i + \sum \gamma_i X_i + \varepsilon \tag{5-2}$$

其中,Y_s为因变量学生发展程度。lead、promote、apply、communicate、study依次为中小学校长的数字战略引领能力、数字变革推动能力、数字技术应用能力、数字沟通协调能力与数字学习发展能力。X_i为控制变量,为校长信息化影响力的个人因素。根据前期文献研究,本书控制性别、年龄、行政职务、教育程度、学校类型五项变量。θ_0为常数项,ε为误差项。

二、变量设定与操作化

重视"学生发展",大力开展中小学"五育"融合教育教学应用研究,能够以丰富的教育资源促进学生成长和课程体系建设,加快教育数字化转型步伐,推动中小学学生德智体美劳全面发展。[1]学生发展需要从多个维度进行衡量测度,以下将重点分析被解释变量、解释变量及控制变量的选择及测量方法。

(一)被解释变量

此模型的被解释变量是"学生发展"。首先,本书针对中小学校长数字化领导力的研究,选择"学生发展"作为被解释变量进行研究,可以很好地衡量提升校长数字化领导力提升的现实意义,两者存在助推关系。真正意义上的校长信息化领导力,需要校长对信息化进行系统关注和思考,为学校师生创设信息技术应用环境,能够借助信息技术提升管理学校的效能,

---

[1] 崔喆.依托智慧教育平台,促进学生全面发展[J].河南教育(教师教育),2024(1):52-53.

方便师生通过不同感官获取符合其认知的资源形式,并能够引领师生在成长过程中享受信息化带来的便捷,激活广大师生探索新型学习方法的认知旨趣。❶

学生发展的重点在于中小学学生德智体美劳全面发展。本书对学生发展的测度重点在于学生的整体全面发展,不仅关注学生学习成绩的提高进步,更关注学生人格的培养、良好习惯的养成等,致力于从多个维度衡量学生发展成果。测量题目包括"我所在学校非常重视学生思想道德"等。

(二)核心解释变量

对于校长数字领导力与学生发展水平的助力进行度量,建立学生发展综合评价体系,有利于全面测度中小学校长所具备的不同维度的数字领导力之间影响,更好更快完善"五育"融合教育体系,努力培养德智体美劳全面发展的社会主义建设者和接班人。依据上文文献综述及研究假设,本书选取数字战略引领能力、数字变革推动能力、数字技术应用能力、数字沟通协调能力、数字学习发展能力五个指标进行回归分析。

(三)控制变量

上文通过描述性统计,从数字战略引领能力、数字变革推动能力、数字技术应用能力、数字沟通协调能力、数字学习发展能力五个维度,讨论中小学校长对数字领导力现状的影响,研究了性别、年龄、行政职务、教育程度、学校类型对领导力现状的显著程度。故在本章研究中,控制样本的人口统计学特征,主要研究数字领导力的不同维度对学校发展影响的显著程度,依前文所述假设,控制性别、年龄、行政职务、教育类型、学校类型五个变量。

---

❶ 沈书生. 中小学校长信息化领导力的构建[J]. 电化教育研究,2014(12):29-33.

三、实证测评

综上,本书将性别、年龄、行政职务、教育类型、学校类型五个变量作为控制变量纳入中小学校长数字领导力对学生发展的全过程。将学生发展作为因变量,将中小学校长信息领导力的五个基本维度作为自变量进行多元线性回归分析(表5-5)。

表5-5 校长数字领导力对学生发展的回归分析

变量	回归系数	标准误差	t值	p值	95%置信区间下限	95%置信区间上限	显著水平
数字战略引领能力	0.198	0.035	5.700	0	0.130	0.266	***
数字变革推动能力	0.209	0.035	5.990	0	0.140	0.277	***
数字技术应用能力	0.150	0.035	4.340	0	0.082	0.218	***
数字沟通协调能力	0.068	0.035	1.960	0.050	0.000	0.136	*
数字学习发展能力	0.227	0.035	6.540	0	0.159	0.296	***
女	0.188	0.080	2.340	0.019	0.030	0.345	**
40~44岁	0.169	0.164	1.030	0.304	−0.154	0.492	
45~49岁	0.139	0.162	0.860	0.389	−0.178	0.457	
50岁及以上	0.286	0.166	1.720	0.085	−0.040	0.611	*
副校长	−0.036	0.083	−0.430	0.664	−0.199	0.127	
本科	0.077	0.110	0.700	0.487	−0.140	0.294	
硕士及以上	−0.101	0.233	−0.430	0.665	−0.559	0.357	
初中	0.015	0.088	0.170	0.863	−0.158	0.189	
高中	−0.041	0.180	−0.230	0.819	−0.396	0.313	
完中	−0.306	0.232	−1.320	0.188	−0.761	0.150	
Constant	−0.294	0.184	−1.600	0.111	−0.655	0.068	
Mean dependent var	0	SD dependent var			1.000		
R-squared	0.179	Number of obs			714.000		
F-test	10.159	Prob > F			0		

续表

变量	回归系数	标准误差	t值	p值	95%置信区间下限	95%置信区间上限	显著水平
Akaike crit.（AIC）		1916.256	Bayesian crit.（BIC）			1989.390	

注：*** $p<0.010$，** $p<0.050$，* $p<0.100$。

通过中小学校长领导能力对学生发展的多元线性回归分析情况统计表可知，在控制了性别、年龄、行政职务、教育程度、学校类型等变量后，F-test 为 10.159，具有不同数字领导能力的校长对学生发展普遍具有显著的正向影响。

在上表中，中小学校长数字领导力中具备数字战略引领能力的校长，其中 p 值为 0，说明其具有显著影响，回归系数为 0.198（$p<0.010$），回归系数值大于 0，说明两者之间存在正向相关关系，在 0.010 水平上显著。以此印证上述假设 H2a（具有数字战略引领能力的校长对学生发展具有显著的正向影响作用）成立。

中小学校长领导力中具备数字变革推动能力的校长，对学生发展具有显著的正向影响，回归系数为 0.209（$p<0.010$），以此印证上述假设 H2b（具有数字变革推动能力的校长对学生发展具有显著的正向影响作用）成立。

具备数字技术应用能力的校长对学生发展具有显著的正向影响，其中 p 值为 0，回归系数为 0.150（$p<0.010$），以此印证上述假设 H2c（具有数字技术应用能力的校长对学生发展具有显著的正向影响作用）成立。

中小学校长领导力中具备数字协调沟通能力的校长，对学生发展具有显著的正向影响，其中 p 值为 0.050，回归系数为 0.068（$p<0.010$），印证上述假设 H2d（具有数字协调沟通能力的校长对学生发展具有显著的正向影响作用）成立。

中小学校长领导力中具备数字学习发展能力的校长，对学生发展具有显著的正向影响。回归系数为 0.227（$p<0.010$），回归系数值大于 0，说明两者之间存在正向相关关系，以此印证上述假设 H2e（具有数字学习发展能力的校长对学生发展具有显著的正向影响作用）成立。

四、结果讨论

根据回归模型检验结果，判断前面所提出的研究假设是否成立。本节共提出 5 条研究假设，均可被证实。在此基础上，本文继续分析不同领导力因素（数字战略引领能力、数字变革推动能力、数字技术应用能力、数字沟通协调能力、数字学习发展能力）和学生发展之间的关系，根据回归分析的结果，各潜变量对被解释变量的影响效应见表5-6。

表5-6 研究假设检验结果

研究假设	检验结果	变量关系	影响效应
H2a	证实	具有数字战略引领能力的校长→学生发展	0.198
H2b	证实	具有数字变革推动能力的校长→学生发展	0.209
H2c	证实	具有数字技术应用能力的校长→学生发展	0.150
H2d	证实	具有数字沟通协调能力的校长→学生发展	0.068
H2e	证实	具有数字学习发展能力的校长→学生发展	0.227

学校教育信息化的有效推进需要信息化管理。[1]一般而言，校长的数字战略引领具体到学校管理实践层面，其往往直接作用于学校设立的本质（学生发展），校长与学生群体在育人规划、课程设计、数字应用等诸多方面不可避免存在相应的智慧交集，校长数字领导力的合理提升将成为真正提升学生学习积极性及人格素养培养的关键性因素。这与本书的研究假设具有数字战略引领能力的校长能积极推动学生发展的结论相吻合。沈书生认为，活力进取型（即具

---

[1] 谢忠新，张际平. 基于系统视角的校长信息化领导力评价指标研究[J]. 现代教育技术，2009（4）：73-77.

有数字变革推动能力）的校长能够率先行动，他们不断关注领域的发展变化，能够引领学校探寻信息化教育的真谛，在学校管理与教学过程中体现信息化的力量，进而推动学生的全面发展。❶全面的发展离不开多样的评价体系，学生评价体系改革的关键，在于基础教育信息化，以及其是否能够达到具有优质内容、分配均衡合理。信息化时代背景下，有了更多的信息表征方式和学习评价方式，课堂的形式也变得更加多样化，逐渐延伸到了校园外，面对面的课堂学习和在线学习将会成为未来课堂的主要形式，只有顺应时代的浪潮，应用新数字技术，才能在新时代培育全面人才。张新平教授通过对一些中小学校长的访谈后发现，优质学校的生命深深根植于特定的社会环境之中，需要与家庭、社区结成同进共赢的共同体，相互协调配合，才能实现全方位的育人体系。❷其中，校长的信息沟通协调能力发挥了巨大的作用，可见校长良好的信息沟通能力能够帮助学生全面成长。校长教育信息化领导力是个体信息素养特质驱动团队实现教育信息化的过程。❸

总之，综合相关研究经验，校长的数字领导力在中小学"育人"体系中起到了重要的推动作用，校长的数字战略引领能力、数字变革推动能力、数字技术应用能力、数字沟通协调能力和数字学习发展能力可助推学生发展，这与本节研究假设相互印证。

第三节 中小学校长数字领导力与教师发展

校长是中小学校管理的关键人物，其领导实践可能会对教师发展产生一定的影响。前面两节内容研究了中小学校长数字领导力对学校发展、学生发展的影响，本节内容研究中小学校长数字领导力对教师发展的影响。

---

❶ 沈书生.中小学校长信息化领导力的构建[J].电化教育研究，2014（12）：29-33.
❷ 张新平.何谓优质学校[J].教育发展研究，2011（10）：27.
❸ 王佑镁，杜友坚，伍海燕.教育信息化领导力的内涵与发展[J].中国教育信息化，2007（24）：18-20.

一、研究假设与模型建构

（一）研究假设

校长作为学校的管理者，承担教师发展的责任。研究表明，校长从不同方面促进教师的发展。具有引领能力的校长通过制订标准引导教师行为，使教学符合改革预期，实现教学目标。[1]具有数字战略引领能力的校长会通过目标导向的领导模式，将数字能力要求传输给教师，继而提升教师的数字能力。变革型领导的领导模式以沟通理性为基础，校长通过个人魅力影响其追随者，提升追随者的需要层次，激发追随者的内在动机，激励追随者超越自我，进而推动组织发展与变革。[2]校长领导力的成效很大程度上取决于教师对改革的认可与理解。校长的领导实践对教师观念转变、行为改变有重要作用，具有变革推动能力的领导，其推行组织变革的阻力就会小。数字能力具有一定的技术门槛，有数字技术应用能力的校长能够更容易掌握新技术、新方法，对教师有较好的示范作用。学校为教师提供各种培训机会、参赛机会以及科研机会，这将有助于教师发展。能够促进教师发展的领导，不仅仅能够通过规则和技术等工具促进教师发展，也一定能够与教师有良好的沟通交流，给予教师认可和激励[3]，及时反馈教师意见，重视教师的心理健康。[4]教学是动态的过程，如果校长具有动态的学习能力，给予教师一定的个人发展空间，使其能够主动参与变革，主动学习新技术新方法，将有助于激发教师追求更高的自我实现，实现教学质

---

[1] HALLINGER P, HECK R H. The Principal's Role in School Effectiveness: An Assessment of Methodological Progress, 1980—1995 [J]. International Handbook of Educational Leadership and Administration, 1996 (2): 723-783.

[2] DAY C, HARRIS A, HADFIELD M. Challenging the Orthodoxy of Effective School Leadership [J]. International Journal of Leadership in Education, 2001, 4 (1): 39-56.

[3] 吕蕾.提升农村校长教学领导力为乡村教师发展注入"内动力"——基于北京市18所郊区学校校长和1577名教师的调研[J]. 中小学管理, 2019 (2): 34-35.

[4] 李晓蕾, 黎万红, 卢乃桂.促进教师发展的校长领导力研究——以两所初中校校长为个案[J]. 教育发展研究, 2012 (4): 70-74.

量不断提升。

基于以上研究结论，本书提出以下研究假设：

H3a：具有数字战略引领能力的校长对教师发展具有显著的正向影响作用；

H3b：具有数字变革推动能力的校长对教师发展具有显著的正向影响作用；

H3c：具有数字技术应用能力的校长对教师发展具有显著的正向影响作用；

H3d：具有数字沟通协调能力的校长对教师发展具有显著的正向影响作用；

H3e：具有数字学习发展能力的校长对教师发展具有显著的正向影响作用。

（二）模型构建

本书主要采用多元回归分析方法分析具有不同维度数字领导力的校长对教师发展的影响，对人口统计学变量（如性别、年龄、学历、专业背景、行政职务、教育程度等）进行控制，以获得更准确的估计结果。采用普通最小二乘回归分析方法（OLS）对预测变量模型进行评价。

将控制变量和五个维度的测量指标纳入全模型，估计中小学校长的数字战略引领能力、数字变革推动能力、数字技术应用能力、数字沟通协调能力与数字学习发展能力对教师发展的影响。模式如下：

$$Y_t = \theta_0 + \beta_1 \text{lead}_i + \beta_2 \text{promote}_i + \beta_3 \text{apply}_i + \beta_4 \text{communicate}_i + \beta_5 \text{study}_i + \sum \gamma_i X_i + \varepsilon \tag{5-3}$$

其中，Y_t为因变量教师发展程度。lead、promote、apply、communicate、study依次为中小学校长的数字战略引领能力、数字变革推动能力、数字技术应用能力、数字沟通协调能力与数字学习发展能力。X_i为控制变量，为校长信息化影响力的个人因素。根据前期文献研究，本研究控制性别、年龄、行政职务、教育程度、学校类型五项变量。θ_0为常数项，ε为误差项。

二、变量设定与操作化

为提高学校治理水平,当前各部门致力于"系统推进育人方式、办学模式、管理体制、保障机制改革",倡导要"充分激发广大校长教师教书育人的积极性创造性"。教师发展是学校能否发展进步的重要方面,与中小学校长数字领导力的塑造有紧密的联系,以下将从各个方面分析变量的选择与测度。

1. 被解释变量

此模型的被解释变量是"教师发展"。教师发展与教师专业发展的概念具有较高重合性,教师专业发展更侧重于教师在教育理念、教育技能、情感态度、价值观等方面达到标准程度,而教师发展重在自我更新、自我实现的过程,发展目标是教师的全面发展。[1]本书对教师发展的测量侧重于整体结构,以及教师个人的教学技能、职业幸福感等,测量题目包括"我所在学校教师具有较好的学科知识""我所在学校教师能灵活运用多媒体教学",等等。

2. 核心解释变量

核心解释变量与前两节相同,是校长数字领导力。本书选取数字战略引领能力、数字变革推动能力、数字技术应用能力、数字沟通协调能力和数字学习发展能力五个指标进行回归分析。数字战略引领能力的测量题目包括"学校愿意与老师协商制订数字发展意愿"等,数字变革推动能力的测量题目包括"学校培养教师的数字化技术"等。

3. 控制变量

同前面保持一致,控制样本的人口统计学特征包括控制性别、年龄、行政职务、教育类型、学校类型五个变量。

---

[1] 陈名树,宋善炎.中小学教师发展力指标体系结构模型研究——基于扎根理论的调查分析[J].教育学术月刊,2023(9):18-26.

三、实证测评

回归模型将性别、年龄、行政职务、教育类型、学校类型五个变量作为控制变量纳入模型中,教师发展作为因变量,中小学校长信息领导力的五个基本维度作为自变量进行多元线性回归分析。回归结果见表5-7。

表5-7 校长数字领导力对教师发展的回归分析

变量	回归系数	标准误差	t值	p值	95%置信区间下限	95%置信区间上限	显著水平
数字战略引领能力	0.215	0.032	6.670	0	0.152	0.278	***
数字变革推动能力	0.201	0.032	6.210	0	0.137	0.264	***
数字技术应用能力	0.262	0.032	8.160	0	0.199	0.325	***
数字沟通协调能力	0.199	0.032	6.200	0	0.136	0.262	***
数字学习发展能力	0.295	0.032	9.150	0	0.232	0.359	***
女	−0.005	0.074	−0.070	0.941	−0.152	0.141	
40~44岁	0.177	0.153	1.160	0.246	−0.122	0.477	
45~49岁	0.171	0.150	1.140	0.256	−0.124	0.466	
50岁及以上	0.120	0.154	0.780	0.436	−0.182	0.422	
副校长	0.071	0.077	0.920	0.359	−0.081	0.222	
本科	−0.052	0.103	−0.510	0.611	−0.253	0.149	
硕士及以上	−0.071	0.216	−0.330	0.742	−0.496	0.354	
初中	−0.065	0.082	−0.800	0.426	−0.227	0.096	
高中	0.030	0.167	0.180	0.859	−0.299	0.358	
完中	−0.301	0.215	−1.400	0.163	−0.723	0.122	
Constant	−0.099	0.171	−0.580	0.563	−0.434	0.237	
Mean dependent var		0	SD dependent var		1.000		
R-squared		0.293	Number of obs		714.000		
F-test		19.301	Prob > F		0		
Akaike crit.(AIC)		1809.506	Bayesian crit.(BIC)		1882.641		

注:*** $p<0.010$,** $p<0.050$,* $p<0.100$。

通过中小学校长领导能力对教师发展的多元线性回归分析情况可知，在控制了性别、年龄、行政职务、教育程度、学校类型等变量后，F test=19.301 从整体上看，具有不同数字领导力的校长对教师发展普遍具有显著的正向影响。

从表5-7可知，中小学校长数字领导力中数字战略引领能力对教师发展有显著影响，回归系数为0.215（$p<0.010$），印证了假设H3a（具有数字战略引领能力的校长对教师发展具有显著的正向影响作用）。同理，具备数字变革推动能力的校长对教师发展具有显著的正向影响，回归系数为0.201（$p<0.010$），印证了假设H3b（具有数字变革推动能力的校长对教师发展具有显著的正向影响）。同样，具备数字技术应用能力的校长对教师发展具有显著的正向影响，回归系数为0.262（$p<0.010$），在0.010水平上存在显著的正向影响，印证了上述假设H3c（具有数字技术应用能力的校长对教师发展具有显著的正向影响）。数字协调沟通能力较强的校长对教师发展具有显著的正向影响，回归系数为0.199（$p<0.010$），印证了假设H3d（具有数字协调沟通能力的校长对教师发展具有显著的正向影响作用）。同理，数字学习发展能力较强的校长对学生发展具有显著的正向影响，回归系数为0.295（$p<0.010$），印证了假设H3e（具有数字学习发展能力的校长对教师发展具有显著的正向影响作用）成立。

四、结果讨论

根据回归模型检验结果，可判断前面所提出的研究假设是否成立。本节共提出五条研究假设，均可被证实。在此基础上，本节继续分析不同领导力因素（数字战略引领能力、数字变革推动能力、数字技术应用能力、数字沟通协调能力、数字学习发展能力）和教师发展之间的关系，根据回归分析的结果，各潜变量对被解释变量的影响效应见表5-8。

表5-8 研究假设检验结果

研究假设	检验结果	变量关系	影响效应
H3a	证实	具有数字战略引领能力的校长→教师发展	0.215
H3b	证实	具有数字变革推动能力的校长→教师发展	0.201
H3c	证实	具有数字技术应用能力的校长→教师发展	0.262
H3d	证实	具有数字沟通协调能力的校长→教师发展	0.199
H3e	证实	具有数字学习发展能力的校长→教师发展	0.295

有研究者指出，校长在学校发展过程中至关重要，其职责之一就是推动教师专业发展，校长的最高价值是实现"人的成长与发展"。[1]校长在了解国家教育发展战略和前沿技术的同时，与学校教师形成"教育命运共同体"，制定共同的愿景，并通过行动实现教育共同愿景，促进教师专业水平提高和发展，推动学校教育革新。变革型领导是一种价值附加型的领导模式，校长应以个人魅力来影响追随者，通过提升追随者的需要层次与内在动机，激励追随者不断挑战并超越自我，从而创造性地推动组织发展与变革。[2]当前，信息化时代下校长更应重视教师高层次的精神需求，激发教师学习和参与决策管理的主动性，并营造有利于教师发展的合作与信任的组织文化。这与本研究中数字变革推动能力促进教师发展相一致。而要实现基础教育阶段数字信息化优质均衡发展，教师是行动的主要参与者，他们的信息技术应用能力直接关系到教育信息化实践的效果。[3]校长数字领导力作为其中的关键因素，决定着学校教育信息化建设。

相关研究表明，校长数字领导力对教师信息技术应用具有重要的促进作用，与本书回归分析结果相一致。魏梁伟、蔡艳萍与坎南（Kannan）等人研究证实，校长信息化领导力对教师信息技术应用能力具有较强的正向影响；张奕

---

[1] 李云飞，陈亮.论校长领导力在教师专业发展中的作用[J].辽宁教育行政学院学报，2011（2）：22-24.

[2] DAY C, HARRIS A, HADFIELD M. Challenging the Orthodoxy of Effective School Leadership [J]. International Journal of Leadership in Education，2001，4（1），39-56.

[3] 饶爱京，万昆，任友群.优质均衡视角下县域基础教育信息化发展策略[J].中国电化教育，2019（8）：37-43.

华研究发现，校长信息化领导力不仅对教师技术应用技能具有正向影响，而且对其教学效能也有促进作用[1]；杰莱普（Celep）和图卢兹（Tülüba）研究显示，校长信息化领导力对教师使用信息技术的积极态度具有促进作用，而对其消极态度不具有显著影响。[2]没有调查没有发言权。了解教师活动情况，收集、筛选和处理相关信息，有利于校长有的放矢地进行学校管理。[3]通过对话与交流，发现问题并帮助教师及时调整专业发展方向，对教师职业生涯良性发展至关重要。[4]培养校长的数字沟通协调能力，才能确保搭建学校信息系统，协助校长全方位掌握教师职业生涯中的各方面信息，打通数字沟通的壁垒，以建立高效的教师团队。

综上，中小学校长数字领导力对教师发展有显著的促进作用。20世纪90年代素质教育是中国基础教育的重要战略，如今数字发展战略对校长和教师提出了新的要求。校长管理学校的核心工作之一就是帮助教师发展成长，与传统校长领导力不同的是，现代社会要求校长具备数字战略引领能力、数字变革推动能力、数字技术应用能力、数字沟通协调能力与数字学习发展能力，具备数字领导力的校长继而能够对教师发展产生更积极的作用。这一结论在企业也得到了验证，数字领导力积极影响员工数字创造力，并且知识共享、双元学习起

---

[1] CHANG I.-H. The Effect of Principals' Technological Leadership on Teachers' Technological Literacy and Teaching Effectiveness in Taiwanese Elementary Schools [J]. Educational Technology & Society, 2012, 15（2）: 328-340.

[2] CELEP C, TIJEN TÜLÜBAŞ. Effect of Principals' Technological Leadership on Teachers' Attitude Towards the Use of Educational Technologies [J]. Ifip Conference on Information Technology in Educational Management, 2014: 247-258.

[3] 张乐乐，张天琦.智能时代中小学校长信息化领导力提升路径研究[J].中国教育信息化，2022（6）: 81-88.

[4] 劳埃德·拜厄斯，莱斯利·鲁.人力资源管理（第七版）[M].董丽敏，等译.北京：人民邮电出版社，2004: 169.

到链式中介的作用。[1]积极的领导有助于提升教师的创造力,具备数字领导力的校长更愿意分享信息,帮助教师主动学习,在数字技术的推动下,促进教师的职业发展。

小　结

本章重点探究中小学校长数字领导力的治理效果。首先,本章进行研究假设,分别假设具有数字战略引领能力、数字变革推动能力、数字技术应用能力、数字沟通协调能力和数字学习发展能力的校长对学校发展、学生发展、教师发展具有显著的正向影响。其次,构建多元回归模型,将五类数字化指标纳入模型,进一步估计中小学数字领导力对治理效果的影响。根据所采集到的问卷数据的处理结果,将学校的治理效果(即学校发展、学生发展、教师发展)作为因变量,将具有数字战略引领能力、数字变革推动能力、数字技术应用能力、数字沟通协调能力、数字学习发展能力的校长分别作为自变量,人口统计学变量作为控制变量进行多元线性回归。最后,研究发现,具有数字战略引领能力、数字变革推动能力、数字技术应用能力、数字沟通协调能力、数字学习发展能力的校长对学校发展有显著的正向影响;具有数字战略引领能力、数字变革推动能力、数字技术应用能力、数字沟通协调能力、数字学习发展能力的校长对学生发展有显著的正向影响;具有数字战略引领能力、数字技术应用能力、数字沟通协调能力、数字学习发展能力的校长对教师发展有显著的正向影响。

---

[1] 姚德明,赵含笑.数字领导力与员工数字化创造力——一个有调节的链式中介模型[J].湖北工业大学学报,2023(6):7-11.

第六章 中小学校长数字领导力的提升机制与路径

基于中小学校长数字领导力的五大能力要素分析，结合中小学校长数字领导力影响因素，本章节尝试提出中小学校长数字领导力的提升机制与路径，以便更好地提升中小学校长数字领导力。

第一节 中小学校长数字领导力的提升机制

一、完善政策支持机制

政策支持机制是由政府或相关部门采取的一系列政策措施，旨在鼓励、引导或促进特定领域的发展。获得政策支持对中小学来说，意味着可以获得政府的资金、资源、服务和政策扶持，从而提升学校的竞争力和发展潜力，促进学校的稳定和可持续发展。在完善中小学校长数字领导力的政策支持机制上，首先应加强国家的政策支持，积极引导扶持学校发展；其次要构建相应的制度体系，进一步提升政策的针对性和有效性；最后要打造数字化领导力的具体政策实施方案，增强政策的适应性和可操作性，促进中小学校长数字领导力的提升。

第一，建立数字化领导力政策保障体系。全面提升中小学校长数字领导力、提高领导效能，应以增强政策有效性为突破口，打破横亘在提高中小学校长数字领导力的各种政策壁垒，以提高政策供给质量为出发点，把握政策方向，确保政策实施的精准性和有效性，提升政策的系统性和协调性，为提升中小学校长数字领导力提供必要的政策支持。

首先，因地制宜地发挥政策的引领作用。在整体层面，一方面要积极推动数字化全局发展战略，特别是教育数字化政策规划，在全社会形成有利于中小学校长数字领导力成长的宏观环境；另一方面要以实事求是为原则、以基层调研为方法、以学校需求为切口，制定真正有利于学校数字化转型的政策，确保中小学校长发挥数字化领导力的主动性和积极性。在地方层面，应坚持因地制宜原则，差异化制定相关政策。一方面，针对我国地方社会经济和教育文化发展不同的现实情况，避免国家对数字化建设的"一刀切"，应分步骤、分区域、分等级构建政策框架，由地方政府和中小学根据政策框架和自身实际情况，推动数字化建设进程，做到学校数字化建设有本可依、有据可循；另一方面，应切实关注政策出台后的落实情况和执行效果，根据现实情况及时调整政策执行方案、政策实施力度和政策最终目标等，真正做到因地制宜、因时制宜。

其次，以教育均衡为核心发挥政策协调作用。《教育2030行动框架》将质量与工作作为衡量教育发展的重要指标[1]，教育资源的均衡合理配置为中小学校长数字领导力的发挥提供保障，不同地区和学校间数字技术和资源的水平差异有可能加剧数字化鸿沟，带来新一轮的教育不公平现象，因此应完善教育均衡相关政策，发挥政策在不同地区间的协调作用。一方面，应基于宏观视角关注农村学校数字技术和资源覆盖的广度，将农村中小学校长数字知识的培训和学习、农村学校实现数字化转型的资金支持融入宏观政策，同时，政府可以通过建设全国范围内共享的教育资源公共平台，为偏远地区或农村地区提供教育资源，实现"基础性资源依靠政策"；另一方面，当地政府应在制定宏观的教育政策基础上发挥统筹协调作用，适当向地方农村教育倾斜技术或资金资源，给予农村中小学校长领导学校进行数字化建设的权利和空间，在区域内落实教

---

[1] 李学书，范国睿. 未来全球教育公平：愿景、挑战和反思——基于《教育2030行动框架》的分析[J]. 比较教育研究，2016（2）：6-11.

育公平政策，通过缩小城乡间的数字教育资源差距，发挥中小学校长数字化领导力。最后，以系统完备为标准，发挥政策保障作用。中小学校长数字领导力保障政策简单来说就是做好政策衔接，一是做好教育政策、科技发展政策、中小学建设政策的有效衔接，即在国家教育方针和中小学建设中纳入数字建设要求，使中小学数字化建设政策安排与全局性教育发展政策和科技发展政策保持一致，同时加强对现有政策的梳理，对于既涉及中小学数字化建设又涉及教育和科技领域的政策，注意保持连续性、发展性和可持续性。二是做好国家政策和地方政策的有效衔接。地方应积极以国家大政方针为指导框架，深入推动中小学数字化变革进程；国家应主动以地方实际情况为参考依据制定相关政策，使政策效能发挥到实处。三是做好法律制度、财政保障和绩效考核等各领域政策的衔接。法律制度上应适当加强政府以外利益相关对中小学校长权力的横向制约，比如党支部、教代会和家委会等，使校长在充分行使法律赋权同时受到合理制约；财政保障上应加大财政倾斜力度，促进数字资源不足地区的经济发展，从根本上解决教育数字化发展动力不足的问题；在绩效考核上可将中小学校长数字领导力纳入对中小学校长的考核范畴。总之，各领域应完善提升中小学校长数字领导力的配套政策，但同时应保证政策的一致性。

第二，构建数字化领导力建设制度体系。首先，建立完备的数字校园管理规章，包括校园网络管理、教学空间管理等；制定鼓励教师进行信息化教学的激励政策，使信息技术应用常态化；建立学校数字教育资源共建共享的机制和制度；建立数字校园绩效评估机制，诊断现存问题并提出改进意见；根据国家、省、市、县（市、区）教育信息化发展规划，结合中小学校实际，制订数字校园建设与发展规划及年度工作计划。例如，学校有完备的数字校园建设、管理与应用规章制度，各项规章制度执行有记录、有检查、有评价；学校在职称评聘、绩效考核等方面有信息化教学应用、优质资源共建共享的激励措施，措施科学合理，执行有章可循；学校结合实际制定并印发数字校园建设与应用发展规划，制订年度工作计划与总结。其次，数字校园建设与运行维护的经费列入教育事业专项资金，形成制度化的可持续的经费投入机制；硬件、软件和运行维护的经费投入要比例合理，不能只关注硬件投入，要加大应用和培训方面的经费投入；学校日常经费预算中应包括每年必要的数字校园运行维护经费。例如，制定与学校规模及发展目标相适应的数字校园财政经费保障，并将其列入学校年度预算，且要保证经费稳定持续、来源明确、结构合理、账目清晰；学校从公用经费中提取一定比例用于购买数字教育资源、信息化运行维护和应用服务。最后，建立校政企三方协同机制，理顺建设数字校园过程中的合作关系与运作机制；发挥家长、公益组织等社会力量的作用，深入推进数字校园建设与发展；与高校、科研院所等研究机构建立实质性的合作关系，围绕数字校园建设有目的地开展协同研究。

第三，打造数字化领导力政策实施方案。现阶段，中小学校长在引领学校建设、带领教师发展的过程中少数字化教学的创新方案。调研发现，在目前大部分中小学，很少有学校将教师信息化应用能力培训列入评价指标，缺乏对数字技术和教学教研融合发展的激励制度，建立学校信息化团队的更是少之又少。在校园管理过程中，可制定科学、系统、符合教学规律、切合学校实际情况的具体方案来推动学校数字化建设。一方面，凡符合条件的在任教师全部参加中小学教师信息技术应用能力培训，并达到合格要求；积极推荐教师参加相关部门组织的信息技术培训和教研活动，培训成绩达标后计入继续教育学分；主动开展校内数字校园建设与应用培训，提高教职员工的信息技术应用能力和数字素养。另一方面，成立以中小学校长为组长的数字校园建设领导小组和工作小组，加强对数字校园建设工作的领导；设立学校首席信息官职务，建设一支专兼结合、结构合理、素质优良的数字校园建设与应用的教师队伍；地方教育信息化相关机构参与数字校园建设的组织、实施和指导工作，保障数字校园建设工作有序进行。

二、打造内生动力机制

"内生动力"一词是心理学概念,指来自个体内部的驱动力。[1]内生动力概念因研究领域和视角的不同而存在不同的理解。在心理学领域,内在动机被广泛研究,最早由德赛提出,认为内在动机是人天生的需要,指自己在接受挑战和困难面前的能力和决策能力。哲学领域认为,内因是事物的动力和源泉,也是决定性的因素,而外因则是事物发展的条件。内生动力是动力体系中最稳定、持久的动力。在心理学中,人作为个体存在,内生动力分为认知、情感、能力、意志、人格和价值等。内在驱动力源自心理系统之间的相互作用。心理系统之间的复杂关系及其相互作用产生的合力,是推动个体行为产生的根源所在。因此,探索中小学校长数字领导力的内生动力机制,笔者将从树立正确的职业观、完善激励约束机制、增加自身社会资本三个维度来进行。

第一,树立正确的职业观。校长的职业观决定了他们参与数字化教育的性质和态度。正确的职业观强调以学生为中心,注重学生成长和人才培养;注重实践和探究,引导学生发挥自主性;注重学科与跨学科结合,以及强化数字技术与现代教育技术的整合等。如果校长能够拥有一个正确的职业观,他们就会更有动力去关注学生的数字素养和科技创新,积极将数字技术应用于学校教育工作中,通过数字化手段提高教学效果和管理效率。进一步讲,中小学校长可以通过以下三个方面树立正确的职业观,加强自身的数字化领导力。首先,专业学习和思想理论建设。校长应积极参与教育专业学习和培训,不断拓展教育知识和专业素养。他们可以参加教育研讨会、学术研究活动,关注最新的教育发展趋势和前沿理论,深入研究和思考数字化教育的理论和实践。同时,校长还可以加强对教育科技领域相关书籍、期刊和研究论文的阅读,通过不断学习和思考,形成独立的思考体系和专业观点,从而培养正确的职业观。其次,参

---

[1] 韦成龙,钟华,刘理.创新型人才培养的内生动力问题刍议[J].高教发展与评估,2012(4):24-29.

与教育活动和数字化教学研修。校长可以积极参与各类教育活动和数字化教学研修，在实践中进行深层次的学习和思考。他们可以参与教育研讨会、高级研修班、教育峰会等专业活动，与其他教育从业者交流经验、分享成果，并学习其他学校优秀的数字化教育案例与经验。此外，校长还可以参加数字化教学工作坊、师资培训课程等专门针对数字化教育的研修，学习和掌握最新的数字教育技术和教学法，并将其应用到学校教育实践中。最后，建立反思机制。校长应建立反思机制，定期对学校教育工作进行自我反思和评估。他们可以利用专业工具和方法，收集并分析教育数据、学生评价、家长意见等信息，反思自己的教育管理和教育科技应用，发现教育问题、挑战和改进空间，进一步优化校本课程和数字教育策略。此外，校长还可以定期组织教育工作会议，与教师和相关人员共同反思和探讨教育教学的问题，形成共识，激发职业观。只有树立了正确的职业观，校长才能真正成为教育改革的推动者，进而带动学校数字化教育的发展。

第二，完善激励约束机制。激励约束机制是指通过激励措施来增强校长的积极性和动力，并通过约束措施来规范校长的行为，进而推动校长数字领导力的提升。有效的激励约束机制可以促使校长更加努力工作，推动学校数字化教育的发展。例如，通过奖励与考核相结合的方式，鼓励校长在数字化教育中取得优异成绩，同时建立监督评估机制，确保校长履行其数字化教育的职责。完善激励约束机制对于构建中小学校长数字领导力的内生动力机制至关重要。合理的激励机制能够激发校长的积极性和创造力，鼓励他们更加投入数字化教育工作。同时，有效的约束机制能够规范校长的行为，确保他们按照教育政策和教育改革的要求推进数字化教育。通过完善激励约束机制，可以提高校长数字化领导力的发展水平，推动学校数字化教育的提升。一方面，我们可以建立合理的激励机制，制定合理的薪酬体系，将数字化教育绩效纳入考核指标，并与薪酬直接挂钩。根据校长在数字化教育中的表现和成绩，给予相应的薪资增长、奖金等激励。❶建立良好的晋升机制，将数字化教育工作作为晋升的重要衡量标准之一。对那些在数字化教育方面表现优秀、推动学校数字化教育发展的校长给予晋升的机会。设立数字化教育成果奖、校长先进个人荣誉等，对在数字化教育领域有突出贡献的校长给予表彰，激励他们的积极性。另一方面，建立有效的约束机制。建立数字化教育工作的监督评估机制，对校长的数字领导力与数字教育工作进行全面评估。评估可以包括数字教育的规划与实施、资源配置与利用、课程与教学、创新与研究等方面。评估结果可以作为校长绩效考核和奖惩的重要参考。进行责任追究。明确校长在数字化教育工作中的责任和义务，并建立相关的责任追究机制。校长需要对数字化教育的成果和效果负责，对违纪违规、推进不力等行为进行相应的纪律和管理处罚。

第三，增加自身的社会资本。社会资本可以分为结构性资本、关系性资本和认知性资本。中小学校长可以以此为基础，丰富社会资本的各个维度。在结构性资本方面，中小学校长可以通过积极参与学术研讨会、专业培训、教育行业组织活动等，获取最新的学术成果、教育政策和技术动态，扩展自身的知识和见识。在关系性资本方面，校长可以积极与其他学校校长、政府部门、教育机构、行业专家等建立良好的合作关系，在交流中分享经验和实践成果，并获得来自各方的支持和资源，促进数字领导力的提升。在认知性资本方面，校长应借助先进的教育技术和教育资源，建立自身在数字化教育领域的专业形象和认知，提升自身的影响力和能动性。拓宽社会资本渠道，指通过与不同组织和机构建立合作关系❷，获取更多资源和支持，从而增加中小学校长的社会资本。在此，从以下三个方面论述中小学校长如何在提升数字领导力的同时拓宽社会资本的渠道。首先，与政府部门合作。与政府部门合作能够为中小学校长提供

---

❶ 薛彦华，李佳.校长领导力作为学校改进内生动力的内涵、依据与策略[J].教学与管理，2022（3）：34-37.

❷ 江楠.教师交流轮岗要关注内生动力的形成[J].中国教育学刊，2016（1）：105-106.

政策支持和资源投入，推动数字化教育的发展。校长可以积极参与教育政策的制定和实施，参加相关会议和研讨会，与政府官员进行交流和合作。通过这种合作，校长能够了解最新的政策动态，提出建议和意见，并获得政府的资源支持，使他们在数字领导力方面能够更具影响力。其次，同教育机构合作。与教育机构的合作是拓宽社会资本的重要途径。校长可以与高等教育机构、研究机构等建立合作关系。通过与这些机构合作，校长能够参与教育创新研究项目，与教育专家进行交流和合作，并获取专业知识和技术支持。这些合作关系可以为校长提供更广阔的教育视野和专业背景，促使他们在数字化教育方面更加有能力、有见识。最后，和社会企业合作。与科技企业、教育服务提供商等社会企业的合作也是拓宽校长社会资本的重要渠道。校长可以与这些企业合作推动学校的数字化教育实践和创新。合作的形式包括与企业合作开展教育科技项目、共同研发教育资源和工具，以及参与试点项目等。通过与社会企业的合作，校长能够获取先进的教育技术和资源，以及专业的支持与培训。这种合作有助于提升校长的数字化教育能力，并为学校的数字领导力提供更多的创新和发展机会。通过与政府、教育机构和社会企业的合作，中小学校长能够拓宽社会资本渠道，获取更多的资源、知识和支持。这不仅有助于校长个人的成长和发展，也为学校的数字领导力提供了更广阔的平台。这种合作关系不仅能满足校长在数字化教育方面的需求和挑战，同时也为校长提供了更多的机会参与行业的发展和创新。通过与外部机构的合作，校长能够在数字化教育领域与各方合作共赢，促进学校整体的数字化教育发展。

三、健全组织学习机制

学习机制是保障"组织学习"活动的一套运作机制。关于健全中小学校长数字领导力的组织学习机制，提高中小学校长数字领导力的重要影响，与组织内个人学习、团队学习及整个组织的学习密切相关。无论是个人学习、团队学习还是整个组织学习，都对提升中小学校长在数字领导力方面起到至关重要的作用。因而笔者将从个人、团队和组织三个层面来展开讨论。

第一，个人主动学习。组织学习得以实现的前提是组织成员的个体学习，在此基础上形成共享、演化，中小学校长高质量的自主学习是健全中小学校长数字领导力的组织学习机制的重要前提。对于中小学校长个体而言，坚持终身学习，对数字化专业发展非常重要。[1]中小学校长作为专业工作者，开展数字领导力的学习是其内在的角色要求。笔者在长期调研中发现，很多中小学校长原本并不在学校任职而是在政府其他部门工作，多为临时借调，因而起初对于如何领导学校并不了解，对于学校的数字化领导主要靠上级政府政策的引导或制定的硬性任务来推动工作开展，对其自身而言，则是缺乏内在诉求与自主意愿的。中小学校长学习数字领导力多是依赖外部因素驱动力，并非个人主体的自发性行为，其在学习数字领导力中表现出来的能动性较弱。因此，在个人层面积极提升数字领导力的学习过程中，一方面需要进行理论学习。克斯韦尔认为："一切事情的兴衰取决于领导力的到位或者缺失。"然而缺失学习意愿和行为的领导势必会举步不前。中小学校长应积极主动学习数字领导的理论知识，以此来奠定提升数字领导力的坚实基础。另一方面要不断地参与数字领导力实践。中小学校长的数字领导力是指中小学校长在中小学数字化建设实践中，遵循党的教育方针和数字化教育教学规律，为实现中小学数字化建设目标应具备的规划和决策等能力的集合。这就要求中小学校长将已掌握的知识储备与实际情况相结合，中小学校长可以运用数字化领导力来高效地解决各种问题。通过这一过程，他们可以总结出经验和方法，不断提升自己在数字领导力方面的水平。这种方式能够帮助中小学校长在面对当前存在的问题时，更加准确和高效地进行处理。

第二，团队分享与合作学习。组织学习机制强调集体性的共同愿景。通常

---

[1] 谢志勇，王红.乡村教师数字化持续专业发展对数字化教学素养的影响——组织支持感和自我效能感的中介作用[J].华南师范大学学报（社会科学版），2024：1-12.

团队学习的主要形式有集体学习或深度汇报。随着时间的推移，要引导团队成员意识到团队发展与自身发展是息息相关的，进而寻求共同进步，共建共享共同提高自身素质，团结一致追求团队的可持续发展。中小学校长是数字校园建设的当然主体，其数字领导力关系到数字校园建设和学校治理效能，但中小学数字领导力的提升不是校长一人之力就能够完成的，数字领导力的提升涉及方方面面，良好的团队氛围和团队高质量建设发展是顺利展开数字校园建设、提升数字领导力的重要保障。中小学团队中的工作者应从政策的服从者与执行者这一角色中解放出来，团队个体应将自身的发展与数字校园建设融为一体，积极参与并有效促进提升中小学校长的数字领导力。团队分享与合作学习，首先可以通过团队成员之间的交流讨论、经验共享和问题反馈等形式进行。在提升中小学校长数字领导力的过程中可以建成一个学习与发展共同体，借助定期集体研讨，促进优秀数字教学领导经验和课程资源的分享与推广，在数字化校园建设中各团队成员可以保持适时的沟通，建立良性的互动关系，有效的沟通与协调可以降低团队内部的冲突和摩擦，提升团队内部成员之间的合作意愿和合作效率；并且有时我们需要他人的问题反馈与信息，防止其他成员通过更多方位的信息输入，更好地完善自身。其次可以从知识储备的过程中或数字化校园建设实践工作中进行经验积累、知识扩充等。虽然中小学校长对学校高质量发展起着决定性作用，但中小学数字领导力的提升并非中小学校长一个人的课题，其团队中的每一位成员都有责任与义务来共同参与建设提升，一个人能走得很快，而一群人一起走才能走得更远；在提升中小学校长数字领导力的实践过程中总会产生这样或那样的问题，开展反思若仅仅停留在个人层面，就会囿于个人已有的知识与观念，若要实现批判反思的成效，就需要借助集体的力量，即与同路人组合成共同体，开展合作反思，由此我们可以通过听取他人的实践经验累积来反观自己的学习领导实践，进而找到更好的解决提升办法。最后，无论是何种形式还是何种方法，目的都在于解决实践工作中出现的各种问题，提升中小学校长的数字领导力水平，提高数字校园建设和学校治理效能的精准性和有效性。

第三，组织相互学习借鉴。组织之间互相学习借鉴是中小学校长提升数字领导力的重要方式。坚实的组织学习策略有助于通过学习提高自身竞争力，可以打破信息孤岛，让不同组织间的信息可以互相流动，有利于不同组织间了解彼此的工作进展、工作需求，或遇到的问题，从而更好地进行协调和配合；不同组织在合作交流中可以带来新的思路和观点，从而促进创新和协同发展。学校组织之间的学习包括学习国家或上级政府部门数字校园建设的政策，中小学校长想要提升数字领导力，需要积极学习响应数字校园建设的大政方针，在吃透政策精神的基础之上，通过良好沟通，取得国家或上级教育行政部门的大力支持，为发展校园数字建设提供坚实的后盾，从而为提升数字领导力赢得助力。总结学习数字领导力落实到位的学校的先进经验，各中小学之间需要加强深度沟通，通过合作，深度落实校园数字建设，推动融合教育建设，各校园之间互相交流、高效沟通、达成共识，谋求共同发展。向企业或市场学习数字领导力的提升办法，企业或市场在建设时会更加注重数字化发展，在巨大的利益驱使下，其数字领导力水平程度也会相应较高，中小学校长想要提升数字领导力品质、扩大影响力，必须拥有与其他人、其他组织交流合作的能力，通过合作，实现借力发展、协同发展。中小学校长在借鉴其他提升数字领导力的成功经验时，要结合本地区数字化发展实际情况，不要生搬硬套、照搬照抄，可以先进行试点工作，在总结成熟经验后再推广进行。同时，在提升数字领导力时要及时总结经验，积累丰富成功案例并进行知识储备，为后续数字领导力的可持续发展奠定基础。

四、优化环境建立机制

环境，主要由人构成的环境，会对人的认知造成影响。人的认知的改变，会进一步改变人的行为。关于优化中小学校长数字领导力的环境和建立机制，无论从硬件基础、软件文化，还是构建平台，都对中小学校长数字领导力有进一步的提升作用。

第一，完善校园数字基础设施建设。中小学开展信息化教育始于1997年国家教委发布《中小学校电化教育规程》，此后中小学正式进入信息化建设期，信息化建设期的主要建设内容是以服务教学的基础设施和资源为主。2021年教育部发布《关于加强新时代教育管理信息化工作的通知》，其中"数字治理"更成为文件的要点。信息化基础设施是数字校园建设的基础和外显形式，首先强调网络环境，包括有线网络覆盖到学校的教学、活动和办公场所，即网络带宽满足教育教学需要；支持高峰期的群体访问，即配备网络安全和管理系统；无线网络能支持移动学习、教学和办公等需要，即采用光纤接入技术，实现光纤到学校；支持设备设施运行状况、车辆进出等信息的感知和传输。其次是校园安防，包括配备数字校园智能安防系统，实现校园安全的统一管理和控制；安防系统与区域行政部门数据同步，与当地公安部门安防系统互联互通；安全防护范围涵盖校园的所有物理空间和网络空间，校园周边设置电子围栏等防范非法入侵校设施设备等。为专任教师配备可用于教育教学的移动智能终端，以满足其正常教学与办公需要。最后是数字教学空间，是基础设施建设中的重中之重，包括班级教室配备多媒体教学设备，满足课堂多媒体教学需要，并且支持多终端接入互联网，通过显示设备动态呈现环境信息和班级信息，提供适量的一对一数字化教学空间，支持多种教学活动的开展。

第二，发展数字化教学内容和方式。数字化教学是一种基于互联网和数字技术的新型教学模式，利用信息技术手段，将教学内容、教学方法等进行数字化处理，提高教学质量和效率，增强学生学习效果，是教育信息化的重要组成部分，是教学改革和创新的重要手段。随着数字化发展，传统教育模式下培养出的学生已经不能满足当今社会的发展需求。教师数字化学习能力是数字时代教师必备的基本能力，需要进一步关注数字化、智能化环境，不断更新教学内容、推动数字化教学方式创新。中小学应在创新教育模式下，进行全方位的数字赋能，更新教育方式并加强学生综合素质，以进一步提升中小学校长的数字领导力。首先在教学内容上，中小学老师可以通过网络信息等各种途径搜索和了解社会时事的热点；利用信息技术获取新的教学理念与方法，开展信息化教学设计；利用信息技术与专家同行沟通交流，促进自身专业成长；及时调整或丰富更新课程设置和课程内容；利用信息技术收集学生学情数据，开展数据驱动的精准教学，正确分析和解读教学过程与结果数据，调整信息化教学策略，保证教授给孩子们的知识是利于学生自身发展的，是符合社会发展要求、顺应时代发展潮流的。其次在教学方式上，课堂是教育改革的主阵地，数字化转型的核心是课堂教学。要利用信息技术优化教与学方式，增强开展教学改革研究。想要实现教学过程的数字化发展，我们既可以利用传统课本，也可以利用电子教材等数字阅览设备，更可以利用学校为老师们提供的智能数字教学工具来掌握获取、加工和管理数字化教学资源的常用工具与方法，设计出多样的信息技术支持的自主学习、测验评价等教学活动，并且要灵活处置课堂教学中因技术故障引发的常见意外状况。还可以通过仿真实操软件来增强学生的实践能力；通过数字化教育方式的转变加深孩子们对所学知识的理解，激发学生的创造活力。在数字化推动形成新的教育方式的同时，也将带动学生自身信息化程度的提高，从而共同推动中小学数字领导力的提升。

第三，加快打造数字教育交流平台。2023年10月，教育部在北京召开全国中小学科学教育工作部署推进会，会议要求各地各部门要进一步提高政治站位，切实把党中央决策部署转化为履职担当实际行动；聚焦教育教学全过程，建设数字教育平台。这就要求各中小学建立专门的数字教育交流平台，这也是实现教师课堂的数字化和学生学习的智能化的内在要求。建立的数字教育交流平台至少应包括数据控制中心、实践教学中心和分析评价中心。首先，数据控制中心要确保教师与学生签到与出勤的数据、师生课堂交流互动的数据,以及对教师考核和学生学习成果监测的数据,并且要建立共享机制,让校领导可以更直观地看到教师的教学质量,教师可以根据数据分析学生的情况,家长可以通过平台监测到孩子的学习成绩。其次,实践教学中心要通过虚拟仿真场景来促进提升学生对教师讲授知识的深度理解、加深学生对课堂记忆点、提高授课教师的数字化能力,切实提高教师课堂教学质量和学生理论联系实际的能力,更好地达到教学要求。最后,学校要充分利用数字教育交流平台中的分析评价中心,对前期或得到的数据情况和实践情况进行整合、分析、评价及作出预测,对教师与学生的出勤率、学生的课堂活跃程度、教师的互动程度、师生课堂效果、学生的成绩走向、班级整体成绩走向以及相关数据的未来发展趋势进行详细分析。可以利用或得到的分析结果直观地看出教学过程中的难点,有针对性地进行重点解决。学校和教师充分做好应对措施,更好地提高中小学教师教学质量和效率,降低对学生的管理难度,提升中小学校长的数字领导力。

五、筑牢赋权增能机制

赋权增能机制包含"赋权"和"增能"两方面的内容,"赋权"与"增能"二者互相依赖、互相统一、相辅相成。其中"赋权"是指通过外部力量的加持而获得相应的保障,以此来促进与之产生关联的群体获得一定的发展,是一种方法、手段或者途径;而"增能"则通常表现为"赋权"的目的,通过对相关群体积极性的调动,使之充分发挥自身的能动性,提升自身的实力,从而能够实现既定目标。由此可以看出,"赋权""增能"这一过程与提升中小学校长数字领导力的价值取向是一致的,我们可以通过提高数字建设能力,使数字赋能的智慧校园成为中小学校长治理学校的重要方式;通过提升数字技术素养,使其自身有能力来使用先进数字技术;最后通过探求数字发展实践,来检验是否能够真正用得好,以达到提升中小学数字领导力这一内在要求。

第一，提高数字建设能力。教育部出台的《教育信息化2.0行动计划》将"优化教育治理能力"作为我国教育信息化行动计划的核心内容之一。[1]学校管理应以技术赋能为指引。数字化的驱动模式能够最大程度地挖掘数据的内在价值，数字智能化的教育场域可以为中小学校长管理学校提供相当的数据支持，通过技术对数据的获取、测评以及分析获得教师发展和学生成长的相关信息，利用智慧校园平台搭建学校管理的信息化系统，帮助中小学校长实现个性化的监督、管理和指导，推动数字化赋能的现代化智慧校园建设成为学校治理的重要手段。一方面，当今时代随着信息技术与教育教学的深入融合，硬件设备已不再是学籍管理工作的重中之重，在目前已有的数字化设施基础之上，更加关注如何推动数字信息技术对教育教学和学校治理等内容。中小学校长可以学习利用现代信息数字化手段，通过智慧校园管理信息平台、现代先进的大数据技术等，有针对性地为教师队伍减轻负担、提高质量和效率，以此来更好地进行精准决策和顶层设计，帮助中小学校长实现教育管理的信息化和精细化，为校长精准制定决策提供支持。另一方面，加强专业培训和能力提升。首先，为校长提供专业培训和能力提升机会，以不断提升其数字化教育知识和技能。其次，建立数字化教育培训计划，根据校长的实际需求和发展方向，有针对性地进行培训，提供数字化教学、教育科技、数据分析等方面的专业知识和技能培训。通过完善激励约束机制，激发校长对数字化教育的积极性和动力，规范校长的行为，促进校长数字领导力的提升。

第二，提升数字技术素养。建设一支与数字时代发展相适应的师资队伍是当今社会数字高速发展的迫切需要。我们要把推动中小学校长数字培训放在和推进网络学习环境与优质资源建设同等重要的地位，使数字硬件建设和数字应用共同发展。中小学校长专业技能和数字素养的提升，首先要有明确的教育理念和目标，其次要结合当下最新的教育技术和教学方法，促进技术和应用的深

---

[1] 教育部.《中小学数字校园建设规范（试行）》的通知[EB/OL].（2018-05-15）[2022-06-07]. https://www.gov.cn/zhengce/zhengceku/2018-12/31/content_5443370.htm.

度融合。在数字化时代，学校管理者应通过与师生之间的良性互动来实现自己的核心价值、塑造自身的理想信念和价值观，而非简单的领导权威，这就要求在意识形态和专业技术上都获得更深的造诣。一方面，作为一个相对较新的概念，数字化转型的理念开始在教育界备受关注，但仍有相当多的学校管理者还在探索如何深入理解数字化转型的含义和应用。目前，可能还存在相当的中小学校长没有接受过关于如何进行数字化转型的指导或培训，由于缺乏相关的数字化培训，还未对学校数字化转型制定长远的策略和计划。在没有明晰的顶层设计的情况下，中小学校长的管理领导能力在数字化转型中受到限制，致使先进的数字资源浪费或配置不当。另一方面，数字化发展并不仅仅是简单地使用电子设备进行教学或利用电子设备管理师生，更重要的是深层次的理念和方法的变革。主要表现为由于对新技术的不熟悉则依旧选择旧的传统的教学管理方式，还有的虽然对数字化方式方法有所了解，但仍然停留在理论阶段，无法将理论转化为实践应用。

第三，探求数字发展实践。首先，学校数字化建设要强化政治引领和价值引领能力。各中小学校长要带领所有教师坚持习近平新时代中国特色社会主义思想，坚持立德树人，贯彻党的教育方针，把数字化党建、数字化思想政治教育放在首位；数字校园是建设智慧学校的标志性工程，是学校发展战略不可缺少的组成部分；它不只是实现教育、科研、管理及服务手段的现代化，更是人才培育观念和教育理念的深刻变革。其次，利用大数据等现代先进信息技术进行科学决策并进行执行、评估、监督的能力。使用现代信息技术来收集和整理学校内各个方面的数据，借助数据分析，校长可以从海量数据中找出规律和趋势，辅助决策；还可以利用数字化绩效评估系统对教师和学生的表现进行定量评估，量化教学质量和学生学习成绩。还有，数字化建设过程中的组织协调能力。校长需要明确数字化建设的目标、时间表和资源需求，并与相关人员一起制订详细的实施计划；组建一个跨学科、跨部门的数字化建设团队，包括教师、管理员、网络技术支持人员等，这个团队的成员应具备各自的专长，并能够协同工作，共同推动数字化建设。最后，数字化建设中的交流与合作能力。中小学校长应积极参与各种学术会议、研讨会和培训活动，与行业内的专家和同行进行交流和合作，以了解最新的技术发展和最佳实践。

第二节 中小学校长数字领导力的提升路径

一、加强学习培训

学习培训是一个通过系统性学习和训练来掌握数字化专业知识和领导技能的过程，是一种有计划、有组织、有目标的教育活动，是中小学校长提高数字领导力的重要途径，有利于提高校长专业技能水平、创新学校数字化教学模式、提高学校数字化办学质量，适应数字时代发展需要。[1]现实中，不管是培训方式方法，还是学习培训主体或学习培训机制，对于校长数字领导力的提升都有不同程度的影响。因而，笔者将从学习培训方式、学习培训主体和学习培训机制三个层面来探究推动中小学校长数字领导力提升的学习培训路径。

第一，学习培训方式多样。学习培训是一种重要的教育活动，通过学习培训，校长可以提高自身的数字化领导能力和素质，更好地适应时代和岗位要求。在学习培训的过程中，不同的学习培训方式会对培训结果产生重要的影响。因此，需要根据受训者的不同需求和目标进行定制，受训者可以根据自身情况选择最为合适的学习培训方式。[2]首先，考虑到学习培训的地域限制以及中小学校长的工作安排，学习培训可以以线上线下相结合、直播回放相结合的形式进行，赋予中小学校长参与学习培训的灵活度，满足其多样化需求。在学习培训班开始前，会公开学习培训班的课程安排、上课时间地点及线上授课群

---

[1] 关松林.发达国家中小学校长培训的经验及其借鉴[J].教育研究，2017（38）：129-135.
[2] 王玥，赵慧臣.美国校长信息化领导力提升项目的特点与启示[J].开放教育研究，2015（21）：55-64.

聊二维码，中小学校长可根据自己的时间安排选择上课方式，并找到相对应的二维码进行报名。时间冲突的也可以在空闲时间观看课程回放，并在学习培训群内打卡，跟上学习进度。其次，学习培训采用理论知识学习和实践经验积累相结合的授课方式。理论知识学习主要是以学习培训班的课堂教学、书籍资料分享以及网络学习等形式进行，使其掌握关于数字化时代发展及数字领导力的基本知识和理论框架，为之后的实践打下基础。实践经验积累主要是以组织参观、专业实践、团队工作等形式进行，帮助中小学校长更好地理解和应用所学理论知识，提高解决实际问题的能力，为未来的数字学校建设和管理积累经验。最后，考虑到中小学校长之间的差异性，学习培训还分为短期培训和专项培训。短期培训主要是帮助中小学校长快速适应岗位需求，强化基础知识与理论框架学习，耗费时间相对较短，能满足中小学校长提升数字领导力的基础需求。专项培训则是为了提升中小学校长的专业知识和技能，在数字化领域以及数字管理方面有所突破与提升，使其具备更高的专业素养和能力，耗费时间相对较长。这两种方式对于提升中小学校长的数字领导力都有重要的作用，只是侧重点不同，能满足其不同阶段的需求。

第二，学习培训主体多元。要提高中小学校长的数字领导力、提高中小学的数字化办学质量、转变教育教学理念方式、加强数字化学校建设，仅仅对中小学校长进行学习培训是远远不够的，中小学校长的数字领导力提升有助于其对学校的数字化建设进行顶层设计和制度建设，但是这些规章制度的实施和推行需要教师、学生、教育主管部门等多主体共同发力。❶因此，也需要重视其他相关主体数字化意识和能力的提升。首先，教师作为教育工作者，长期的一线教学经验使其有能力对校长关于学校的数字化治理建言献策，提出更加符合学生学习需求、教师教育教学、课程教学制度的数字化办学意见，为校长制定数字化管理制度提供切实可行、有针对性的建议。同时，提高教师对校长数字

---

❶ 孙祯祥，张丹清.教师信息化领导力生成动力研究——借助场动力理论的分析[J].远程教育杂志，2016（34）：105-112.

领导力的重视程度不仅可以使其积极参加关于学校数字化建设的制度制定过程，而且有利于制度的顺利推行和实施。校长和教师之间的这种积极互动关系有助于形成良好的教育教学氛围，增加教师对学校的归属感和责任感，帮助校长更好地建设学校。其次，学生作为学校数字化教学方式、数字化制度设计的直接作用主体，对制度实施效果有切身感受和体会，他们的需求和意见也是学校进行数字化改革的重要参考和依据。同时，学生的行为和表现是学校数字化办学质量和效果的直接反映，如果学校的数字化建设不仅没有让学生受益，反而阻碍他们的成长发展，那么就需要对学校的数字化建设进程进行调整改进。最后，当地教育主管部门也需要认识到中小学校长数字领导力的提升对于改进中小学办学模式、适应数字化时代发展的重要意义，在对中小学校长进行绩效考核时需要将其数字化办学成果考虑在内，对中小学校长进行适当的激励，以促使其主动提升数字领导力水平。

第三，学习培训机制完善。学习培训机制是指在学习培训系统中，各要素之间的结构、相互作用、功能及其运行方式等。因此，为了提高学习培训效果，要按照培训理念先进、培训方式科学、培训制度完善、培训运行合理高效的原则建立全方位数字领导力培训的科学制度和长效机制，创新中小学校长数字领导力培训模式，持续开展中小学校长数字领导力培训课程，强化培训效果，提高中小学校长的数字领导力。[1]首先，要完善学习培训的管理机制，制定科学合理的学习培训管理制度，规定学习培训班的学习纪律、考勤管理、考核方式、成绩评定等，确保中小学校长能够按照要求参加培训并达到培训目的。此外，要对学习培训班学员档案、资料和考核成绩进行规范和管理，确保学习培训班的档案管理有凭有据、可追溯。其次，要完善学习培训的激励机制，制定目标明确的学习培训激励制度。学习培训前要求中小学校长设定明确的学习目标，对实现目标的学员进行表彰奖励。同时，还可以开展学习竞赛、

---

[1] 傅树京.校长培训课程内卷化：表征·形成·规避[J].教育理论与实践，2020（40）：37-41.

知识问答等活动，利用同伴压力使他们在竞争中不断进步。此外，学习培训班提供多样化的课程内容和学习方式，使得中小学校长可以根据自己的兴趣爱好进行自主选择，从而激发他们的学习动力和热情。最后，要完善学习培训的考核机制，制定公开公正的学习培训考核制度。学习培训考核是检验中小学校长学习成果的重要途径，健全完善考核机制，制定公开公正的考核制度是确保考核结果权威性的有效手段。在学习培训开展前要制定明确的培训考核方案和考核标准，并将其公开，确保考核的公正、公平和有效性。在培训过程中，对中小学校长的学习态度、学习表现和任务完成程度进行评估，及时发现问题并提出改进措施，注重对评估结果的运用。在培训课程结束后，综合运用多种考核方法对中小学校长数字领导力资格能力进行评估，并及时反馈考核结果，以激励中小学校长积极参加相关培训，提高数字领导力。

二、强化监督考核

监督考核是指为了提高学校数字化办学质量、强化中小学校长数字领导力、适应数字化时代发展而进行的发现问题、找出原因、纠正偏差、指导帮助等一系列监督活动。监督考核是规范和加强中小学校长数字领导力的重要途径，有利于通过社会各界对于校长数字领导力的民主监督来提高其数字领导力。强化中小学校长数字领导力的监督考核，需要社会各界同向发力，不管是政府考核、社会考核，还是个人考核，对提高中小学校长数字领导力都具有重要作用。因而，笔者将从政府考核、社会考核和个人考核三个层面来探究强化中小学校长数字领导力的监督考核路径。

第一，政府考核。政府是强化中小学校长数字领导力监督考核的重要主体。政府是国家统治和社会管理的机关，是国家表达意志、发布命令和处理事务的机关，其权力来源于国家权力的合法授予，是国家权力的重要组成部分。作为国家的权威性表现形式，政府对于校长数字领导力的考核具有权威性、公正性和合法性的特征，政府参与有利于加强校长数字领导力考核的权威性，提高校长数字化领导力，提高学校数字化办学质量，以政府对于校长数字领导力的重视力度带动社会各界积极参与中小学数字化建设，创新数字化教育教学模式，提高教师、学生、家长等主体对校长数字领导力的响应能力。首先，政府可以从宏观层面完善校长数字领导力监督考核的制度安排。监督考核制度是一个学校数字化办学水平提升和稳定运行的重要保障，它规定了学校成员的数字化行为规范和操作流程，对学校数字化办学模式的正常运转和校长数字领导力提升的目标实现具有重要意义。政府可以通过建立严格的考试考核流程程序、完善的考核记录档案管理制度、透明的信息公开制度和高效的舆论监督机制来确保中小学校长数字领导力考核的公平公正公开、考核记录档案的安全性和机密性及政府监督考核的公信力和有效性，从而有效地提高监督考核制度实施的质量和效果，为强化中小学校长数字领导力提供坚实保障。[1]其次，在完善监督考核制度安排的同时还要着手建立科学的考核体系，制定客观的、可量化的、差异化的考核指标。如果考核指标带有较强的主观性、模糊不清，不仅会造成考核结果取决于主观判断，有失公平，还会导致校长不清楚需要达到的目标而无所适从。因此，需要制定客观、明确、可量化的考核指标。同时，考虑到各学校分布地域、校长年龄阶段及现有学校数字化资源配置差异，为了使监督考核结果更加公平，政府在制定考核指标前需要对中小学校长的实际情况进行考察，考核内容、考核方法、考核周期和考核指标在制定时需要根据所考察的情况进行差异化处理，不可"一刀切"。最后，在完善监督考核制度和制定客观明确差异化考核指标的基础上，要做好考核结果的运用和反馈，从而形成政府监督考核闭环。在对校长的数字领导力进行考核后需要及时将考核结果和改进意见反馈给校长，并对考核结果中表现突出的个人进行公开嘉奖，在校长团体内部形成示范效应，通过同伴交流发挥先锋模范作用，实现荣誉激励。

---

[1] 杨金勇，尉小荣，吴安.中美两国中小学校长信息化领导力比较研究[J].电化教育研究，2018（39）：122-128.

第二，社会监督。社会监督考核是指由各民主党派、各社会组织、新闻媒体和人民群众在有关宪法和法律规定的范围内对中小学校长数字领导力提升过程和学校数字化治理效果进行监督，并按照实事求是原则进行客观评价的一种监督考核方式。❶相较于政府考核，社会考核的主体更加广泛，方式更加灵活多样，是对政府监督考核方式的必要补充。在社会监督考核过程中，一些特殊主体，如教师、学生、家长等对校长数字领导力的提升过程和学校数字化治理效果有明显的感知，对影响校长数字领导力提升的因素有清晰的把握，可以通过向校长直接或者向政府间接提出意见的方式来对校长数字领导力提升和学校数字化转型进行监督考核。❷首先，要丰富中小学校长数字领导力提升的社会监督形式。社会监督形式的多样化可以更好地实现对校长数字领导力的监督考核，有利于保障教师、学生、家长等多主体的合法权益，增强社会治理能力和提升公众参与度。丰富社会监督形式，一方面可以建立监督奖励制度，鼓励社会各界积极参与社会监督；另一方面发挥媒体在社会监督中的重要作用，调动新闻媒体和网络监督平台关注中小学校长数字领导力的积极性，充分发挥网络媒体在大数据时代及时有效、公开透明的监督优势，助力提高中小学校长数字领导力。其次，在多种社会监督形式的基础上，加大社会监督力度。在全社会加强宣传教育，提高公众对中小学校长数字领导力的关注度，树立正确监督观念，认识到提高中小学校长数字领导力的重要性和必要性，鼓励公众积极进行社会监督，从而形成全社会共同监督的氛围。最后，建立全方位多层次的监督考核机制。在鼓励社会各界主体进行监督的基础上，建立全方位多层次的监督考核机制，完善举报制度、调查制度和问责制度，各学校需要设立专门渠道，方便公众对校长领导力的监督考核，同时保护公众隐私安全，对于意见建议进行及时反馈，为公众的社会监督提供制度保障。此外，培养各社会组织建立专门的

---

❶ 蔡定剑. 论社会监督的主要形式[J]. 法学评论，1989（3）：5-9.
❷ 张梅英. 员工逆向开发数字领导力的金字塔模型构建——基于信息加工理论的分析[J]. 领导科学，2022（11）：59-62.

第三方监督机构，保持监督机构的独立性和公正性，负责对各学校校长数字领导力和各学校数字化办学水平进行客观调查和专业评估，给出权威公正的改进意见。

第三，个人考核。个人考核是指中小学校长在提高自身数字领导力的过程中，通过多种方式，从不同维度对自己的工作表现和取得成绩进行评估的过程，通过评估衡量自身数字领导力的优势和不足，找出原因并进行改进。校长个人在对自身数字领导力进行考核之前需要先明确考核的目标、标准以及提高数字领导力的重要意义，树立正确的考核观念，重视自身数字领导力的提升，将学校的数字化建设水平纳入自身和学校的绩效考核中去。此外，要根据考核的目标和标准给自己制订详细的考核计划，包括考核周期、考核内容、考核方式等，在日常工作中，要做好工作日志记录，尽量做到客观公正。首先，在考核周期上，要做到阶段性考核和整体性考核相结合。通过对自身的认识和对现实条件的考察，制定整体性的工作战略，明确工作目标和任务。在此基础上，将提高自身数字领导力的整体目标分解成各个阶段的阶段性目标，通过对目标的细化制订精细化的执行计划，确定各时间节点之前需要完成的任务和考核标准。阶段性考核和整体性考核相结合的考核方式有利于提高校长开展数字化教育教学工作的紧迫性，确保各阶段工作目标和任务能保质保量完成，从而推动整体目标实现。❶其次，在考核内容上，要做到理论性考核和实践性考核相结合。理论和实践相结合是个人考核的重要原则之一，在考核过程中既不能重理论轻实践，也不能重实践轻理论。只有做到理论知识和实践经验相结合，才能对校长数字领导力进行全面客观公正的评估。校长数字领导力的理论性考核可以通过学习培训来实现，校长要对自身有清晰的认知，定期参加数字领导力的专项或综合学习培训并参加相关考核。同时，将理论知识创造性地运用到实际的学校教育教学工作中，实现理论和实践相统一。最后，在考核方式上，要做

---

❶ 郭瑞.浅析中小学校长信息技术素养的培养[J].教育理论与实践，2021（41）：26-28.

到传统的考核方式和创新型的考核方式相结合。传统的考核方式难以对校长的数字领导力进行全面考核，有些成果难以量化。因此要对传统的考核方式进行创新，使之能更合理地评估中小学校长的数字领导力。如可以采用同伴交叉考核的方式[1]，校长对于自身所在学校不可避免地会有主观性"滤镜"，加入自己的感情，难以做到客观的评价。因此，可以联合几个同等规模的学校校长组成一个考核小组，运用同伴互评的方式进行考核，这不但可以增强校长数字领导力考核的客观性，还能在考核其他学校数字化建设的过程中进行学习，并应用到自己的学校中，提高自身的数字领导力水平。

三、促进激励奖惩

激励奖惩是指通过创设满足行动者需要的条件，激发其动机，使之产生促进目标实现行为的过程。[2]在这个过程中，对于良好的、有利于组织目标实现的行为给予物质上或者精神上的奖励，反之则进行惩罚。奖惩激励是进一步强化中小学校长数字领导力考核结果的有效途径，是调动中小学校长提高自身数字领导力积极性主动性的重要途径。促进中小学校长数字领导力的激励奖惩，需要关注校长实际需求，制定科学合理的激励奖惩机制。因而，笔者将从奖惩激励机制、晋升激励机制和评价激励机制三个方面来探究中小学校长数字领导力激励奖惩的路径。

第一，制定科学的奖惩福利机制。马斯洛的需要层次理论将人的需要分为生存需要、安全需要、社交需要、自尊需要和自我实现需要。马斯洛认为，高层次需要的满足需要以低层次需要的满足为前提，如果没有低层次的需要，即生存和安全没有得到保障，那么高层次的需要就是空中楼阁。收入待遇、奖惩

---

[1] 姚晓兰，杜勇，兰觉明.中小学校长培训中"同伴互助"的实践探索[J].中国成人教育，2017（18）：119-121.

[2] 徐国华，张德，赵平.管理学[M].北京：清华大学出版社，2021：173.

福利是中小学校长生活的必要条件，也是其在实现物质自由之前十分重视的问题，从薪水福利、待遇收入方面展开激励对提高中小学校长数字领导力水平具有重要作用。因此，要制定科学合理的奖惩福利机制，调动中小学校长提升自身数字领导力的积极性。首先，建立切实可行的绩效考核和奖惩制度。对中小学校长数字领导力进行科学合理、客观公正的考核并制定公平合理、切实可行的奖惩福利制度是实行奖惩福利激励的前提，以考核结果作为奖惩激励依据，遵循奖惩福利制度，确定奖惩措施，以激发校长提高自身数字领导力的积极性和主动性，将校长数字领导力建设过程中取得的绩效和奖惩制度挂钩，提高工作效率，使校长的努力和贡献能够得到公正客观的评价。同时，对于在工作中存在的违规行为，要结合具体情况和奖惩制度进行相应的惩罚，纠正该行为，形成良好的工作氛围。其次，建立科学合理的薪酬体系，设立合理的福利待遇标准。建立薪酬体系和福利待遇标准之前要对中小学校长的薪酬待遇水平进行调查，了解其薪酬水平、薪酬结构和福利待遇的基本情况，根据调查结果结合当地经济发展水平和学校实际情况，制定符合学校发展的薪酬体系。此外，在薪酬体系建立之后要定期对薪酬体系进行评估，根据薪酬体系在实施过程中存在的问题对其进行调整，以确保公平性和有效性，最大限度地发挥薪酬激励对于实现组织目标的作用。最后，对校长进行奖惩福利不仅需要关注奖惩和薪酬，还需要关注校长在提高自身数字领导力过程中的福利待遇。同时，对不同个体的激励需要根据其不同需求进行个性化、差异化的福利标准设计，如可以提供覆盖其家庭成员的健康保险、灵活的工作时间地点安排、灵活的休假制度、差异化的家庭支持计划等，来满足他们个人和家庭需要，解除其后顾之忧，从而使其能全身心地投入提升自身数字领导力的工作中，加强自身学习，增强对工作的归属感和满意度。

第二，设置合理晋升激励机制。晋升激励是指组织为了调动行动者工作的积极性和主动性，提高自身能力素质，更好地实现组织目标，通过满足其职业发展和岗位晋升需要而对其进行激励的一种激励方式。晋升激励机制能使行动者得到更高的职位和更好的待遇，从而实现其自我价值提升和职业生涯发展。实行晋升激励前需要对行动者的需求进行考察，明确其需求层次的优先顺序，探究晋升激励能对其行为产生的激励效果，之后再采取合理的晋升措施对其进行激励。首先，在进行晋升激励之前需要制定明确的晋升标准和公开透明的晋升条件，确保晋升过程公开透明，不仅要让校长明白需要达到什么要求才能晋升，而且还要使他们对同伴的晋升进行监督，信服晋升决策的公正性和客观性，从而向得到晋升的同伴学习，树立榜样示范作用。同时要注意薪酬待遇标准与职级职位相匹配，避免同岗不同酬的问题，更好地实现对校长的激励。❶其次，制定科学的职级评价指标体系。建立科学合理的职级评价指标体系是促进中小学校长数字领导力提升和学校管理教学数字化的重要手段，该指标体系应该以是否参加数字化领导力的培训学习作为评价起点、以中小学数字化设施资源和办学条件作为评价基础、以中小学学校数字化治理水平作为评价核心、以中小学学校数字化办学成效作为评价的显性指标、以校内外对学校数字化办学的反响作为评价的外部指标，建立全方位多层次的职级评价指标体系。❷最后，要重视教师的晋升激励。校长在增强自身数字化知识，提高自身数字领导力的同时，也需要注意教师作为学校数字化建设的另一主体在这个过程中发挥的重要作用。教师不仅需要学习数字化教育教学模式相关专业知识，创新数字化授课方式，还需要跟学生和家长进行沟通，推动学校数字化治理的顺利实施，对于学校数字化建设起到举足轻重的作用。因此，学校需要制定针对教师的科学合理的晋升制度，以提高教师的数字化教学能力为载体推进学校数字化建设，提高校长数字领导力。

第三，确立长效评价激励机制。长效评价激励机制是指通过对校长的数字领导力提升工作进行长期的、持续性的评价和反馈，以促进其不断改进和完善，确保评价的客观性、公正性和有效性的同时，激发校长提高数字领导力的

---

❶ 余晓标，林天伦.中小学校长职级制施行的现实情境与破解之策[J].中小学管理，2020（2）：5-8.
❷ 齐姗，卜玉华.面向专业发展的中小学校长职级评价指标体系建构[J].教育科学研究，2023（7）：53-58.

积极性和创造性。首先，构建提高中小学校长数字领导力和促进学校数字化建设的制度体系，是数字化时代促进学校转型、提高校长领导能力的基石。要严格按照党和国家关于推进数字化建设的精神，制定集"考评、激励、监督、问责"为一体的制度体系，根据中小学校长在管理学校过程中对数字化办学制度要求的落实情况，制定相应的激励和考评制度，把校长的数字领导力和学校的数字化办学能力纳入"优秀教育工作者""新时代好校长""示范性学校"等荣誉的考核评价中。同时，要在最后把关环节形成监督问责制度，以严格的标准和量化的指标对学校的数字化建设和校长的数字办学能力提出要求，提高制度威慑力。其次，制度是基础，要以制度建设创新为重点建立长效的评价激励机制。构建校长数字领导力的长效动态激励机制需要遵循按需激励、及时激励、奖惩结合和实事求是原则，从校长最关心的地方入手，差异化地运用各种激励措施，对校长数字领导力行为进行激励，使其始终处于一个动态的、均衡的、长效评价激励机制中。一方面，可以从精神层面进行激励。可以同中小学校长进行谈心谈话，了解其在提高数字领导力过程中遇到的困难，帮助纾解存在的问题，做到动态问题、动态解决、动态激励。在谈心谈话的同时帮助校长规范目标责任意识，设立科学合理、切合实际的目标，使其感觉到目标具有可行性和合理性，从而增强实现目标的动力。另一方面，可以从物质层面进行激励。在强调提高校长数字领导力对学校数字化建设重要性的同时，也需要认识到认同校长个人利益和满足其个人需求对其带来的激励作用，坚持关爱激励，严格执行校长重大事项慰问和帮扶机制。

小　结

本章结合实证测评提出中小学校长数字领导力的提升机制和路径。从机制层面来说，一是从建立政策保障体系、构建制度体系和打造实施方案三个方面完善政策支持机制；二是从树立职业观、增加社会资本和健全学习机制三个方面打造内生动力机制；三是从强化自主学习、促进团队学习和组织相互学习三个方面健全组织学习机制；四是从完善数字基础设施、打造数字教育交流平台和发展数字教学内容方式三个方面构建环境塑造机制；五是从提高数字建设能力、提升数字技术素养和探求数字发展实践三个方面筑牢赋权增能机制。从路径层面来说，一是围绕方式、主体和机制，全面推动学习培训；二是应从政府考核、社会监督和个人考核，强化监督考核；三是以科学奖惩激励机制、合理晋升激励机制和长效评价激励机制为切入点，促进激励奖惩。

第七章 结论与展望

本章对前面研究进行梳理总结概括,并指出本研究的创新之处和存在的不足,并在此基础上,对未来研究的重点和方向进行展望。

第一节 研究结论

在数字治理时代全面来临之际,数字领导力已经成为领导干部必备的胜任力,中小学校长数字领导力是教育数字化转型、建设教育强国的重要因素之一。本研究是在教育数字化的时代背景下,旨在探索中小学校长数字领导力的能力要素,并进行实证测评。分析影响中小学校长数字领导力的因素有哪些,研究中小学校长数字领导力对学校、教师和学生发展的治理效果如何,以此提出中小学校长数字领导力提升路径。概括来说,本书的研究主要结论如下。

一、中小学校长数字领导力的模型要素

在系统梳理国内外有关领导力、数字领导力和中小学校长数字领导力研究成果的基础上,基于领导力理论和数字治理理论,构建中小学校长数字领导力模型要素。中小学校长数字领导力是在教育数字化的时代背景下,中小学校长通过各种方式培养数字素养,感知教育数字环境变化并制定学校数字发展愿景,综合运用数字技术推动学校数字化转型并实现校园数字化建设目标的能力。中小学校长数字领导力包括数字战略引领能力、数字变革推动能力、数字

技术应用能力、数字沟通协调能力和数字学习发展能力。其中，数字战略引领能力是前提，数字变革推动能力是核心，数字技术应用能力是基石，数字沟通协调能力是工具，数字学习发展能力是动力来源。

二、中小学校长数字领导力的实证测评

在模型要素的基础上设计各能力要素的指标体系，通过问卷设计、问卷试测、体系修正等步骤构建中小学校长数字领导力的指标体系，由此形成5个评估维度、12个基本指标和24个具体指标的中小学校长数字领导力指标体系。其中，数字战略引领能力分为环境洞察和愿景引领，数字变革推动能力分为组织变革和环境变革，数字技术应用能力分为基本应用、科学应用和安全应用，数字沟通协调能力分为数字沟通和数字协作，数字学习发展能力分为学习主体、学习保障和学习成效。以H省四市为调查对象，对中小学校长数字领导力进行测评，得到如下结果：第一，中小学校长数字领导力整体水平有待提升。中小学校长数字领导力的总体水平介于及格和良好之间，尚有比较大的提升空间。第二，中小学校长数字变革推动能力水平最高。中小学校长数字变革推动能力在五大评估维度中平均得分最高，为3.86分。数字变革推动能力更多地停留在环境变革层面，而组织变革相对较弱。第三，中小学校长数字沟通协调能力较为薄弱。沟通能力的平均得分要高于协作能力，较少利用数字工具搭建协作关系以提升学校数字水平，缺乏与科研机构、高等学校、高新企业等机构合作并寻求资源的行为。第四，中小学校长数字技术应用能力内部差异较大。中小学校长能够较好地实现对数字教育知识和技术的基本掌握，但对学校数字化转型过程中的数字风险、知识安全等问题重视不足。第五，通过多变量方差分析发现，行政职务对中小学校长数字领导力具有显著的差异，而性别、年龄、教育程度、学校类型等在中小学校长数字领导力各维度均不显著。

三、中小学校长数字领导力的影响因素分析

依据相关研究分析,中小学校长数字领导力的影响因素包括自我效能感、领导风格和办学自主权。通过研究假设、变量设定与操作化,分析三个方面对中小学校长数字领导力的影响。研究发现:第一,校长的自我效能感对中小学校长数字领导力五个维度都具有正向促进作用。在数字化转型中,校长的较高自我效能感有助于增强其领导能力和决策能力,进而推动学校的数字化转型。第二,领导垂范对校长的数字战略引领能力、数字沟通协调能力和数字学习发展能力具有显著的影响作用;领导魅力对校长数字领导力五个维度都有显著影响,对数字化教育领域的影响不可忽视;领导激励对校长的数字变革推动能力、数字技术应用能力和数字学习发展能力具有显著影响。第三,办学自主权对校长的数字战略引领能力、数字技术应用能力、数字沟通协调能力和数字学习发展能力有显著影响,对校长的数字变革推动能力不具有显著影响。

四、中小学校长数字领导力的治理效果研究

从治理效果进行分析,讨论中小学校长数字领导力对于学校发展、学生发展、教师发展的意义。研究发现:第一,具有数字战略引领能力、数字变革推动能力、数字技术应用能力、数字沟通协调能力、数字学习发展能力的校长对于学校的发展均有积极作用。第二,校长的数字领导力在中小学"育人"体系中起到重要的推动作用,校长的数字战略引领能力、数字变革推动能力、数字技术应用能力、数字沟通协调能力、数字学习发展能力可助推学生发展。第三,具备数字领导力的校长能够对教师发展产生积极的作用,他们更愿意分享信息,帮助教师主动学习,在数字技术的推动下,促进教师的职业发展。

五、中小学校长数字领导力的提升机制与路径

基于中小学校长数字领导力的五大能力要素分析，结合中小学校长数字领导力影响因素和治理效果，提出中小学校长数字领导力的提升机制与路径。提升机制包括完善政策支持机制、打造内生动力机制、健全组织学习机制、构建环境塑造机制和筑牢赋权增能机制；提升路径包括推动学习培训、强化监督考核和促进激励奖惩。

第二节　创新之处

第一，将数字领导力作为中小学校长治理能力的新视角。在教育数字化时代背景下，运用数字化作为理论视角，结合数字治理理论和领导力理论，探讨中小学校长的数字领导力的测评模型、现实状况、影响因素、治理效果和提升路径等问题，实现了从传统领导力到数字领导力的研究拓展，具有一定的创新性。

第二，构建了中小学校长数字领导力的模型要素。在明确界定了中小学校长数字领导力概念内涵的基础上，构建了包括数字战略引领能力、数字变革推动能力、数字技术应用能力、数字沟通协调能力和数字学习发展能力的中小学校长数字领导力结构维度，丰富了校长数字领导力的理论研究。

第三，构建了中小学校长数字领导力的评估指标体系。包含了5个评估维度、12个基本指标和24个具体指标的中小学校长数字领导力指标体系，并以H省四市的中小学校长为调查对象进行实证测评，验证了指标体系的科学性和有效性，解释了不同校长之间数字领导力的差异。

第四，探索了中小学校长数字领导力的影响因素和治理效果。在理论和实践研究基础上提出影响因素和治理效果的研究设计、模型建构、概念化操作化

和假设检验，丰富了对校长数字领导力影响因素和治理效果的研究，有助于为校长数字领导力精准提升提供决策参考。

第三节 研究不足与展望

由于受研究条件的限制，本书也存在一些不足之处，主要表现在以下三个方面：

第一，分析框架的构建有待进一步检验和修正。关于中小学校长数字领导力的要素框架可以有多种解释，在构建要素框架时，我们需要考虑的因素有限，因为问卷是固定的和有限的。该框架需要更多的研究验证和修正，以便补充遗漏的影响因素。因此，需要不断对框架进行修正和补充，以提高其准确性和适用性。

第二，研究方法以定量分析为主，缺少深度访谈。除了定量分析外，深度访谈是一种非常重要的补充方法，可以提供问卷之外更丰富的信息和深层次的理解，获取参与者深层的想法、信念和动机，从而揭示因果关系背后的真正原因。通过与受访者的对话和交流，促进与参与者之间的互动和理解，建立相互信任的合作关系，为分析工作提供更有效的依据。

第三，政策建议还需要实践进一步检验，需要结合实际工作进行验证和修正。政策建议的有效性和可行性必须通过实践进行检验。通过实践，可以验证政策建议的有效性，并发现可能存在的问题或挑战。根据反馈意见和执行结果，政策建议可以被修正和调整，更好地适应不断变化的实际情况。因此，将理论与政策建议的执行相结合，可以增强政策的实际有效性，提高研究成果价值。

针对以上不足，未来可以从以下几个方面进行拓展和深化：

第一，需要补充更完整的影响因素和影响路径。在模型的建立和验证过程中，需要考虑更多的影响因素。除了个人因素、政策因素，还应该关注社会因素、技术条件、政治因素等方面的影响，以及不同利益相关者的观点和利益诉求。通过充分考虑这些因素，中小学校长数字领导力的要素模型会更加完善。

第二，进行访谈，深度了解行为背后的逻辑。为了进一步确保结论的有效性和可行性，未来可以通过访谈深入了解中小学校长数字领导力的相关内容。通过参与式访谈地方中小学校长对数字化建设的水平，更好地把握实际情况，发现存在的困难和问题，获取更多的真实数据和信息，从而更加准确地研究。

第三，案例研究增加，佐证理论。为了进一步验证政策建议的有效性，可以增加案例研究的内容，以各个省份的实际案例来佐证和验证理论。结合定性资料和案例，对实践中的政策效果进行评估和分析。通过案例研究的佐证，可以增强政策建议的可信度和可行性，并为政策制定和优化提供更科学的参考依据。

小　结

本章对本书内容进行总结梳理，主要从研究结论、创新之处、研究不足和未来研究展望四个方面进行论述。研究结论主要从要素构建、实证测评、影响因素分析、治理效果分析和提升路径进行论述，创新之处包括研究视角创新、模型要素创新、评估指标创新及提升路径创新，研究不足包括分析框架有待修正、研究方法有待丰富和政策建议有待实践检验，未来展望包括补充影响因素、增加深度访谈和丰富研究案例。

参考文献

一、中文著作

[1] 本·格林.足够智慧的城市：恰当技术与城市未来[M].上海：上海交通大学出版社，2020.

[2] 彼得·圣吉.第五项修炼——学习型组织的艺术与实务[M].郭进隆，译.上海：上海三联书店，1998.

[3] 简·芳汀.构建虚拟政府：信息技术与制度创新[M].邵国松，译.北京：中国人民大学出版社，2010.

[4] 理查德·E.梅耶.应用学习科学——心理学大师给教师的建议[M].盛群力，丁旭，钟丽佳，译.北京：中国轻工业出版社，2019.

[5] 曼纽尔·卡斯特.信息时代三部曲：经济、社会与文化[M].夏铸九，王志弘，译.北京：社会科学文献出版社，2003.

[6] 伊兰·K.麦克依万.高绩效校长的10大特质：从优秀走向卓越[M].重庆：重庆大学出版社，2006.

[7] 陈永明.教师教育研究[M].上海：华东师范大学出版社，2003.

[8] 国家职业分类大典和职业资格工作委员会.中华人民共和国职业分类大典[M].北京：中国劳动出版社，1999.

[9] 何克抗.中国特色创新型教育信息化理论与实践[M].北京：人民教育出版社，2009.

[10] 杰拉尔德·C.厄本恩，拉里·W.休斯，辛西娅·J.诺里斯，等.校长论：有效学校的创新型领导[M].重庆：重庆大学出版社，2004.

[11] 克依万.高绩效校长的10大特质：从优秀走向卓越[M].重庆：重庆大学出版社，2006.

[12] 劳埃德·拜厄斯，莱斯利·鲁.人力资源管理（第七版）[M].董丽敏，等译.北京：人民邮电出版社，2004.

[13] 詹姆斯·库泽斯，巴里·波斯纳.领导力[M].李丽林，张震，杨振东，译.北京：电子工业出版社，2012.

[14] 柳海民.现代教育学原理导论[M].北京：高等教育出版社，2013.

[15] 温恒福.教育领导学[M].北京：中国人民大学出版社，2011.

[16] 吴明隆.结构方程模型——AMOS的操作与应用（第二版）[M].重庆：重庆大学出版社，2010.

[17] 吴明隆.结构方程模型——AMOS实务进阶[M].重庆：重庆大学出版社，2010.

[18] 吴明隆.问卷统计分析实务——SPSS操作与应用[M].重庆：重庆大学出版社，2008.

[19] 吴志宏，冯大鸣，魏志春.新编教育管理学[M].上海：华东师范大学出版社，2008.

[20] 徐泓.管理学概论[M].湘潭：湘潭大学出版社，2009.

[21] 徐建华.浅谈如何提升校长领导力[A]//国家教师科研专项基金科研成果（神州教育卷）[C]，2013.

[22] 张俊华.教育领导学[M].上海：华东大学出版社，2008.

[23] 郑燕祥.教育领导与改革新范式[M].上海：上海教育出版社，2005.

二、外文著作

[1] UNIVERSITY PRESS. Patrick Dunleavy. Digital Era Governance：IT Corporations，the State，and E-Government [M]. Oxford：Oxford，2006：237.

[2] PORRAS J I, ROBERTSON P J. Organizational Development：Theory，Practice and Research [M]// DUNNETTE M D, HOUGH L M. Handbook of Industrial and Organizational Psychology. 2nd ed. Palo Alto，CA：Consulting Psychologists Press，1992：719-822.

[3] MAXWELL, LU W J, LU B F. Rule 21 of Leadership [M]. Shanghai：Wenhui Press，2017.

[4] HEIFETZ R A. Leadership without Easy Answers [M]. Cambridge，Massachusetts：Harvard University Press，1998.

[5] HEMPHILL J K, GRIFFITHS D E, FREDERIKSEN N. Administrative Performance and Personality [M]. Bureau of Publications，Teachers College，Columbia University，1962.

[6] BASS B M. Leadership and Performance Beyond Expectations [M]. New York：Free Press，1985.

[7] DUNLEAVY P. Digitalera Governance：IT Corporations，the State，and E-Government [M]. Oxford：Oxford University Press，2006.

[8] FIEDLER F E. A Contingency Model of Leadership Effectiveness A [M]// BERKOWITZ L. Advances in Experimental Social Psychology. New York：Academic Press，1964.

[9] HERSEY P, BLANCHARD K H. Management of Organizational Behavior: Utilizing Human Resources [M]. Englewood Cliffs, NJ: Prentice-Hall, 1982.

[10] HOUSE R J, et al. Culture, Leadership, and Organizations: the Globe Study of 62 Societies, Thousand Oaks [M]. California: Sage, 2004: 9-28.

[11] LEITHWOOD K, LOUIS K S, ANDERSON S, et al. How Leadership Influences Student Learning [M]. New York: The Wallace Foundation, 2004: 4-16.

[12] SPICER J. Making Sense of Multivariate Data Analysis [M]. London: Sage, 2005.

三、中文期刊

[1] 曹培杰. 面向教育数字化转型的校长领导力重构[J]. 中小学管理, 2023（1）：9-12.

[2] 柴宝勇, 李梓琳."领导力"的理论溯源与中国共产党领导力的理论观察[J]. 管理世界, 2021（8）：11-20.

[3] 陈晶, 鲁欣怡. 领导力理论研究的窘境与出路——兼谈领导力六维框架构想[J]. 管理现代化, 2021（2）：82-86.

[4] 陈名树, 宋善炎. 中小学教师发展力指标体系结构模型研究——基于扎根理论的调查分析[J]. 教育学术月刊, 2023（9）：18-26.

[5] 陈文晶, 时勘. 变革型领导和交易型领导的回顾与展望[J]. 管理评论, 2007（9）：22-29.

[6] 陈先春. 论领导者在构建和谐社会中的沟通协调能力[J]. 领导科学, 2007（19）：38-39.

[7] 陈小平. 中小学校长领导力模型构建实证研究[J]. 人力资源管理, 2016（6）：206-207.

[8] 成欣欣, 张爽."双减"背景下校长领导力的提升[J]. 湖北社会科学, 2023（3）：149-154.

[9] 程莉莉. 教育数字化转型的内涵特征、基本原理和政策要素[J]. 电化教育研究, 2023（4）：53-56.

[10] 崔喆. 依托智慧教育平台, 促进学生全面发展[J]. 河南教育（教师教育）, 2024（1）：52-53.

[11] 丁强, 牟德刚, 孔德民. 突发公共事件中网络意识形态风险的表象、生成与治理[J]. 思想教育研究, 2021（4）：149-153.

[12] 董晓松, 许仁仁, 赵星. 制造业数字化转型中组织惯性与路径权变——仁和药业案例研究[J]. 科学决策, 2021（4）：32-48.

[13] 董燕.农村中小学校长变革型领导力问题的研究[J].教育现代化，2017（8）：209-211.

[14] 杜孝珍，代栋栋.公共部门数字领导力的结构维度与建设路径[J].上海行政学院学报，2022（2）：70-83.

[15] 杜媛，刘美凤.校长信息化领导力的九个关键行为[J].中小学信息技术教育，2009（3）：5-7.

[16] 段柯.数字时代领导力的维度特征与提升路径[J].领导科学，2020（11）：60-62.

[17] 方铭琳.未来学校组织变革：为何与何为[J].基础教育，2022（5）：102-112.

[18] 付春香，赵娅.VUCA环境下领导干部韧性领导力的多维结构与提升路径[J].领导科学，2022（9）：60-63.

[19] 韩兆柱，马文娟.数字治理理论研究综述[J].甘肃行政学院学报，2016（1）：23-35.

[20] 何丽君.制度领导力的内涵意蕴与提升路径[J].领导科学，2021（24）：42-46.

[21] 贺善侃."无形领导力"：对领导力的一种新认识[J].上海师范大学学报（哲学社会科学版）2008（4）：119-124.

[22] 胡小勇，祝智庭，王佑镁，等.促进基础教育信息化发展的领导力研究[J].中国电化教育，2007（3）：19-22.

[23] 化方，杨晓宏.中小学校长信息化领导力绩效指标体系[J].研究中国教育信息化，2010（6）：7-10.

[24] 皇甫辉，孙祯祥.基于学习视角的校长信息化领导力提升[J].中国教育信息化，2012（4）：7-9.

[25] 黄荣怀，胡永斌.信息化领导力与学校信息化建设[J].开放教育研究，2012（5）：11-17.

[26] 黄荣怀，王运武.人工智能变革教育的社会实验：诉求、治理和建议[J].阅江学刊，2024（1）：147-155.

[27] 霍国庆，孟建平，刘斯峰.信息化领导力研究综述[J].管理评论，2008（4）：31-38.

[28] 季海群.论新时代领导干部数字素养的概念框架及其提升策略[J].南京航空航天大学学报（社会科学版），2022（4）：100-105.

[29] 江楠.教师交流轮岗要关注内生动力的形成[J].中国教育学刊，2016（1）：105-106.

[30] 巨彦鹏.数字时代数字领导力矩阵分析与提升路径研究[J].领导科学，2021（5）：47-50.

[31] 雷励华，张子石，金义富.教育信息化2.0时代校长信息化领导力内涵演变与提升模式[J].电化教育研究，2021（2）：40-46.

[32] 李灿，辛玲.调查问卷的信度与效度的评价方法研究[J].中国卫生统计，2008（5）：541-544.

[33] 李超平，时勘.变革型领导的结构与测量[J].心理学报，2005（6）：97-105.

[34] 李春林.论领导与管理：兼谈我国领导学的发展与完善[J].内蒙古大学学报（哲学社会科学版），2000（1）：18-33.

[35] 李华，李昊.农村中小学校长信息化领导力提升路径研究[J].现代教育技术，2017（6）：64-70.

[36] 李明，毛军权.领导力研究的理论评述[J].上海行政学院学报，2015（6）：91-102.

[37] 李齐，贾开，曹胜.数字治理时代公共管理学科的回应与发展——第三届数字政府治理学术研讨会议综述[J].中国行政管理，2018（11）：35-38.

[38] 李晓蕾，黎万红，卢乃桂.促进教师发展的校长领导力研究——以两所初中学校校长为个案[J].教育发展研究，2012（4）：70-74.

[39] 李新，向蓉.中小学校长领导力及其影响因素研究——基于深圳市A区教育质量监测数据的实证分析[J].教育导刊，2018（6）：44-50.

[40] 李学书，范国睿.未来全球教育公平：愿景、挑战和反思——基于《教育2030行动框架》的分析[J].比较教育研究，2016（2）：6-11.

[41] 李燕萍，苗力.企业数字领导力的结构维度[J].北京石油管理干部学院学报，2022（11）：77.

[42] 李云飞，陈亮.论校长领导力在教师专业发展中的作用[J].辽宁教育行政学院学报，2011（2）：22-24.

[43] 力昌英.校长课程领导力的现状及应对[J].教学与管理，2014（9）：14-16.

[44] 林光明.数字时代的组织、人才与领导力[J].清华管理评论，2019（7）：89-95.

[45] 林天伦.影响校长影响力的因素分析[J].中小学管理，2011（11）：24-27.

[46] 刘美玲、王忠昌."双高计划"高职院校校长领导力的理论内涵及提升路径[J].教育与职业，2020（19）：36-40.

[47] 刘幼玲.国外分布式学校领导探微[J].基础教育，2011（2）：61-65.

[48] 龙东飞.什么是领导力[J].管理论坛，2006（7）：21-27.

[49] 卢健洪.中小学校长信息化领导力构成及提升对策—以广州市C区为例[J].教育导刊，2021（03）：23-31.

[50] 罗晓路.专家—新手型教师教学效能感和教学监控能力研究[J].心理科学，2000（6）：741-742.

[51] 吕蕾.提升农村校长教学领导力为乡村教师发展注入"内动力"——基于北京市18所郊区学校校长和1577名教师的调研[J].中小学管理，2019（2）：34-35.

[52] 吕立杰，丁奕然.中小学校长课程领导力构成要素及作用机制研究——基于PLS-SEM的实证研究[J].华东师范大学学报（教育科学版），2022（3）：20-29.

[53] 马静.现代领导力问题研究[J].中国商贸，2009（9）：86-87.

[54] 马丽，牛君霞，唐海康.校长自我效能感、学习投入、办学自主权对校长领导力的影响——基于5省15市的实证调查[J].教育与教学研究，2020（11）：86-98.

[55] 马亮.数字领导力的结构与维度[J].求索，2022（6）：100-110.

[56] 马龙海，许国动.大学校长领导力发展的分析模型：框架与方法[J].国家教育行政学院学报，2015（12）：8-13.

[57] 马龙海.大学校长领导力体系构建的探索性分析[J].国家教育行政学院学报，2010（11）：14-20.

[58] 马姗姗.破解"女兵男将"的困局——女性教育领导者的特质及领导风格研究[J].中小学管理，2015（7）：4-6.

[59] 门理想.公共部门数字领导力：文献述评与研究展望[J].电子政务，2020（2）：100-110.

[60] 孟令标.企业家领导力提升的文化路径探索——基于老子"水"哲学视角[J].企业经济，2020（4）：84-90.

[61] 彭张林，张爱萍，王素凤，等.综合评价指标体系的设计原则与构建流程[J].科研管理，2017（1）：209-215.

[62] 邱晓昀.数字敏感与数字化领导力[J].清华管理评论，2021（1）：63-69.

[63] 饶爱京，万昆，邹维.教育大数据时代高校教师教学领导力建设[J].现代教育管理，2019（3）：57-61.

[64] 饶爱京，万昆，任友群.优质均衡视角下县域基础教育信息化发展策略[J].中国电化教育，2019（8）：37-43.

[65] 桑强. 以流程再造为中心的组织变革模式[J]. 管理科学, 2004（2）：7-11.

[66] 沈书生. 中小学校长信息化领导力的构建[J]. 电化教育研究, 2014（12）：29-33.

[67] 宋莹莹. 基于分布式领导理论的中小学校长角色定位[J]. 教书育人, 2020（8）：65-68.

[68] 孙锦明, 谢小连. 校长领导行为测评：理论、工具、问题、建议[J]. 当代教育论坛, 2008（3）：32-36.

[69] 孙绵涛. 校长领导力基本要素探析[J]. 教育研究与实验, 2012（6）：54-57.

[70] 孙祯祥, 任玲玲. 学校中层管理团队信息化领导力评价体系研究[J]. 现代远程教育研究, 2016（6）：61-67.

[71] 孙祯祥, 张玉茹. 教师信息化领导力的概念、内涵与理论模型[J]. 现代远程教育研究, 2015（1）：39-45.

[72] 孙祯祥, 翁家隆. 境外校长信息化领导力内涵的发展历程及启示[J]. 中国电化教育, 2014（2）：8.

[73] 孙祯祥. 校长信息化领导力的构成与模型[J]. 现代远距离教育, 2010（3）：3-7.

[74] 孙祯祥. 学校信息化领导力的理论与实践体系构建——《学校信息化领导力研究：理论与实践》简介[J]. 现代远距离教育, 2017（5）：32-39.

[75] 王瑞文. 民办高校组织环境对教师组织承诺的影响研究[J]. 高教探索, 2015（7）：108-114.

[76] 王淑芬. 教师课程领导力的作用机制及提升策略[J]. 社会科学战线, 2022（6）：251-255页.

[77] 王淑华, 王以宁, 张海, 等. 中小学校长领导风格对校长信息化领导力影响的研究——以变革型领导理论为视角[J]. 湖南师范大学教育科学学报, 2020（2）：105-112.

[78] 王永军. 面向教育4.0的创新发展：中小学校长信息化领导力框架之构建[J]. 远程教育杂志, 2020（6）：41-49.

[79] 王玥, 赵慧臣. 大学生信息化领导力模型研究[J]. 数字教育, 2019（2）：24-29.

[80] 韦成龙, 钟华, 刘理. 创新型人才培养的内生动力问题刍议[J]. 高教发展与评估, 2012（4）：24-29.

[81] 魏向阳. 职场女性领导者的特点及其领导力提升路径[J]. 领导科学, 2020（11）：97-99.

[82] 魏晓宇, 程晋宽. 教师领导力何以提升——基于美国教师领导力发展支持举措的分析比较[J]. 教育学报, 2022（4）：98-116.

[83] 温晗秋子. 数字经济时代亟需数字化领导力[J]. 中国领导科学, 2021 (3): 106-111.

[84] 温在权. 事上磨砺·久久为功: 新时代校长领导力的四维修炼[J]. 中小学管理, 2023 (3): 38-40.

[85] 文晓立, 陈春花. 领导特质理论的第三次研究高峰[J]. 领导科学, 2014 (35): 33-35.

[86] 吴江. 领导力[J]. 中国电力企业管理, 2006 (10): 103-10.

[87] 吴晓英. "影响因素"对中小学教师教学领导力生成的影响有多大? ——基于实证研究的回答[J]. 当代教育论坛, 2019 (2): 75-87.

[88] 萧宗六. 校长负责制的提出及内涵[J]. 教学与管理, 2000 (11): 2-5.

[89] 谢永平, 郑倩林, 刘敏, 等. 技术创新网络核心企业领导力影响因素研究[J]. 科技进步与对策, 2016 (24): 72-81.

[90] 谢忠新, 张际平. 基于系统视角的校长信息化领导力评价指标研究[J]. 现代教育技术, 2009 (4): 73-77.

[91] 徐珊. 数字化领导力对组织绩效影响机制研究[J]. 现代企业文化, 2023 (5): 149-152.

[92] 徐晓日, 刘丹琳. 公务员数字胜任力的构建与提升[J]. 党政干部学刊, 2022 (10): 9-14.

[93] 许杰. 教育分权: 公共教育体制范式的转变[J]. 教育研究, 2004 (2): 10-15.

[94] 薛海平. 教育分权管理制度对农村中小学学生数学成绩影响实证研究[J]. 教育科学, 2010 (4): 26-36.

[95] 薛彦华, 李佳. 校长领导力作为学校改进内生动力的内涵、依据与策略[J]. 教学与管理, 2022 (3): 34-37.

[96] 闫寒冰, 郑东芳, 肖玉敏, 等. 信息化变革中校长角色的个案研究[J]. 电化教育研究, 2020 (5): 112-118.

[97] 闫拓时. 当代中国大学校长领导力研究初探[J]. 国家教育行政学院学报, 2010 (3): 3-6.

[98] 杨付, 张丽华. 团队成员认知风格对创新行为的影响: 团队心理安全感与工作单位结构的调节作用[J]. 南开管理评论, 2012 (5): 13-25.

[99] 杨来恩. "校长"称谓流变与近代中国教育的发展[J]. 集美大学学报 (教育科学版), 2016 (606): 49-53.

[100] 杨鑫, 苟睿, 解月光. 校长数据领导力: 落实国家教育数字化战略的关键能力[J]. 中国

电化教育，2023（5）：65-73.

[101] 杨秀伟，张宇帆，李祥. 乡村小规模学校校长领导力的定位与提升[J]. 中小学管理，2023（8）：44-48.

[102] 杨莹. 领导力与领导风格解析[J]. 企业活力，2008（7）：88-89.

[103] 姚德明、赵含笑. 数字领导力与员工数字化创造力——一个有调节的链式中介模型[J]. 湖北工业大学学报，2023（6）：7-11.

[104] 英配昌. 学校发展中的校长领导力——兼谈校长领导力理解的误区[J]. 教育科学研究，2009（12）：28-31.

[105] 占小军，王涛，郭一蓉，等. 韧性领导力：结构维度、量表开发和检验[J]. 管理科学，2023（1）：46-61.

[106] 张虹. 高校领导者信息化领导力理论模型构建研究——以组织变革为视角[J]. 电化教育研究，2017（4）：29-34.

[107] 张乐乐，张天琦. 智能时代中小学校长信息化领导力提升路径研究[J]. 中国教育信息化，2022（4）：81-88.

[108] 张小娟. 打造卓越的领导力[J]. 领导科学，2005（18）：37.

[109] 张新平. 何谓优质学校[J]. 教育发展研究，2011（10）：27.

[110] 张岩. 核心素养时代的校长领导力[J]. 吉林省教育学院学报，2017（6）：1-7.

[111] 张志鑫，郑晓明. 数字领导力：结构维度和量表开发[J]. 经济管理，2023（11）：152-168.

[112] 张忠山，等. 学校领导行为研究[J]. 心理发展与教育，2000（2）：57-58.

[113] 赵德成. 校长教学领导力：领导什么与怎么领导[J]. 中小学管理，2010（3）：7-9.

[114] 赵国祥，王金超. 基层组织领导人格特质研究[J]. 心理科学，2008（6）：1317-1321.

[115] 赵磊磊，代蕊华. 校长的信息化领导力与领导效能：内涵、特征及启示[J]. 教师教育研究，2016，4（28）：49-56.

[116] 赵磊磊，赵可云. 校长信息化领导力对校长领导效能作用机制的实证研究——基于结构方程模型的调查分析[J]. 现代远距离教育，2016（4）：68-73.

[117] 赵磊磊，梁茜，李玥泓. 国外教育信息化领导力研究：主题、趋势及启示——基于Web of Science文献关键词的可视化分析[J]. 中国远程教育，2018（10）：16-23.

[118] 赵磊磊. 农村校长信息化教学领导力的影响因素及提升路径——基于技术接受视角的

实证研究[J].湖南师范大学教育科学学报，2018（5）：25-32.

[119] 赵磊磊.校长信息化领导力：概念、生成及培养[J].现代远距离教育，2017（3）：19-24.

[120] 赵磊磊.校长信息化领导力的影响因素及培养路径[J].现代远距离教育，2017（4）：44-50.

[121] 赵磊磊.校长信息化领导力建设：提升校长工作绩效的路径选择[J].现代教育管理，2018（1）：67-71.

[122] 赵龙飞，霍国庆.行政领导者信息化领导力分析[J].管理现代化，2009（1）：59-61.

[123] 赵明仁.论校长领导力[J].教育科学研究，2009（1）：40-42.

[124] 赵茜，刘景.我国校长教学领导力模型研究[J].中小学管理，2010（3）：10-13.

[125] 赵茜，席蓉.校长领导力的转型—变革型与交易型领导力对教师工作满意度的影响[J].中国人民大学教育学刊，2018（2）：69-77.

[126] 郑良玉.中小学校长变革型领导现状调查研究[J].教育观察，2019（33）：85-87.

[127] 郑禄红，程南清.智慧校园视野下学校信息化领导力的建设及培养路径[J].中国远程教育，2020（8）：55-61.

[128] 郑晓明，刘琛琳.共情领导力——数字化时代智能组织管理的新挑战[J].清华管理评论，2020（2）：12-19.

[129] 周长胜，饶从满，李春梅.民族地区中学校长领导力的现状和提升策略[J].黑龙江民族丛刊，2020（5）：137-143.

[130] 朱忠武.领导力的核心要素[J].中外企业家，2005（4）：32-33.

[131] 祝智庭，胡姣.教育数字化转型：面向未来的教育"转基因"工程[J].开放教育研究，2022（5）：12-19.

四、外文期刊

[1] AVOLIO B J, KAHAI S S, DODGE G E. E-Leadership：Implications for Theory, Research, and Practice [J]. The Leadership Quarterly, 2000, 11（4）：615-668.

[2] BANDURA A. Social Foundation of Thought and Action：A Social Cognitive Theory [J]. Englewood Cliffs, NK：Prentice-Hall, 1986.

[3] BASS B M, AVOLIO B J. Developing Transformational Leadership：1992 and Beyond [J]. Journal of European Industrial Training, 1990：21—27.

[4] BENNIS W. The Challenges of Leadership in the Modern World: Introduction to the Special Issue [J]. American Psychologist, 2007, 62 (1): 2.

[5] BLAKE R R, Mouton J S. The Managerial Grid [J]. Houston: Culf, 1964.

[6] BURK R. E-leadership. https://www.metafuture.org/articlesbycolleagues/Robert Burke/eleadership.htm, 2001-02-07.

[7] BURNS J M. Leadership [M]. New York: Harper & Row, 1978.

[8] CALDWELL B J, SPINKS J M. The Self-transforming School [J]. Routledge, 2013.

[9] CHAUNCEY W. Brainstorming and Beyond: A User-Centered Design Method [J]. Morgan Kaufmann, 2013 (20).

[10] DAVIES B J, AVIES B. Developing a Model for Strategic Leadership in Schools [J]. Educational Management Administration & Leadership, 2006, 34 (1): 121-139.

[11] DAY C, HARRIS A, HADFIELD M. Challenging the Orthodoxy of Effective School Leadership [J]. International Journal of Leadership in Education, 2001, 4 (1): 39-56.

[12] Educational Assessment, Evaluation and Accountability, 2014, 26 (1): 5-28.

[13] EL SAWY O, KREMMERGAARD PAMSINCK H, et al. How LEGO Built the Foundations and Enterprise Capabilities for Digital Leadership [J]. MIS Quarterly Executive, 2016, 15 (2): 141-166.

[14] FIEDLER F E. Leadership, Morristown [M]. NJ: General Learning, 1971.

[15] FLEISHMAN E A. The Description of Supervisory Behavior [J]. Journal of Applied Psychology, 1953, 37 (1): 1-6.

[16] GARVY S E. Principal Leadership, Faculty Trust, Teacher Compliance, and School Effectiveness [J]. Rutgers the State University of New Jersey-New BrunsWick, 1994.

[17] GUSKEY T R. Teacher Efficacy, Self-concept, and Attitudes Toward the Implication of Instructional Innovation [J]. Teacher and Teacher Education, 1988 (5): 63-69.

[18] HALLINGER P, HECK R H, MURPHY J. Teacher Evaluation and School Improvement: An Analysis of the Evidence.

[19] HALLINGER P, HECK R H. The Principal's Role in School Effectiveness: An Assessment of Methodological Progress, 1980—1995 [J]. International Handbook of Educational Leadership and Administration, 1996 (2): 723-783.

[20] HALLINGER P. Principal Instructional Management Rating Scale [M]. Bangkok: Leading Development Associates, 1982.

[21] HARRIS A, HARRIS A. Distributed Leadership: According to the Evidence [J]. Journal of Educational Administration, 2013 (2): 172-188.

[22] HOUSE R J, MITCHELL T R. Pah-goal Theory of Leadership [J]. Journal of Contemporary Business1974, 3 (4): 81-97.

[23] HOWELL J M, HALLMERENDA K E. The Ties that Bind: The Impact of Leader-member Exchange, Transformational and Transactional Leadership, and Distance on Predicting Follower Performance [J]. Journal of Applied Psychology, 1999 (5): 680-694.

[24] HOY W K, MISKEL C G. Educational Administration: Theory, Research, and Practice [J]. Journal of Educational Administration, 1987, 14 (1).

[25] JABLOKOW, SEASOCK. IT Leadership from a Problem Solving Perspective [J]. Information Technology and Management, 2010 (11): 107-122.

[26] JOHN P, COLE A. Political Leadership in the New Urban Governance: Britain and France Compared Local Government Studies, 1999, 25 (4): 98-115.

[27] KAHN R L, KATZ D. Leadership Practices in Relation to Productivity and Morale [C]// CARTWRIGHT D, ZANDER A. Group Dynamics. New York: Harper & Row, 1953.

[28] KATARZYNA SZCZEPAŃSKA-WOSZCZYNA. Responsible Leadership Contribution to Human Resource Management-A Study of CSR-HR Interface [J]. Procedia Economics and Finance, 2015(34): 403-409.

[29] KIRKPATRICK S A, LOCKE E A. Leadership: Do Traits Matter? [J]. The Executive, 1991, 5 (2): 48-60.

[30] KOUZES J, POSNER B. The Leadership Challenge: How to Make Extraordinary Things Happen in Organizations [J]. Professional Manager, 2013 (2): 57.

[31] LEE J J. A Study of the Relationship Between the Leadership Styles of Suburban Secondary Principals and the Stress Levels of Their Teachers [J]. University of Minnesota, 1990.

[32] LEITHWOOD K. Leadership for School Sestructuring [J]. Educational Administration Quarterly, 1994, 30: 498-518.

[33] LEITHWOOD K. The Move Toward Transformational Leadership [J]. Educational Leadership, 1992 (5): 8-12.

[34] LEITHWOOD K, JANTZI D. Transformational School Leadership for Large-scale Reform: Effects on Students, Teachers, and Their Classroom Practices [J]. School Effectiveness and School Improvement, 2006, 17: 201–227.

[35] LEWIN K, LIPPITT R, WHITE R K. Patterns of Aggressive Behavior in Experimentally Created "Social Climates" [J]. The Journal of Social Psychology, 1939, 10 (2): 271-299.

[36] LI Z, GUPTA B, LOON M, et al. Combinative Aspects of Leadership Style and Emotional Intelligence [J]. Leadership & Organization Development Journal, 2001, 12 (3): 245-278.

[37] MCCOLL-KENNEDY J R, ANDERSON R D. Impact of Leadership Style and Emotions on Subordinate Performance [J]. Leadership Quarterly, 2002 (5): 545-559.

[38] MEERITS, ARTUR, KIVIPOLD, KURMET. Leadership Competencies of First-level Militaryleaders [J]. The Leadership and Organization Development Journal, 2020, 41 (8): 953-970.

[39] MINTZBERG H. The Leadership Debate with Henry Mintzberg: Communityship is the Answer [N]. Financial Times, 2006: 210-223.

[40] MOOLENAAR N, DALY A, SLEEGERS P. Occupying the Principal Position: Examining Relationships between Transformational Leadership, Social Network Position, and Schools Innovative Climate [J]. Educational Administration Quarterly, 2010 (46): 623–670.

[41] MURPHY G. Leadership Preparation, Career Pathways and the Policy Context: Irish Novice Principals' Perceptions Oftheir Experiences [J]. Educational Management Administration and Leadership, 2020 (2).

[42] PAGLIS L L, GREEN S G. Leadership Self-efficacy and Managers Motivation for Leading Change [J]. Journal of Organizational Behavior: The International Journal of Industrial, Occupational and Organizational Psychology and Behavior, 2002 (2): 215-235.

[43] PORTER A C, POLIKOFF M S, GOLDRING E, et al. Developing a Psychometrically sound Assessment of School Leadership: The VAL-ED as a Case Study [J]. Educational Administration Quarterly, 2010, 46 (2), 135-17.

[44] RASHMAN L, WITHERS E, HARTLEY H. Organizational Learning and Knowledge in Public Service Organizations: A Systematic Review of the Literature [J]. International Journal of Management Reviews, 2009, 11 (4): 463-494.

[45] ROBIN SMITH MATHIS. Communicating Influence: Positioning the Trainer as an Organizational Leader [J]. Journal of Workplace Learning, 2020, 2 (8): 549-568.

[46] ROMAN A V, VAN WART M, WANG X H, et al. Defining E-Leadership as Competence in ICT-Mediated Communications: An Exploratory Assessment [J]. Public Administration Review, 2019, 79 (6): 853-866.

[47] SCHWARZER R, BORN A. Optimistic Self-beliefs: Assessment of General Perceived Thirteen Self-efficacy Cultures, 1997 (3): 177-190.

[48] SERGIOVANNI T J. Leadership and Excellence in Schooling [J]. Educational Leadership, 1984 (5): 4-13.

[49] SERGIOVANNI T J. Leadership and Excellence in Schooling [J]. Educational Leadership, 1984 (5): 4-13.

[50] SOUTHWORTH G. Small Successes: What Lessons can be Learned from Successful Heads of Small Primary? [J]. Managing Schools Today, 1999, 9 (2): 59-61.

[51] TSCHANNEN-MORAN M, WOOFOLKAE. Teacher-Efficacy: Its Meaning and Measure [J]. Review of Educational Re-search, 1998 (2): 202-248.

[52] VAN WART M, ROMAN A, WANG X, et al. Operationalizing the Definition of Leadership: Ldentify the Elements E-leadership [J]. International Review of Administrative Sciences, 2019, 85 (1): 80-97.

[53] ZEIKE S, BRADBURY K, LINDERT L, et al. Digital Leadership Skills and Associations with Psychological Well-Being [J]. International Journal of Environmental Research and Public Health, 2019, 16 (14): 2628.

五、网络资料

[1] 教育部. 义务教育学校校长专业标准 [EB/OL]. (2013-02-16) [2020-07-04]. https://www.moe.gov.cn/srcsite/A10/s7151/201302/t20130216_147899.html.

[2] 教育部. 普通高中校长专业标准 [EB/OL]. (2015-01-12) [2021-03-04]. https://www.moe.gov.cn/srcsite/A10/s7151/201501/t20150112_189307.html.

[3] 组织部, 教育部. 中小学校领导人员管理暂行办法 [EB/OL]. (2017-01-13) [2022-06-15]. https://www. moe. gov. cn / jyb_xwfb / s6319 / zb_2017n / 2017_zb02 / 17zb02_wj / 201701 / t20170123_295587.html.

[4] 教育部. 中小学教师队伍建设"十五"计划 [EB/OL]. （2002-05-08）[2022-07-14]. https://www.edu.cn/edu/shi_fan/shi_fan_news/200603/t20060323_26752.shtml.

[5] 国务院. 事业单位人事管理条例 [EB/OL]. （2014-05-15）[2023-06-17]. https://www.gov.cn/zhengce/2014-05/15/content_2680034.htm.

[6] 教育部. 中国教育改革和发展纲要 [EB/OL]. （1993-02-13）[2022-06-17]. https://www.edu.cn/zhong_guo_jiao_yu/zheng_ce_gs_gui/zheng_ce_wen_jian/zong_he/201007/t20100719_497964.shtml.

[7] 中共中央办公厅. 关于建立中小学校党组织领导的校长负责制的意见（试行）[EB/OL]. （2022-01-26）[2023-07-15]. https://www.gov.cn/zhengce/2022/01/26/content_5670588.htm.

[8] 中华人民共和国教育部，教育部. 教育信息化2.0行动计划 [EB/OL]. （2018-04-25）[2023-04-07]. https://www.moe.gov.cn/srcsite/A16/s3342/201804/t20180425 334188.html.

[9] 经合组织. 回到教育的未来：经合组织关于学校教育的四种图景 [EB/OL]. （2020-09-15）[2023-03-14]. https://baijiahao.baidu.com/s?id=1678513256046906544&wfr=spider&for=pc.